PETER OLIVET

Der verantwortungsbezogene Rechtswidrigkeitsbegriff im öffentlichen und bürgerlichen Recht

Schriften zum Öffentlichen Recht

Band 555

Der verantwortungsbezogene Rechtswidrigkeitsbegriff im öffentlichen und bürgerlichen Recht

Neuorientierung und Fortführung der Rechtswidrigkeitsdiskussion über die Antithetik von Erfolgsunrechtslehre und Handlungsunrechtslehre hinaus

Zugleich zweite Auflage des Titels „Erfolgsunrechtslehre und Handlungsunrechtslehre aus der Sicht des öffentlichen Rechts“

Von

Peter Olivet

Duncker & Humblot · Berlin

Die 1. Auflage des Bandes erschien 1989 unter dem Titel
„Erfolgsunrechtslehre und Handlungsunrechtslehre
aus der Sicht des öffentlichen Rechts“.

Die Deutsche Bibliothek – CIP-Einheitsaufnahme

Olivet, Peter:
Der verantwortungsbezogene Rechtswidrigkeitsbegriff im öffentlichen und bürgerlichen Recht : Neuorientierung und Fortführung der Rechtswidrigkeitsdiskussion über die Antithetik von Erfolgsunrechtslehre und Handlungsunrechtslehre hinaus / von Peter Olivet. – 2. Aufl. – Berlin : Duncker und Humblot, 1996
(Schriften zum öffentlichen Recht ; Bd. 555)
1. Aufl. u.d.T.: Olivet, Peter: Erfolgsunrechtslehre und Handlungsunrechtslehre aus der Sicht des öffentlichen Rechts
ISBN 3-428-08895-6
NE: GT

Fotoprint: Werner Hildebrand, Berlin
Printed in Germany

ISSN 0582-0200
ISBN 3-428-08895-6

Gedruckt auf alterungsbeständigem (säurefreiem) Papier
entsprechend ISO 9706 ♾

Inhaltsverzeichnis

B. Die Auswirkungen des verantwortungsbezogenen Rechtswidrigkeitsbegriffs auf das öffentliche und bürgerliche Recht (Begriffsanwendung)

Abkürzungen

a.F.	alte Fassung
a.M.	anderer Meinung
ABGB	Allgemeines Bürgerliches Gesetzbuch (in Österreich)
AbzG	Gesetz, betreffend die Abzahlungsgeschäfte
AcP	Archiv für die civilistische Praxis
AktG	Gesetz über Aktiengesellschaften und Kommanditgesellschaften auf Aktien
AöR	Archiv des öffentlichen Rechts
Art.	Artikel
AT	Allgemeiner Teil
Aufl.	Auflage
BayObLG	Bayerisches Oberstes Landesgericht
BayVBl	Bayerische Verwaltungsblätter
BB	Der Betriebsberater
BBG	Bundesbeamtengesetz
bes.	besonders
BGB	Bürgerliches Gesetzbuch
BGH	Bundesgerichtshof
BGHSt	Amtliche Sammlung der Entscheidungen des Bundesgerichtshofs in Strafsachen
BGHZ	Amtliche Sammlung der Entscheidungen des Bundesgerichtshofs in Zivilsachen
BVerfG	Bundesverfassungsgericht
BVerfGE	Amtliche Sammlung der Entscheidungen des BVerfG
BVerwG	Bundesverwaltungsgericht
BVerwGE	Amtliche Sammlung der Entscheidungen des BVerwG
DAR	Deutsches Autorecht
DJT	Deutscher Juristentag
DÖV	Die Öffentliche Verwaltung
DRiZ	Deutsche Richterzeitung
DRZ	Deutsche Rechtszeitschrift
DVBl	Deutsches Verwaltungsblatt
EGBGB	Einführungsgesetz zum Bürgerlichen Gesetzbuch
Einl.	Einleitung
FS	Festschrift
FStrG	Bundesfernstraßengesetz

GA	Goltdammers Archiv für Strafrecht
GewO	Gewerbeordnung für das Deutsche Reich
GG	Grundgesetz
GmbHG	Gesetz, betreffend die Gesellschaften mit beschränkter Haftung
GS	Großer Zivilsenat
h.L.	herrschende Lehre
HGB	Handelsgesetzbuch
HRR	Höchstrichterliche Rechtsprechung
i.e.S.	im engeren Sinne
i.w.S.	im weiteren Sinne
IhJ	Iherings Jahrbücher für die Dogmatik des Bürgerlichen Rechts
JBl	Juristische Blätter
JR	Juristische Rundschau
JuS	Juristische Schulung
JZ	Juristenzeitung
Lb	Lehrbuch
LBauO	Landesbauordnung von Baden-Württemberg
LebmG	Gesetz über den Verkehr mit Lebensmitteln und Bedarfsgegenständen
LG	Landgericht
Lit.	Literatur
LM	Nachschlagewerk des Bundesgerichtshofs in Zivilsachen, herausgegeben von Lindenmaier und Möhring
m.w.N.	mit weiteren Nachweisen
MDR	Monatsschrift für Deutsches Recht
n.F.	neue Fassung
NJW	Neue Juristische Wochenschrift
NVwZ	Neue Zeitschrift für Verwaltungsrecht
o.g.	obengenannt
OLG	Oberlandesgericht
PatG	Patentgesetz
RAO	Reichsabgabenordnung
RG	Reichsgericht
RGRK	Das Bürgerliche Gesetzbuch mit besonderer Berücksichtigung der Rechtsprechung des Reichsgerichts und des Bundesgerichtshofs. Kommentar, herausgegeben von Reichsgerichtsräten und Bundesrichtern.
RGSt	Amtliche Sammlung der Rechtsprechung des Reichsgerichts in Strafsachen
RGZ	Amtliche Sammlung der Rechtsprechung des Reichsgerichts in Zivilsachen

S.	Seite
s.	siehe
SachenR	Sachenrecht
SchuldR	Schuldrecht
Seuff.A.J.A.	Seufferts Archiv für Entscheidungen der obersten Gerichte
StGB	Strafgesetzbuch
StrafR	Strafrecht
StVG	Straßenverkehrsgesetz
StVO	Straßenverkehrsordnung
u.a.	unter anderem
u.U.	unter Umständen
UWG	Gesetz gegen den unlauteren Wettbewerb
VA	Verwaltungsakt Deutsches Recht
VBlBW	Baden-Württembergische Verwaltungsblätter
VersR	Versicherungsrecht. Juristische Rundschau für die Individualversicherung
VG	Verwaltungsgericht
vgl.	vergleiche
Vorb.	Vorbemerkung
VRS	Verkehrsrechtssammlung
WarnRspr.	Warneyer, Rechtsprechung des Reichsgerichts
WZG	Warenzeichengesetz
ZPO	Zivilprozeßordnung
ZStW	Zeitschrift für die gesamte Strafrechtswissenschaft

Vorbemerkung

Die vorliegende Untersuchung zielt auf die Erfassung der verschiedenen begrifflichen Erscheinungen der *Rechtswidrigkeit* sowie auf eine neue Definition derselben. Sie tut dies in bezug auf die Gebiete des Öffentlichen und Bürgerlichen Rechts, nicht auch des Strafrechts, jedenfalls dies nicht weitergehend, als es zum Verständnis öffentlichrechtlicher und zivilrechtlicher Erörterungen erforderlich ist. Diese Beschränkung bedarf einer Erläuterung.

Der Begriff '*Rechtswidrigkeit*' im Zivilrecht und Öffentlichen Recht hat die Festlegung von Entscheidungen einer angemessenen *Schadensverteilung* im Auge. Darüberhinaus ermöglicht er sonstige Sanktionsentscheidungen in Fällen von Schadenseintritten oder drohenden Schadenseintritten.

Meist erreicht er diese Entscheidungen *allein*, ohne daß weitere Erfordernisse, insbesondere dasjenige eines subjektiven *Verschuldens*, hinzukommen müssten. Ganz unbestrittenermaßen gilt dies im Öffentlichen Recht für die staatshaftungsrechtlichen Entschädigungs- Beseitigungs- und Unterlassungsansprüche sowie für die polizeirechtlichen Haftungsentscheidungen (Polizeiwidrigkeitsentscheidungen). Es gilt aber auch für viele zivilrechtliche Haftungsentscheidungen[1], wie die folgenden Erörterungen zeigen.

„Rechtswidrigkeit" im *Strafrecht* hat hingegen eine ganz andere Zielrichtung. Als Aufweisung aller stringent nicht hinnehmbarer Erscheinungen im zwischenmenschlichen Bereich dient sie als Grundlage eines individuellen Verschuldensurteils mit Blick auf ein *Strafbarkeitsurteil.* Da ein Verschuldensurteil und Strafbarkeitsurteil stets *auch* alle subjektiv-individuellen

---

[1] Als *Beispiele* sind zu nennen die Haftungsentscheidungen bzw. sonstigen Sanktionsentscheidungen aus den Bereichen des

- § 831 Abs. 1 Satz 1 BGB,
- des Unterlassungsanspruchs gemäß § 1004 BGB,
- des Beseitigungsanspruchs gemäß § 1004 BGB,
- der Abwehrbefugnisse gemäß den §§ 227 und 229 BGB,
- der schadensersatzrechtlichen Zurechnungsrechtsprechung des BGH (vgl. hierzu Teil 2 der vorliegenden Erörterung), welch letztere fast ausschließlich *Rechtswidrigkeits*erörterungen zur Erreichung von Haftungsentscheidungen heranzieht (sog. Typisierung und Objektivierung von Beurteilungsweisen bei Schadensverteilungsentscheidungen, Einzelheiten Teil 2, Abschn. III).

Elemente der Unrechtslehre als Voraussetzung enthält, kommt es im Strafrecht nicht darauf an, ob und gegebenenfalls inwieweit man diese Elemente bereits in den Rechtswidrigkeitsbegriff hereinnimmt. Es kommt also nicht darauf an, ob man etwa 'Rechtswidrigkeit' nur objektiv versteht als *verursachte Rechtsgutsverletzung*, oder ob man zusätzlich subjektive Unrechtselemente, nämlich verkehrs anschauungsmäßig beurteilte Gebotsverstöße oder gar individuell beurteilte Gebotsverstöße verlangt. Daher wird im Strafrecht auch nicht, wie dies im Öffentlichen Recht und im Zivilrecht getan wird, primär der *Rechtswidrigkeitsbegriff* problematisiert. Es wird vielmehr der Begriff der *Handlung* und zwar derjenigen der *rechtswidrigen Handlung* erörtert, welch letzterer Begriff dann überhaupt erst zur Erörterung des Rechtswidrigkeitsbegriffs führt.

Entsprechend dem genannten Strafentscheidungsziel und, man muß heute hinzufügen: entsprechend dem durchaus auch als Primärziel zu bezeichnenden weiteren Ziel der Ermöglichung einer breiten Akzeptanzfähigkeit strafrechtlicher Entscheidungen verfolgt man im Strafrecht mit der Handlungsbegriffserörterung in erster Linie die *Absicht*, einen den tatsächlichen Gegebenheiten Rechnung tragenden 'Verbrechensaufbau' zu schaffen, also insbesondere eine strafbare *Handlung* ihren subjektiven, intentionalen Qualitäten nach zu beurteilen und sie nicht allein nach ihrem objektiven Erscheinungsbild zu bemessen. Im letzteren Fall wären sämtliche subjektiven Elemente einer rein *rechtlichen* Verschuldensbeurteilung vorzubehalten.

Das weitere Ziel der Handlungsbegriffserörterung im Strafrecht ist eine angemessene Lösung der Irrtumsproblematik und der mit dieser zusammenhängenden Beteiligungsproblematik:

Bei Fällen von Täterfehlvorstellungen tatsächlicher Art ist nämlich je nach Fassung des Handlungsbegriffs entweder

- wegen Vorsatzfehlens bereits keine vorsätzliche rechtswidrige Handlung mehr vorhanden[2] mit der Folge, daß höchstens eine Bestrafung wegen Fahrlässigkeit in Betracht kommt,

- oder es ist lediglich ein Verschuldensausschluß anzunehmen bei im übrigen bestehender rechtswidriger Handlung[3].

---

[2] Nämlich bei Zugrundelegung des finalen, gebotsorientierten Handlungsbegriffs.

[3] So die herrschende, kausale Handlungslehre, Einzelheiten in Teil 1, Abschn. III und IV der vorliegenden Untersuchung.

Praktische Bedeutung hat diese Unterscheidung für sogenannte Beteiligungsfälle: Bei Zugrundelegung der erstgenannten Alternative des Fehlens einer rechtswidrigen Handlung als Folge eines Täterirrtums kommt eine Strafbarkeit von Teilnehmern nicht in Betracht, jedenfalls nicht wegen Beteiligung an einer vorsätzlichen rechtswidrigen Handlung. Allenfalls ist an eine Strafbarkeit wegen fahrlässiger Rechtsgutsverletzung zu denken. Im zweitgenannten Fall lediglich eines *Verschuldensausschlusses* bei im übrigen bestehender rechtswidriger Handlung kommt hingegen eine vorsatzorientierte Strafbarkeit von Teilnehmern durchaus in Betracht.

Diese Vorsatzproblematik und Irrtumsproblematik spielt, um nunmehr auf die Gebiete des Zivilrechts und des Öffentlichen Rechts zurückzukommen, auf *diesen* Gebieten überhaupt keine Rolle. Vorsatz und Fahrlässigkeit führen hier zu gleichen Haftungsergebnissen.

Damit ist die *Hauptzielrichtung* des Rechtswidrigkeitsbegriffs im Strafrecht einschließlich der mit dieser Zielsetzung zusammenhängenden Beschränkung der strafrechtlichen Erörterungen auf den *Handlungsbegriff* und den genannten hieraus resultierenden weiteren strafrechtsspezifischen Zielsetzungen so *verschieden* von der eingangs erwähnten Rechtswidrigkeitszielsetzung im Öffentlichen Recht und im Zivilrecht, daß eine erörterungstechnisch einheitliche Behandlung dieser unterschiedlichen Zielsetzungen zu einer in sich homogenen Untersuchung nicht führen könnte.

Die strafrechtlichen Konsequenzen des im folgenden entwickelten „verantwortungsbezogenen Rechtswidrigkeitsbegriffs“ sind daher einer besonderen Untersuchung vorzubehalten.

A. Die Definition des Begriffs der Rechtswidrigkeit (Begründungsteil)

I. Einleitender Überblick über Problematik und Lösungsmöglichkeiten

1. Zielsetzung und Charakter der Rechtswidrigkeitsauseinandersetzung

Seit nunmehr über vier Jahrzehnten bemüht sich die Rechtswissenschaft unter Verwendung verschiedenster Methoden um eine Lösung der Rechtswidrigkeitsproblematik, einer Problematik mit zugegebenermaßen eigener Bewandtnis und Besonderheit. Deren hervorstechendste ist zunächst die, daß man in Verfolgung derselben ein selten anschauliches Beispiel einer streitgeschichtlichen Metamorphose findet, welche in die verschiedensten Bereiche rechtswissenschaftlicher Argumentationsweisen führt: Maß man nämlich dem Streit um die richtiger[1] Auffassung des Rechtswidrigkeitsbegriffs zunächst im wesentlichen akademische Bedeutung bei, so sah man später immerhin eine *praktischhermeneutische* Relevanz dieser Auseinandersetzung. Es geschah dies als Folge einer Neuerscheinung unserer Zeit. Man nahm Anstoß an der Tatsache, daß die herrschende verletzungserfolgsbezogene Rechtswidrigkeitslehre in den sog. Geiselnahmefällen bzw. Mehrfachverletzungsfällen[2], welche erstmals in größerer Zahl Anfang der 70er Jahre aufgetreten sind, eine einheitliche Rechtswidrigkeitsbeurteilung dieser Fälle nicht mehr leisten konnte. Schoß z.B. ein Polizeibeamter bei einer Geiselnahme auf den Täter und verletzte dabei u.a. auch eine Geisel, so war nach herrschender Rechtswidrigkeitsauffassung der Schuß rechtswidrigkeitsmäßig doppelt zu beurteilen. In

---

[1] Was mit „richtig“ gemeint ist, wird Gegenstand der folgenden Erörterungen sein (V, 1).

[2] Vgl. z.B. BGHZ 24, 25 (Querschlägerfall), unten Teil B, II, 3. Verweisungen ohne Angabe des Hauptteils (Teil A/Teil B) beziehen sich auf den vorliegenden Hauptteil (Teil A).

bezug auf den Täter war er rechtmäßig, in bezug auf Dritte war er rechtswidrig. Es ist dies eine hermeneutisch sicherlich nicht befriedigende Bewertung des nun einmal einheitlichen Schusses.

Eine Lösung dieser hermeneutischen Schwierigkeit ist eines der Anliegen der vorliegenden Erörterungen[3]. Darüberhinaus geht es aber um ein ganz anderes, und zwar sehr praktisches Problem. Es betrifft die Zielsetzung des Rechtswidrigkeitsstreits in *Richtung* auf eine angemessene Bestimmung des Umfangs zivilrechtlicher und öffentlichrechtlicher Schadensersatzpflichten[4]. Diese Zielsetzung kann in neuerer Zeit dem aufmerksamen Beobachter nicht verborgen geblieben sein. Sie kennzeichnet mehr und mehr die heutige Sicht des Rechtswidrigkeitsstreits. In den genannten Rechtsbereichen des zivilrechtlichen sowie öffentlichrechtlichen Schadensersatzrechts ist nämlich, um nunmehr bei diesem praktischen Aspekt des Rechtswidrigkeitsstreits zu bleiben, eine rechtliche *Objektivierung* aller haftungsrelevanten Verhaltensstandards zu beobachten, deren Verletzung zu einer schadensersatzrechtlichen Ausgleichspflicht führt. Dies ist der Sache nach nichts anderes als eine Eliminierung subjektiv-täterbezogener Elemente aus den genannten Verhaltensstandards. Man kann dies bezeichnen als eine sukzessive Angleichung des Verschuldensbegriffs an den Rechtswidrigkeitsbegriff. Schlagwortartig ausgedrückt und vom Ergebnis her gesehen ist es die Lokation des Schadensersatzrechts auf den *Rechtswidrigkeitsbegriff* und die Bemessung der Reichweite dieses Schadensersatzrechts (Haftungsumfang) nach der Reichweite des Rechtswidrigkeitsbegriffs.

Ganz deutlich ist dieses Phänomen im Staatshaftungsrecht geworden, und zwar gerade in neuerer Zeit. Dieser Rechtsbereich kennt ein Verschulden als Haftungsvoraussetzung nicht, man kann heute sagen: einschließlich des Amtshaftungstatbestands. Er kurriert auf den Rechtswidrigkeitsbegriff unter Ignorierung subjektivtäterbezogene Tatumstände.

Wenn so die Frage, wie weit der rechtswidrigkeitsbestimmte Haftungsbereich schadensstiftender Umstände und Abläufe richtigerweise zu ziehen ist, in *erster* Linie das Ziel der vorliegenden Untersuchung ist, so gilt dies in besonderem Maße für die eigentliche Konkretisierung dieser Frage, nämlich für die Auseinandersetzung zwischen den dogmatischen Auffassungen der Handlungsunrechtslehre einerseits und der Erfolgsunrechtslehre andererseits sowie

[3] Teil B, Abschnitt V.

[4] Im Anwendungsteil (Teil B) wird sich zeigen, daß hierher *auch* Entschädigungsansprüche, Unterlassungs- u. Folgenbeseitigungsansprüche gehören.

einigen anderen, weniger bekannten Rechtswidrigkeitsauffassungen. Die Frage vor allem, ob Rechtswidrigkeit schon durch einen Verletzungserfolg indiziert wird oder ob *Rechtswidrigkeit* stets eine normwidrige Handlung voraussetzt, ist vielfach von entscheidender Bedeutung für die schadensersatzrechtliche Spruchpraxis. Dies gilt besonders für die Tatbestände des Staatshaftungsrechts.

Die vorliegende Untersuchung löst die genannten Rechtswidrigkeits- und Haftungsfragen in zwei Schritten. Zunächst wird eine Analyse der beiden genannten gegensätzlichen Standpunkte gegeben und eine Darstellung aller weiteren, hierher gehöriger Rechtswidrigkeitsauffassungen angeschlossen. Der Kernpunkt der Erörterungen ist sodann ein pragmatischer Vermittlungsvorschlag. Er läßt einen Rechtswidrigkeitsbegriff erkennen, welcher zwischen kausalem Verletzungserfolgsbezug einerseits und normwidrigkeitsbezogener Rechtswidrigkeitsauffassung andererseits liegt.

Dieser Vorschlag wird nicht dogmatisch hergeleitet, sondern auf den tatsächlichen Umfang dessen gestützt, was im Rechtsleben heute als *rechtswidrig = objektiv haftungswürdig* angesehen wird. Die Grundlage hierfür ist die Rechtsprechung des Bundesgerichtshofs. Die Grundlage der folgenden Erörterungen ist damit, und jeder Kenner der Rechtsprechung des Bundesgerichtshofs wird dem zustimmen, ein vorwiegend interessenjuristisch und pragmatisch gesehener Umfang des Verantwortungsbereichs (Haftungsbereichs)[5] des Schädigers für von ihm adäquat *verursachte* Rechtsverletzungen.

Nicht jeder Dogmatiker wird alldem vorbehaltlos zustimmen. Jedoch wird dieses Vorgehen auf lange Sicht einer Akzeptanz der hier vertretenen, vermittelnden Haltung in der Rechtswidrigkeitsauseinandersetzung nützlich sein.

2. Die Vorgehensweisen bei Behandlung der Rechtswidrigkeitsproblematik

a) Bezeichnungsfragen

Diese Rechtswidrigkeitsauseinandersetzung, welche man angesichts einer zunehmenden dogmatischen Verhärtung heute bereits einen Rechtswidrigkeitsstreit nennen muß, wird gemeinhin bezeichnet als Auseinandersetzung zwischen erfolgsbezogener Rechtswidrigkeitsauffassung einerseits und handlungsbezogener Rechtswidrigkeitsauffassung sowie sozialer Rechtswidrig-

---

[5] Und damit des *Rechtswidrigkeitsbereichs*, vorstehend 1. zweiter Absatz.

keitsauffassung andererseits. Dies ist eine der Praxis entstammende und summarische[6], im wesentlichen jedoch zutreffende Bezeichnung.

Im folgenden zielt die Bezeichnung „Rechtswidrigkeitsstreit" stets auf die Auseinandersetzung zwischen erfolgsbezogener, handlungsbezogener sowie sozialer Rechtswidrigkeitslehre.

b) Vorgehensweisen im einzelnen, insbesondere die Bestimmung des Verhältnisses von Rechtswidrigkeit und rechtswidriger Handlung

Eine Lösung der Rechtswidrigkeitsproblematik ist, falls man wirklich Wert auf die Erreichung einer *allgemein* akzeptanzfähigen Rechtswidrigkeitsdefinition legt, nur durch eine Rückbesinnung auf den dogmatischen *Kern jeden* Rechtswidrigkeitsurteils möglich. Sie ist nur möglich, wenn man zunächst einmal das dogmatische Substrat *jeden* Rechtswidrigkeitsurteils, von welchem Standpunkt aus und von welcher Lehre her es auch gefällt wird, aufsucht.

Unter dogmatischem Substrat verstehen wir dabei den gemeinsamen Ausgangspunkt sowie in dessen Extrapolierung die gemeinsame Grenzziehung zwischen Recht und Unrecht, welche von allen heute vertretenen Rechtswidrigkeitsauffassungen in bestimmten Kernbereichen des Rechtswidrigkeitsbegriffs vorgenommen wird. Diese Bereiche sind, wie im folgenden zu zeigen sein wird, die meisten Normalbereiche der zivilrechtlichen und öffentlichrechtlichen Schadensersatzrechtsprechung. Sie sind ein sehr weiter Bereich.

Ein so gewonnenes gemeinsames Substrat und eine derartige Vorgehensweise dessen möglichst exakter Erfassung führt zwar keineswegs ohne weiteres zu einer allgemein akzeptanzfähigen Lösung. Es rückt eine solche aber immerhin in den Bereich des möglichen.

Es sei bereits hier angedeutet, worin allein dieses gemeinsame Substrat aller Rechtswidrigkeitsauffassungen bestehen kann: Ausgangspunkt und gemeinsamer Kern jeden Rechtswidrigkeitsurteils und jeder Rechtswidrigkeitslehre besteht in einer Auffassung von Rechtswidrigkeit als rechtswidrige menschliche *Handlung*. Nur eine solche, in welchem Sinne man sie auch im einzelnen verstehen mag, kann Ansatzpunkt einer rechtlichen Beurteilung sein. Niemals kann es ein naturbedingter Kausalprozeß oder auch ein auf Menschenhand

---

[6] Es gibt, wie erwähnt, weitere Rechtswidrigkeitsauffassungen, allerdings ohne große Bedeutung, vgl. im einzelnen III, 3.

lediglich *zufällig* zurückgehender Kausalprozeß als solcher sein, nie also ein bloßes Naturereignis, ein Unglücksfall, höhere Gewalt etc.

Die rechtstheoretische Begründung hierfür ist die folgende: Recht ist unbestrittenermaßen der Inbegriff all der rechtlichen Normen und verkehrsanschauungsmäßigen Verhaltensstandards stringenten Charakters, welche das willensgesteuerte menschliche Verhalten im Bereich zwischenmenschlicher Relevanz normativieren[7]. „Rechtswidrigkeit" als Gegenbegriff von Recht ist die Kennzeichnung all der menschlichen Verhaltensweisen, welche im Bereich zwischenmenschlicher Relevanz alle nicht mehr sanktionslos hinnehmbare Handlungen[8] aufweisen.

Nun ist es keineswegs einfach, diesen Bereich, den wir als menschliche „*Handlung*" kennzeichneten, im einzelnen zu bestimmen. So klar und eindeutig dieser Begriff auf den ersten Blick erscheint, ist er keinesfalls.

Schwierigkeiten bei seiner Festlegung bestehen immer dann, wenn man sich im Bereich menschlicherseits verursachter Kausalverläufe bewegt, bei welchen die Frage des *willensmäßig* geprägten Verlaufs desselben *begrifflich* nicht ohne weiteres bejaht aber auch nicht ohne weiteres verneint werden kann.

Zum Beispiel ist dies der Fall, wenn ein mißbilligter Kausalverlauf und dessen Erfolg weder bewußt noch fahrlässig herbeigeführt wurde, jedoch noch im Bereich des *adäquat* Verursachten liegt. Bei der Weite des heutigen Adäquanzbegriffs ist es begrifflich sehr fraglich, ob hier noch von einer voluntativen und kognitiven Überdetermination des herbeigeführten Verlaufs und Ergebnisses die Rede sein kann. Bei Zugrundelegung der ursprünglichen und keineswegs aufgegebenen Formel von *v. Kries* - einer generellen Vorhersehbarkeit und Vermeidbarkeit des mißbilligenswerten Verlaufs und Ergebnisses[9] - kann man eine solche Überdetermination aber auch nicht ohne weiteres ausschließen.

Man befindet sich in solchen Fällen im Grenzbereich zwischen menschlicher Handlung einerseits und bloßem naturbedingtem Kausalprozeß bzw. Zufall andererseits.

---

[7] Dies ist noch keine normtheoretische Festlegung, insbesondere keine Festlegung auf die sog. *Imperativentheorie*, welche Recht stets als Gebot an den menschlichen Willen auffaßt (V, 2). Die hier gebrauchte Definition umfaßt *auch* die normative Festlegung von rechtlichen Freiräumen, in denen der Einzelne frei von Geboten u. Verboten des Rechts ist (status negativus, Einzelheiten V, 2 a) S. 94/95).

[8] Pflichtwidrige Unterlassungen ziehen wir hier mit der ganz h.M. in den Begriff der Handlung (commissio per omissionem).

[9] Siehe hierzu Einzelheiten sogleich III, 4 c): Darlegung der *v. Kries*'schen Ansicht, S. 45ff.

Die hier fällige Grenzziehung kann man in ganz verschiedener Weise vornehmen. Man kann zunächst einmal dogmatisch-begriffsgeschichtlich vorgehen, und dies tut man in der Tat in erster Linie. Es ist dieses ein wesentliches Kennzeichen des Rechtswidrigkeitsstreits.

Man argumentiert auf dieser dogmatischen Ebene folgendermaßen:

„Menschliche Handlung" im Gegensatz zu Zufällen und naturbedingten Kausalprozeßen kann zunächst einmal *lediglich* das sein, was zweckgerichtet vom menschlichen Willen ausgeht und bewußt die Außenwelt gestaltet. Es ist dies der sog. finale Handlungsbegriff. In der Regel, wenn auch nicht immer, werden hier diejenigen Fälle hinzugerechnet, in welchen eine vermeidbare Fehlleistung bzw. das „Ausbleiben einer finalen Leistung"[10] den mißbilligten Erfolg herbeigeführt hat. Es ist dies der Bereich der fahrlässigen Handlung in finaler Auffassung.

„Menschliche Handlung" kann aber auch all das sein, was ursächlich von einem gewillkürten menschlichen Verhalten ausgeht und auf die Außenwelt einwirkt, *ohne* daß dabei von einer erkennbar willensmäßig geprägten Herbeiführung des Erfolgs gesprochen werden kann. Es ist dies der reine, kausale Handlungsbegriff.

„Menschliche Handlung" kann ferner das sein, was von menschlichem gewillkürtem Verhalten ausgeht, eine zweckgerichtete Steuerung im vorstehend dargelegten Sinne nicht erkennen läßt, gleichwohl aber im Bereich des generell Vorhersehbaren und Vermeidbaren liegt und damit noch als dem Risikobereich und Verantwortungsbereich des „Handelnden" zugehörend bezeichnet werden kann. Dies ist der adäquanzbezogene[11], kausale Handlungsbegriff.

Schließlich kann „menschliche Handlung" bedeuten, daß als Folge gewillkürten menschlichen Tuns in den sozialen Kontext mit der Folge zwischenmenschlich relevanter Veränderungen dieses Kontextes hineingewirkt wird. Dies ist der soziale Handlungsbegriff[12].

---

[10] *Welzel*, Das neue Bild des Strafrechtssystems, 1959, S. 12 f.

[11] „Adäquanzbezogen" in seiner ursprünglichen Bedeutung von *v. Kries*, (Anm. 9) sowie sogleich c).

[12] Einzelheiten zu diesem Begriff unten IV, 3. Es gibt noch andere, praktisch jedoch wenig bedeutende Handlungsbegriffe, auf welche hier noch nicht eingegangen wird.

c) Lösung der Problematik des Handlungsbegriffs im Öffentlichen Recht und im Zivilrecht

Aus dieser begrifflichen Vielfalt unterschiedlicher Handlungsbegriffe führt nach hier vertretener Auffassung lediglich ein Weg: Die Festlegung dessen, was „menschliche Handlung" und vor allem hier interessierend: „rechtswidrige menschliche Handlung" zu bedeuten hat, kann nicht Sache dogmatisch-begriffsgeschichtlicher Beurteilung sein. Sie muß einer ontologischen Betrachtungsweise vorbehalten bleiben. Ontologisch[13] bedeutet dabei vorliegend, daß maßgeblich immer nur eine Betrachtungsweise sein kann, welche durch die Berücksichtigung der vorgegebenen *seinsmäßigen* Gegebenheiten geprägt ist. Sie schließt diejenigen Gegebenheiten ein, welche als „anthropologisch" zu bezeichnen sind und als ontologisch im weiteren Sinn gelten können.

Diese Betrachtungsweise, welche im folgenden auch als pragmatische Betrachtungsweise bezeichnet wird, und nur diese, nicht irgendein dogmatisches Postulat, hat die rechtswidrigkeitsrelevante Beurteilung menschlicherseits verursachter Kausalprozeße (*rechtswidrige Handlung*) zu kennzeichnen. Sie allein hat die Grenzziehung zwischen rechtswidriger menschlicher Handlung einerseits und bloßem Zufall, bloßem Naturereignis oder Unglück andererseits vorzunehmen.

Die beiden hier entscheidenden ontologischen bzw. pragmatischen Gesichtspunkte sind die folgenden:

(1) Erstens muß der Begriff der „rechtswidrigen Handlung" an den Vorstellungen des praktischen Rechtslebens ausgerichtet sein. Er muß zu dem tatsächlich von der Rechtsprechung praktizierten Umfang der heute überwiegend[14] am Begriff der rechtswidrigen Handlung orientieren, d.h. rechtswidrigkeitsorientierten Schadensersatzpflicht passen.

(2) Zweitens muß der als anthropologisch zu bezeichnende Gesichtspunkt berücksichtigt werden, daß rechtswidrige menschliche Handlung immer nur etwas sein kann, was mit dem menschlichen *Willen* zusammenhängt und in der einen oder anderen Form von ihm *geprägt* ist. Ob dies im Sinne einer willensmäßigen Steuerung geschieht oder nur im Sinne einer

---

[13] Nicht werden hier zugrundegelegt die Ontologiebegriffe der neueren Philosophie, insbesondere nicht der von N. *Hartmann* sowie die existenzialistische Auffassung des Ontologieprinzips von M. *Heidegger*.

[14] Siehe schon oben I, 1 sowie im folgenden II, 2 und ausführlich V, 1 a) und b) S. 76ff. u. 79ff. Vgl. ferner die Ausführungen im 2. Teil (Begriffsanwendung), B, III, 2.

generellen willensmäßigen *Steuerbarkeit* aufzufassen ist, ist eine zweite Frage[15].

Sollte sich zeigen, daß beide Gesichtspunkte nicht in Einklang miteinander zu bringen sind, müßte der anthropologische Gesichtspunkt den Vorrang haben. Denn ein etwaiger rein begriffsjuristischer Rechtswidrigkeitsumfang der Rechtsprechungspraxis (1), welcher sich auf *alle* ursächlich herbeigeführten Verletzungserfolge erstreckte und jegliche praxisrelevante Berücksichtigung voluntativer Beherrschung oder Beherrschbarkeit desselben vermissen ließe (2), könnte nicht akzeptiert werden. Es sei jedoch schon hier darauf hingewiesen, daß die schadensersatzrechtliche Spruchpraxis mit dem Postulat der Willensrelevanz rechtswidriger Handlungen (Rechtswidrigkeitsbereich) *im Ergebnis* übereinstimmt.

Beide Gesichtspunkte nun weisen bei der Suche nach dem richtigen Begriff der rechtswidrigen Handlung in folgende Richtung: Rechtswidrige menschliche Handlung kann nur „verantwortungsbegründende Handlung" sein. Dies leuchtet besonders demjenigen ein, welcher aus pragmatischer Sicht den Rechtswidrigkeitsbegriff im Lichte der auf ihm beruhenden Schadensersatzpflicht sieht. Diese steht heute dem Verantwortungsprinzip durchaus nahe und zwar gerade dank der Bemühungen der *Rechtsprechung*[16]. Es zielt dieser Gesichtspunkt ersichtlich auf das erste soeben genannte Postulat bei Festlegung des Begriffs der rechtswidrigen Handlung (1).

Verantwortungsbegründende Handlung in diesem Sinne ist gleichzusetzen mit der gewillkürten Herbeiführung von Verletzungserfolgen im erkennbaren Verantwortungsbereich des Schädigers. Dieser Bereich geht soweit, wie die *willensmäßige* Prägung eines schadensstiftenden Kausalverlaufs (noch) geht. Rechtlich ausgedrückt führt er zunächst durch den hier völlig unproblematischen Sektor final gesteuerter Unrechtserfolge hindurch und geht hin bis zur Grenze von *„adäquat"* bzw. *„schutzzweckrelevant"* *verursachten* Unrechtserfolgen. *„Adäquat"* bzw. *„schutzzweckrelevant"* verursacht bedeutet nämlich nach heute wieder im Vordringen befindlicher Auffassung[17], daß das derge-

---

[15] Einzelheiten sogleich III, 4 c) insbes. Abs. (4) und (5), S. 46.

[16] Hierzu im folgenden IV, 5 a) sowie V, 1. Praxisbezogene Einzelheiten finden sich im 2. Teil (Begriffsanwendung), III, 2. Maßgeblich für die Verantwortungsbereichsfestlegung nach der Rechtsprechung ist das *Adäquanzprinzip* u. dieses detaillierend das schadensersatzrechtliche Prinzip des *Schutzzwecks der Norm*, sowie einige weitere, ergänzende Wertungsgesichtspunkte, hierzu V, 1 b) (2) Anm. 191).

[17] Hierzu i. folgenden IV, 2 und IV, 5 a). Diese Auffassung entspricht übrigens (sogleich III, 4) der ursprünglichen Definition des Adäquanzprinzips: Es wurde nach v. *Kries* im Sinne einer „willentlich begründete Risikolage" jetzt und aller aus dieser sich ergebenden *objektiven* Schadensmöglichkeiten

stalt verursachte (noch) im Bereich der generellen Vorhersehbarkeit und Vermeidbarkeit und also in dem der generellen *Willensdeterminiertheit* des Schädigers liegt.

Diese Deduktion zielt ersichtlich auf das soeben erwähnte zweite Postulat der *willensmäßigen* Prägung schadenstiftender Kausalverläufe, und zwar eben als Voraussetzung deren Qualifikation als rechtswidrige Handlung.

Der maßgebliche Bereich für schadensersatzrechtliche Verantwortung sowie für schadensersatzrechtliche *rechtswidrige Handlung* reicht also stets, von welchem Postulat[18] aus man es auch betrachtet, bis zur schadensersatzrechtlichen *Verantwortungsrelevanz* von Unrechtserfolgen. Sie schließt die Verantwortungsrelevanz der zu ihnen führenden *Kausalverläufe* ein. Maßgeblich sind nach dem Vorgesagten und darauf sei besonders hingewiesen, für die hier interessierenden Grenzfälle des Begriffs der rechtswidrigen Handlung (Rechtswidrigkeit), die richtig verstandene Grundsätze der Adäquanzlehre und, diese detaillierend, diejenigen der schadensersatzrechtlichen Schutzzwecklehre.

Der nach diesen Grundsätzen zu ermittelnde Verantwortungsbereich/Handlungsbereich des Schädigers liegt zwischen verbotsrelevantem *Handlungsunrecht* und verletzungsbezogenem *Erfolgsunrecht*. Diesen Bereich genau und für die Praxis brauchbar zu bestimmen, ist die Absicht, die den vorliegenden Erörterungen zugrunde liegt.

Ihre *Methode* ist der herkömmlichen dogmatischen Bearbeitungsweise der Rechtswidrigkeitsproblematik, man kann sagen: genau entgegengesetzt.

In den für diese Problematik und ihre Lösung maßgeblichen Grenzfällen, nach dem eingangs[19] gesagten in dem Grenzbereich der Fälle adäquat herbeigeführter Verletzungserfolge liegend, löst man sich aus der hier stets auftauchenden Entscheidungsalternative: *willensgeprägte Handlung / bloßer Kausalverlauf* bzw. *bloßer Zufall* nicht nach Maßgabe dogmatischer Lehren. Man löst diese Problematik vielmehr durch eine genaue und praxisorientierte Bestimmung des Adäquanzbereichs als der *ursprünglichen*[20] Ausprägung des

---

und damit als genereller Vorhersehbarkeits- und Vermeidbarkeitsbereich (= *Verantwortungsbereich)* des Schädigers definiert (ausführlich sogleich III, 4 c).

Das Adäquanzprinzip kann jedoch auch anderes bedeuten und bedeutet es *heute* vielfach. Es wird *heute* vielfach *noch* aufgefaßt als eine praktisch *sehr weite* Vorhersehbarkeit (so erstmals BGHZ 3, 261, 267; s. hierzu unten IV, 2 *ohne* einen wirklichen Effekt einer Verantwortungsbereichseingrenzung, jedoch mit der deutlichen, teilweise schon vollzogenen erwähnten Tendenz, zum *v. Kries*'schen, Adäquanzbegriff zurückzukehren; Einzelheiten sogleich IV, 2 und IV, 5 a).

[18] Vorstehend (1) und (2).

[19] Oben I 2 b).

[20] Nach v. *Kries*, (Anm. 9).

schadensersatzrechtlichen Verantwortungsbereichsgedankens. Dieser ist im Bedarfsfall, welcher sehr häufig eintritt, durch die schadensersatzrechtliche Schutzzwecklehre zu detaillieren.

Maßgeblich für diese *pragmatische* Bestimmung des schadensersatzrechtlichen Adäquanzprinzips und, dieses ergänzend, des schadensersatzrechtlichen Schutzzweckprinzips nach der Rechtsprechung ist letztlich, und damit schließt sich der Kreis[21], stets die Frage, ob der konkret als adäquat/schutzzweckorientiert oder auch als nicht mehr adäquat/schutzzweckorientiert[22] zu beurteilende Verletzungserfolg und dessen Kausalverlauf noch *willensgeprägt*[23] ist oder nicht. Dies gilt unabhängig von der Frage, ob dieser als final-, kausal-, adäquatkausal oder sozial im dogmatischen Sinne zu bezeichnen ist.

An dieser Stelle ist ein weiterer methodischer Hinweis zu geben. Das besondere an der vorliegenden Erörterung ist, daß sie bei Beurteilung der traditionell dem Zivilrecht zugerechneten Rechtswidrigkeitsproblematik weitgehend die Betrachtungsweisen und Maßstäbe des öffentlichen Rechts zugrunde legt. Dies geschieht sowohl in der prinzipiellen Frage der Begründung des Rechtswidrigkeitsbegriffs als auch in den sich anschließenden Fragen der Bestimmung des praxisorientierten Umfangs dieses Begriffs (Haftungsumfang).

Eine solche sowohl zivilrechtliche, als auch öffentlichrechtliche Behandlung der Rechtswidrigkeitsproblematik ist bisher nicht vorgenommen worden. Sie war bislang auch nicht erforderlich. Die vorliegenden zivilrechtlichen Erörterungen genügten. Infolge des bereits erwähnten Umstandes, daß sich im Staatshaftungsrecht mehrere Tatbestände gebildet haben, die rein rechtswidrigkeits-orientiert sind, hat sich diese Situation geändert. Das öffentlichrechtliche Schadensersatz- und Entschädigungsrecht sowie darüberhinaus das gesamte Staatshaftungsrecht haben die Rechtswidrigkeitsproblematik in neuerer Zeit langsam aber stetig in das Blickfeld des Öffentlichrechtlers gerückt.

Verantwortlich für diese Entwicklung sind insbesondere die Tatbestände des enteignungsgleichen Eingriffs, des Aufopferungsanspruchs im engeren

---

[21] Siehe Anm. 23.

[22] Die Rechtsprechung bezeichnet dies zusammenfassend als objektiv *zurechenbar*, so insbes. die Zurechnungsrechtsprechung des BGH, Einzelheiten unten Teil B, III, 2.

[23] Die praxisbezogene Verantwortungsbereichs*bestimmung* ist im Kern also als willensorientiert (*willensgeprägtorientiert)* aufzufassen. Sie ist der *Endpunkt* der beiden ontologisch-handlungsbestimmenden Ausgangs*postulate* [vorstehend (1) und (2)], welche *beide* vom

- Verantwortungsgedanken und
- damit dem Adäquanzgedanken (Anm. 17),
- sowie als Folge dessen vom Prinzip der - direkten oder generellen, dies steht *hier* noch dahin - *Willensgeprägtheit ausgehen.*

Sinne sowie des Folgenbeseitigungsanspruchs. Diese im einzelnen sehr unterschiedlich ausgeformten Entschädigungsansprüche, Beseitigungsansprüche und Ersatzansprüche knüpfen alle an die gemeinsame Grundvoraussetzung der *Rechtswidrigkeit* einer hoheitlichen Maßnahme an. Ein Verschulden als weitere Anspruchsvoraussetzung kennen sie nicht. Entscheidend ist damit für die praktische Fallentscheidung in Grenzfällen sehr häufig[24] der Umstand, wie der Rechtswidrigkeitsbegriff im einzelnen aufgefaßt wird.

Insbesondere stellt sich bei allen genannten Ansprüchen die Frage, ob sie ein normverletzendes *Handeln* der öffentlichen Hand voraussetzen oder ob die Tatsache von hoheitlicherseits lediglich *verursachten* Eintritten mißbilligenswerter Erfolge genügt. Daß diese Frage insbesondere beim „enteignungsgleichen Eingriff" und beim Folgenbeseitigungsanspruch bislang nur langsam ins Bewußtsein der Öffentlichrechtler dringt, liegt sicherlich daran, daß die Öffentlichrechtler bislang den Rechtswidrigkeitsbegriff durchweg unbesehen aus dem Zivilrecht übernahmen. Sie übernahmen damit den dort bislang ganz herrschenden, erfolgsbezogenen Rechtswidrigkeitsbegriff, welcher in den meisten Normalfällen der genannten öffentlichrechtlichen Rechtswidrigkeitstatbestände auch paßt[25] bzw. *paßte*.

Insbesondere paßte er zum Tatbestand des enteignungsgleichen Eingriffs in seiner *ursprünglichen* Form als enteignungsähnlichem Entschädigungstatbestand. Ob dies auch heute noch nach dessen Wandlung zu einem rechtswidrigkeitsorientierten Ersatztatbestand[26] gesagt werden kann, ist allerdings fraglich. Auch im Bereich des Folgenbeseitigungsanspruchs sind in neuerer Zeit mehrere Fälle aufgetreten, in welchen es keineswegs klar ist, ob schon jede mißbilligenswerte Folge hoheitlichen Tuns als solche *rechtswidrig* ist und damit zu beseitigen ist, oder ob es zusätzlich auf die Frage einer normverletzenden Handlung der Behörde ankommen muß[27].

Jedenfalls legt es die gesamte rechtswidrigkeitsorientierte Entwicklung des Staatshaftungsrechts dem Öffentlichrechtler nahe, die Rechtswidrigkeitsproblematik genauer zu betrachten und nicht den Zivilrechtlern zu überlassen.

---

[24] Natürlich nicht immer, da die genannten Tatbestände noch eine große Zahl weiterer Anspruchsvoraussetzungen enthalten (siehe Teil B, II).

[25] Siehe die Nachweise unten Teil B, II 2 und 4.

[26] Seit dem Nassauskiesungsbeschluß des Bundesverfassungsgerichts, vgl. hierzu BVerfGE 58, 300 f.; Einzelheiten Teil B, II, 2 b).

[27] Einzelheiten hierzu unten Teil B, II, 4.

Wenn so die zivilrechtliche Prärogative in bezug auf Erörterung und Entscheidung des Rechtswidrigkeitsstreits nicht mehr als unangefochten gelten kann, so ist doch auf folgendes hinzuweisen: Jeder Versuch einer Lösung der Rechtswidrigkeitsproblematik sowie der Entwicklung eines allgemein akzeptanzfähigen Rechtswidrigkeitsbegriffs, ob vom Zivilrecht oder vom Öffentlichen Recht ausgehend, muß auf die vorhandenen zivilrechtlichen Erörterungen zurückgreifen. Die Relevanz der Rechtswidrigkeitsproblematik ist hier alt und keineswegs erst neueren Entwicklungen zu verdanken wie im Öffentlichen Recht. Im Zivilrecht ist darüberhinaus die dogmatische Entwicklung des Rechtswidrigkeitsbegriffs in Abgrenzung zum Verschuldensbegriff überhaupt erst entstanden und führte zu der mittlerweile sehr subtilen Struktur des schadensersatzrechtlichen Tatbestandsaufbaus zivilrechtlicher und öffentlichrechtlicher Provenienz. Zivilrechtliche Erörterungen nehmen daher einen Großteil des Begründungsteils (Teil A) der vorliegenden Erörterung in Anspruch.

Es handelt sich allerdings - und darauf sei schon hier hingewiesen - nicht um eine bloße *Übernahme* zivilrechtlicher Meinungen. Überwiegend geht es in den folgenden zivilrechtlichen Ausführungen vielmehr um eine Projizierung der hier unternommenen *pragmatischen Lösung* des Rechtswidrigkeitsstreits, nämlich des „verantwortungsbezogenen Rechtswidrigkeitsbegriffs", in den gegenwärtigen zivilrechtlichen Meinungsstand. Dies ist insbesondere in bezug auf die Rechtsprechung leichter als man denkt. Denn die höchtsrichterliche Rechtsprechung des Zivilrechts ist bekanntermaßen bei aller dogmatischen Strenge vorwiegend interessenjuristisch und *pragmatisch*. Sie ist im *Ergebnis*, wenn auch keineswegs in der Begründung, von der in den vorliegenden Erörterungen unternommenen pragmatischen Behandlung der Rechtswidrigkeitsproblematik und deren Lösung in Form des verantwortungsbezogenen Rechtswidrigkeitsbegriffs nicht sehr weit entfernt. Teilweise konnten daher die im folgenden vertretenen, pragmatischen Argumente für eine vermittelnde Lösung der Rechtswidrigkeitsproblematik bereits in die Erörterungen der zivilrechtlichen Rechtsprechung eingeflochten werden.

II. Die streitgeschichtliche Ausgangssituation

1. Der Ausgangspunkt

Seit der Entscheidung des BGH vom 4.3.1957[28] zur Frage des „verkehrsrichtigen Verhaltens“ und zur Frage des Begriffs der Rechtswidrigkeit im Straßenverkehr sind die Zivilrechtler und mit ihnen die Öffentlichrechtler nicht mehr in der Lage, den Begriff der Rechtswidrigkeit mit Aussicht auf allgemeine Akzeptanz zu definieren. Einmal mehr ist ein Stück Gemeinsamkeit in der Auffassung grundlegender Rechtsbegriffe verlorengegangen und einmal mehr hat sich ein solcher Verlust nicht auf dessen Ausgangspunkte - die zivilrechtliche und öffentlichrechtliche Rechtswidrigkeitsdogmatik - beschränken lassen. Die Strafrechtler sehen sich in ganz dergleichen Lage[29].

Zugespitzt, jedoch nicht unzutreffend, hat man diese als „crux“ des Schadensersatzrechts bezeichnet - nämlich als Verlegenheit der Rechtsanwender angesichts der Frage, was denn eigentlich das von ihnen als rechtswidrig verurteilte seinem dogmatischen Kern nach ist.

Fragt man sich, wie es zu dieser Situation kommen konnte, so liegt die Antwort doch weit näher, als man angesichts der unbestrittenermaßen schwierigen Rechtswidrigkeitsproblematik vermuten möchte. Sie verweist in den Bereich der neueren Rechtsentwicklung und liegt in dem Umstand begründet, daß die allgemein zu beobachtende Verrechtlichung und Durchnormierung vieler Lebensbereiche erstmals die Anlehnung des Begriffs der Rechtswidrigkeit an den der *Normwidrigkeit* derart nahe legte, daß es in Anbetracht dieses Umstandes bei einer unreflektierten Orientierung des Rechtswidrigkeitsbegriffs an der bloßen Herbeiführung von Verletzungs*erfolgen* nicht sein Bewenden haben konnte. Nicht bewenden konnte es damit bei einem schlichten Festhalten an den überkommenen Erfolgsunrechtsvorstellungen[30].

Als Folge des genannten Umdenkungsprozeßes haben sich seit der zitierten Entscheidung des BGH in rascher Folge mehrere unterschiedliche Rechtswidrigkeitsauffassungen gebildet, von denen heute noch vier praktische Bedeutung haben, nämlich:

- die überkommene, *erfolgsbezogene* Rechtswidrigkeitsauffassung;

[28] BGHZ 24, 21 (Beschluß des Großen Senats für Zivilsachen).
[29] Einzelheiten im folgenden IV, 1.
[30] Einzelheiten III, 1.

- die neue, *normwidrigkeitsbezogene* oder handlungsbezogene Rechtswidrigkeitsauffassung;
- die *soziale* Rechtswidrigkeitsauffassung;
- die unmittelbarkeitsorientierte Rechtswidrigkeitsauffassung[31] von *Larenz.*

Angesichts der offensichtlichen Gegensätzlichkeit vor allem der beiden erstgenannten Rechtswidrigkeitsauffassungen vermutet man häufig eine lebhafte Auseinandersetzung zwischen ihnen - zu Unrecht. Eine Auseinandersetzung findet im Zuge einer dogmatischen Verhärtung der Positionen heute, man kann sagen, so gut wie nicht mehr statt - nachdem man anfänglich eine sehr kontroverse Ausbildung der jeweiligen Positionen beobachten konnte. Man mißt einer solchen Auseinandersetzung heute auch allgemein keine große Bedeutung mehr bei[32].

2. Die praktische Bedeutung des Rechtswidrigkeitsstreits

a) Der zivilrechtliche Bereich

(1) Eine derartige Einschätzung des Rechtswidrigkeitsstreits ist, schon wenn man das Gebiet des zivilrechtlichen Schadensersatzrechts betrachtet, unzutreffend. Zwar ist Gegenstand des Streits hier zunächst[33] lediglich die Frage, wie im Anwendungsbereich der deliktischen Grundnorm des § 823 Abs. 1 BGB[34] das Erfordernis der „Rechtswidrigkeit" zu bestimmen ist. Außer Streit steht, was im Anwendungsbereich der deliktischen Spezialnormen der §§ 823 Abs.2,824, 826, 832 BGB und § 839 BGB i.V.m. Art. 34 GG (Amtshaftungsanspruch) „Rechtswidrigkeit" bedeutet. Sie ist hier schon der tatbestandlichen Konstruktion nach stets ein Verstoß gegen Gebote oder Verbote des Rechts, mithin *Handlungsunrecht*, und zwar unabhängig von dem Umstand, welcher

---

[31] Zu diesen Begriffen sogleich III, 1 folgende sowie IV.

[32] Im Zivilrecht schon deshalb nicht, weil auf der Verschuldensebene die Frage der Gebots-/ Verbotsrelevanz (handlungsbezogener Rechtswidrigkeitsbegriff, unten III, 2) geprüft werden kann; der Streit also, ob dies schon auf der *Rechtswidrigkeitsebene* geschehen muß, sei überflüssig (statt vieler, *Staudinger-Löwisch*, Kommentar zum BGB, 12. Auflage, § 276, RdNr. 5, sowie sogleich im folgenden II, 2). Daß dies heute nicht mehr voll zutrifft, wird Gegenstand der folgenden Erörterungen sein (II,2 a).

Im öffentlichen Recht ist das Problembewußtsein in bezug auf den Rechtswidrigkeitsbegriff erst neu (oben I, 1). Es ist noch nicht in der Lage, das Bewußtsein einer *praktischen* Bedeutung des Streits um dessen richtige Definition zu schaffen.

[33] Siehe aber sogleich in Absatz (2) weitere Relevanzgesichtspunkte.

[34] Einschließlich der auf diese Grundnorm rekurrierenden Norm des § 831 BGB, hierzu Einzelheiten sogleich.

Rechtswidrigkeitsauffassung man im übrigen, d.h. im Bereich der genannten deliktischen Grundnorm, auch folgt.

Jedoch hat im Bereich der Grundnorm des § 823 Abs. 1 BGB der Rechtswidrigkeitsstreit für solche Fälle Bedeutung, in welchen eine Haftung des Schuldners auch *ohne* Verschulden, mithin *ohne* bereits tatbestandlich vorprogrammiertes Gebotsverstoßerfordernis[35] eintritt. Dies ist in *einer* wichtigen Konstellation der Fall, nämlich im Bereich von Schadenseintritten, in welchen gemäß § 831 Abs. 1 Satz 1 und 2 BGB eine Haftung des Geschäftsherrn für lediglich *rechtswidrige*, nicht notwendig auch schuldhafte, unerlaubte Handlungen seines Verrichtungsgehilfen eingreift.

(2) Ferner hat die Rechtswidrigkeitsauseinandersetzung für das zivilrechtliche Schadensersatzrecht insofern Bedeutung, als der herrschende *adäquat*erfolgsbezogene[36] Rechtswidrigkeitsbegriff zu weit ist, nämlich in Fällen ungewöhnlicher und ganz atypischer Schadensverläufe zu einem viel zu weiten und unbestimmten Haftungsumfang führt[37]. Dieser Umstand zwingt die Rechtsprechung dazu, in solchen atypischen Fällen ungewöhnlicher Kausalverläufe objektive *Haftungseinschränkungen* vorzunehmen, und zwar bei der Frage der tatbestandlichrelevanten *Kausalität* im Verhältnis Handlung/Schaden. *Völlig atypische* Schäden fallen aus dieser Kausalität als *nicht* mehr *verantwortbar* heraus. Ob ein völlig atypischer nicht mehr *verantwortbarer* Schaden anzunehmen ist oder nicht, wird nach pragmatischen Zurechnungsgesichtspunkten

---

[35] Welches hier allerdings auf der Verschuldensebene liegt. Diesem Umstand kommt jedoch keine Bedeutung bei. Zur Identität von *objektiviertem* Verschulden und *rechtswidrigkeitsrelevantem* Gebotsverstoß siehe BGHZ 24, 21, 28 und *Palandt- Heinrichs*, Kommentar zum BGB, 50. Aufl. 1991, § 276 Anm. 4 B a).

[36] *Dies* ist der heutige, erfolgsbezogene Rechtswidrigkeitsbegriff, nicht der rein erfolgsbezogene Rechtswidrigkeitsbegriff unter Ignorierung des Erfordernisses der Adäquanz; dies wird heute noch oft verkannt. Siehe zu diesen beiden Begriffsvarianten ausführlich sogleich III, 4.

[37] Das Erfordernis der *Adäquanz* in bezug auf die Erfolgsbezogenheit des Rechtswidrigkeitsbegriffs ist in Form der Entscheidung BGHZ 3, 261, 267 sowie der vorangegangenen des RG, (s. IV, 2)) *keine* Einschränkung dieser Aussage. Dieses Adäquanzprinzip ist nach BGHZ *3, 261* eine sog. objektive Prognose und lautet zusammengefaßt folgendermaßen: Sie ist

(1) eine nachträgliche objektive Prognose,

(2) eines optimalen Beobachters,

(3) der mit allem Erfahrungswissen der Zeit ausgestattet ist (!),

(4) und der zusätzlich über die Tatkenntnisse des Täters verfügt.

Dies ist eine *objektive* und sehr weite Vorhersehbarkeit schädigender Folgen, welche *keine* effektive *Einschränkung* unter Verantwortungsgesichtspunkten der reinen Erfolgsbezogenheit des Rechtswidrigkeitsurteils bewirkt. Vgl. aber *auch* die *etwas engere* Auffassung des Adäquanzprinzips als „*generelle Vorhersehbarkeit* und *Vermeidbarkeit*" schon seitens des RG *und* auch des BGH (IV, 2), wodurch eine Art Ambivalenz und *Unschärfe* des Adäquanzprinzips eingetreten ist. Ausführlich hierzu unten IV, 2. Zu den Änderungstendenzen in bezug auf einen leistungsfähigeren Adäquanzbegriff s. vorstehend I, 2 c) Anm. 17.

entschieden[38], und zwar dies rechtstechnisch auf der *Rechtswidrigkeitsebene*. Diese Prüfung erfolgt aber eben unabhängig vom Rechtswidrigkeits*begriff*.

Der *Verschuldensgesichtspunkt* ist hier deshalb *kein* Korrektiv der abgegebenen Haftungswertung, weil diese Fälle der sog. „schadensersatzrechtlichen *Zurechnungsrechtsprechung*" des BGH gerade dadurch gekennzeichnet sind, daß dem Täter *sämtliche* Tatumstände wertungsrelevanter Art *bekannt* sind. *Bevor* man zur Frage der subjektiven Vorwerfbarkeit des in atypische Weise herbeigeführten Schadens kommt, stellt sich also zwangsläufig die Frage, ob *dieser* Kausalverlauf einschließlich seines Endes (Schaden) überhaupt *objektiv* haftungswürdig, d.h. *rechtswidrig* ist. *Diese* Frage ist entscheidend und bestimmt sodann *auch* die des - *objektivierten* - (Anm. 35) Verschuldens.

Der im folgenden entwickelte pragmatische „verantwortungsbezogene Rechtswidrigkeitsbegriff" würde die vorstehend (2) dargelegte, gekünstelte und im übrigen auch zu Fehlern verleitende[39] Konstruktion überflüssig machen.

(3) Schließlich ist der Rechtswidrigkeitsstreit im zivilrechtlichen Defensivgüterschutz von Bedeutung. Das Bürgerliche Gesetzbuch legt unbestrittenermaßen bei den Vorschriften des Defensivgüterschutzrechts[40] den erfolgsbezogenen Rechtswidrigkeitsbegriff[41] zugrunde[42]. Der normwidrigkeitsbezogene

---

[38] Einzelheiten folgen bei Erörterung des heutigen Rechtswidrigkeits*haftungs*umfangs, welcher am zu weiten Rechtswidrigkeitsbegriff *vorbei* festgelegt wird (V, 1 b) und c)) sowie praxisbezogen bei Erörterung der sog. *„Zurechnungsrechtsprechung" des* BGH, Teil B, III, 2.

[39] Nämlich zu Fehlern bei *verantwortungsbereichsbezogenen* Zurechnungswertungen im Rahmen *kausalitäts*orientierter Prüfungen; Einzelheiten sogleich in Teil B, III, 2.

[40] Dies sind vor allem die Vorschriften in bezug auf Notwehr, Nothilfe und erlaubte Selbsthilfe (§§ 227 und 229 BGB), Einzelheiten zum Defensivgüterschutzrecht unter dem Gesichtspunkt des verantwortungsbezogenen Rechtswidrigkeitsbegriffs unten Teil B, IV, 1. und 3.

[41] Der Sinn ist, daß *jeder* Angriff abgewehrt werden kann, gleichgültig, ob der Angreifer gegen Gebote des Rechts verstoßen hat oder nicht. S. die ausführliche Begründung hierzu unten Teil B, IV, 2.

[42] Mit der Folge, daß der Umfang der Verteidigungsbefugnis (Haftungsumfang) wiederum (siehe oben Anm. 37) zu *weit* ist; er geht nämlich bis zur *Grenze* von Zufällen, welche sich als - äußerlich gesehen - *Angriffe* darstellen. *Beispiel* (Kirschenfall): Auf der Grenze zweier benachbarter Hanggrundstücke, die in Hangrichtung aufeinanderstoßen, steht ein Morellenkirschbaum. Laut vertraglicher Abmachung darf Nachbar N, der Besitzer des *unteren* Grundstücks, die 3 auf *sein* Grundstück hineinragenden Zweige abernten, und zwar vermittels Schüttelns dieser Zweige, deren Kirschen dann auf *sein* Grundstück herunterrollen. Nachbar A darf die 3 auf *sein* Grundstück hineinragenden Zweige abernten, und zwar vermittels Abpflückens. Beim Schütteln durch N tritt plötzlich ein angesichts der herrschenden Sommerwetterlage nicht ohne weiteres vorhersehbarer Windstoß auf und führt - zusammen mit den Schüttelauswirkungen auch auf die 3 auf das Grundstück des *A* hineinragenden Zweige - zu einem *drohenden* Abfallen der Kirschen auch von diesem und deren Herunterrollen zu den Kirschen des N (Folge: Eigentum des N durch Vermischung, § 948 BGB).

A hat nach dem herrschenden, *adäquanzbezogenen* Rechtswidrigkeitsbegriff eine Defensivbefugnis gem. § 227 Abs. 2 BGB, *nicht* aber nach dem „verantwortungsbezogenen Rechtswidrigkeitsbegriff" - letzteres zu Recht, weil der Windstoß *nicht* dem *Verantwortungsbereich* des N zugehört:

Rechtswidrigkeitsbegriff läuft dieser normgeberischen Entscheidung sowie dem dahinter stehenden Sinn strikt zuwider. *Allein* der „verantwortungsbezogene Rechtswidrigkeitsbegriff" führt zu vernünftigen Lösungen in diesem Rechtsbereich[43].

b) Der öffentlichrechtliche Bereich

Deutlicher noch stellt sich die praktische Relevanz des Rechtswidrigkeitsstreits auf dem Gebiet des *öffentlichen Rechts* dar. Insbesondere im *Staatshaftungsrecht*[44] gibt es mehrere Tatbestände, welche die gekennzeichnete Konstellation

- einer Haftung lediglich aufgrund eines Rechtswidrigkeitsurteils,
- unter Zugrundelegung lediglich des *allgemeinen* Rechtswidrigkeitsbegriffs *ohne* tatbestandliche Vorprogrammierung eines spezifisch-gebotsorientierten Rechtswidrigkeitsbegriffs aufweisen.

(1) Diese Konstellation ist sehr deutlich beim Folgenbeseitigungsanspruch, heute auch „actio negatoria des öffentlichen Rechts" genannt[45], zu beoachten. Sie hat hier bereits eine lebhafte Diskussion in bezug auf die richtige Auffassung des Rechtswidrigkeitsbegriffs ausgelöst.

Ein Folgenbeseitigungsanspruch besteht immer dann, wenn jemand durch hoheitliches Handeln in seinen Rechten beeinträchtigt worden ist und hierdurch ein tatsächlicher, *rechtswidriger* Zustand geschaffen worden ist. Dies gilt auch dann, wenn nachträglich ein solcher Zustand eingetreten ist, falls er als fortwirkender Eingriff der öffentlichen Hand zuzurechnen ist.

Das entscheidende Tatbestandsmerkmal der „Rechtswidrigkeit" bezieht die h.M. dabei, entsprechend ihrer allgemeinen Rechtswidrigkeitsauffassung, auf den herbeigeführten *Erfolg* hoheitlichen Tuns. Nur dieser muß Rechtsnormen,

---

Dem A *dann* die rigorose Defensivbefugnis des § 227 Abs. 2 zu geben, wäre unrichtig; siehe Einzelheiten Teil B, IV, 3 sowie sogleich IV, 2.

Die im folgenden gebrachten *Beispiele* stammen überwiegend aus der Literaturdiskussion. Wenn sie Rechtsprechungsfällen entnommen sind oder vom Verfasser gebildet wurden, ist das gesondert vermerkt.

[43] Einzelheiten Teil B, IV, 3.

[44] Zu weiteren öffentlichrechtlichen Relevanzbereichen des Rechtswidrigkeitsstreits s. unten Teil B, II (Polizeirecht).

[45] Zu diesem Anspruch sowie der eben gebrauchten Bezeichnungen im folgenden Teil B, I, 4.

d.h. Güterzuweisungsnormen[46] widersprechen. Ein normwidriges Handeln der Verwaltung wird nicht verlangt[47].

Die Vertreter der *handlungsorientierten* Rechtswidrigkeitsauffassung haben sich angesichts dieses Sachverhalts bereits deutlich im Sinne ihrer Lehre geäußert und fordern für das Rechtswidrigkeitserfordernis im Tatbestand des Folgenbeseitigungsanspruchs stets ein rechtswidriges Verwaltungs*handeln*[48].

Dieser Streit geht ersichtlich an die dogmatische Wurzel des Folgenbeseitigungsanspruchs. Diese wird, wenn auch nicht unstreitig, so doch heute überwiegend[49] in einer Kombination

- des Rechtsstaatsprinzips,
- der freiheitsverbürgenden Funktion der Grundrechte,
- einer Analogie zu dem Unterlassungsanspruch des § 1004 BGB,
- sowie des Gesichtspunkts der Gewährleistung effektiven Rechtsschutzes (Art. 19 Abs. 4 GG)

gesehen.

Sämtliche dieser Prinzipien erfordern einen *erfolgsbezogenen* Rechtswidrigkeitsbegriff als Voraussetzung eines Anspruchs, welcher ihnen zu tatsächlicher Wirksamkeit im Rechtsleben verhelfen soll[50]:

Das Rechtsstaatsprinzip verlangt die effektive Einhaltung der Rechtsbestimmungen und insbesondere die Achtung der Güterzuweisungsbestimmungen und deren tatsächliche Ergebnisse (Besitzstände). Die Freiheitsgrundrechte verlangen dies unter dem Gesichtspunkt der Gewährleistung individueller Freiheitsbereiche. Die bürgerlichrechtliche Vorschrift des § 1004 BGB

---

[46] Die bekannteste ist § 903 BGB i.V.m. §§ 1004 und 985 BGB.
Die bloße *Verletzung* oder drohende Verletzung dieses absolut geschützten, dem Inhaber ausschließlich zugewiesenen Rechts genügt nach h.M., um einen Anspruch auszulösen. Normverstöße bei der Art und Weise dieser Verletzung sind nach h.M. nicht erforderlich.

[47] So *Wolff/Bachof*, Verwaltungsrecht I 9. Aufl. 1974, § 54, II, c i.V.m. II, d (S. 478); *Bachof*, Verfassungsrecht, Verwaltungsrecht, Verfahrensrecht in der Rechtsprechung des BVerwG, Band II, S. 358 f.; *Bender*, Staatshaftungsrecht, 3. Aufl. 1981 Rdnr. 456 f., *Weyreuther*, Gutachten B zum 47. DJT (1968) S. 67 f. (88 f.); Einzelheiten im Anwendungsteil (Teil B) I, 4.

[48] So *Obermayer*, JuS 1963, S. 113, 115; VGH Bad.Württ., VerwRspr. 12, S. 1001, 1005; *Schäfer/Bonk*, Komm. zum Staatshaftungsgesetz, 1982, § 3 RdNr. 17 m.w.N.; Einzelheiten zum Problem der Rechtswidrigkeit im Folgenbeseitigungsanspruch (actio negatoria des öffentlichen Rechts) folgen im Anwendungsteil, I, 4.

[49] Vgl. hierzu *Otto Bachof*, Die verwaltungsgerichtliche Klage auf Vornahme einer Amtshandlung, 2. Aufl. 1968, Vorwort S. XIV.

[50] Wie im folgenden nachgewiesen werden wird, Teil B, I, 4.

zielt ebenfalls auf die effektive *Einhaltung* der Bestimmungen der Güterzuweisungsnormen und deren tatsächlicher Ergebnisse *ohne* das Erfordernis einer Verhaltenspflichtverletzung. Alle drei genannten Postulate werden *aktionenrechtlich* umgesetzt und damit überhaupt erst effektualisiert durch den Gesichtspunkt der Gewährleistung des allgemeinen gerichtlichen Rechtsschutzes (Art. 19 Abs. 4 GG). Von einer tatsächlichen Effektualisierung der genannten Gewährleistungen kann man aber nur dann sprechen, wenn *jede nicht* gerade als *Zufalls*ereignisse[51] einzustufende Beeinträchtigung in die gewährleisteten Bereiche abgewehrt werden kann bzw. bei bereits vorgenommenen Beeinträchtigungen durch Folgenbeseitigungsansprüche beseitigt werden kann, und zwar dies *ungeachtet* der Tatsache, ob dieser Eingriff auf verhaltensbezogenen Verbotsverstößen der öffentlichen Hand beruhte oder nicht.

Letzterer Gesichtspunkt spielt für den Beeinträchtigungseffekt rechtsstaatlicher bzw. freiheitsrechtlicher Relevanz nicht die geringste Rolle. Er kann zudem durch die öffentliche Hand in vielen Fällen beeinflußt werden[52].

Falls nun die gebotsorientierte Rechtswidrigkeitsauffassung an Boden gewinnen würde, so müßte:

- dieses dogmatische Konzept auf einen anderen Grundgedanken gestellt werden,

- und es müßte der Folgenbeseitigungsanspruch in seinem Anwendungsbereich *eingeschränkt* werden. Alle Fälle gebotsirrelevanter Herbeiführungen „rechtswidriger" *Erfolge*[53] wären nicht subjektiv anspruchsbegrün-

---

[51] Siehe hierzu Teil B, I, 4 f.

[52] Vgl. die sogleich V, 2 c) angeführten Beispiele, in welchen durch Herabschrauben des Normniveaus bei Zulassung gefährlicher Anlagen und Tätigkeiten durch die öffentliche Hand in fast beliebiger Weise *Eingriffe* in Rechtsgüter (Freiheitsbereiche) des Bürgers aus dem Bereich möglicher verhaltensbezogener *Verbots*verstöße herausgenommen werden.

[53] D.h. wie oben, Anm. 46, bereits angedeutet, solcher *beeinträchtigender Erfolge*, welche mit der Rechtsordnung und insbesondere der Güterzuweisungsordnung nicht im Einklang stehen und daher nach der herrschenden erfolgsbezogenen Rechtswidrigkeitslehre als Eingriffe in bestehende Rechte eo ipso *rechtswidrig* sind, falls kein Rechtfertigungsgrund für diese Eingriffe vorliegt. Entscheidend dabei ist, daß bei ihrer Herbeiführung ein verhaltensbezogener *Gebotsverstoß* nicht im Spiel gewesen sein muß.

Vielzitiertes *Beispiel*: Im Zuge von Großstraßenbauten wird ein nicht enteignetes Grundstück überbaut. Dies geht vielfach *nicht* auf einen *Gebotsverstoß* der Planungsbehörden oder der ausführenden Stellen und Unternehmer zurück. Angesichts des Umfangs solcher Straßenneubauten und des oft bestehenden Termindrucks ist bei Zugrundelegung der für die genannten Stellen maßgeblichen Verhaltens- und Sorgfaltsstandards ein Fehler der genannten Art in manchen, und zwar gerade in den zitierten Grenzfällen schlechthin unvermeidbar. Man müßte, wollte man derartige Fehler vermeiden, die maßgeblichen Sorgfaltsstandards wesentlich höher schrauben. Die Folge wäre, daß mit völlig anderen Kosten und Zeitdimensionen zu rechnen wäre.

Die Tatsache allein, daß der *Erfolg* des sorgfaltsgemäßen Tuns der Behörde die Verletzung fremden Eigentums bewirkte und damit den Schutzbereich des Art. 14 Abs. 1 GG tangierte, genügte

dend. Sie würden lediglich die *objektivrechtliche* Verpflichtung der Behörde begründen, einen dem Rechtsstaatsprinzip und den Freiheitsgrundrechten entsprechenden Zustand wieder herzustellen. Polizeirechtlich ausgedrückt bestünde lediglich die objektiv-rechtliche Verpflichtung, einen der öffentlichen Sicherheit und Ordnung entsprechenden Zustand herzustellen oder wieder herzustellen[54].

(2) Nicht unähnlich ist die Rechtslage beim *„enteignungsgleichen Eingriff"*[55].

Ein Entschädigungsanspruch nach diesem Rechtsinstitut besteht immer dann, wenn jemand eine *rechtswidrige*, unmittelbare Beeinträchtigung seines Eigentums durch gemeinwohlmotiviertes, hoheitliches Tun erlitten hat. „Rechtswidrig" bedeutet dabei entsprechend der *allgemeinen* Rechtswidrigkeitsauffassung der h.L., daß der durch hoheitliches Tun herbeigeführte *Erfolg* der Rechtsordnung und insbesondere der Güterzuweisungsordnung widerspricht. Ein gebotswidriges *Handeln* der Verwaltung ist nicht Voraussetzung[56].

Diese Konstruktion könnte so nicht aufrecht erhalten werden, würde die gebotsorientierte Rechtswidrigkeitsauffassung die herrschende erfolgsorientierte Rechtswidrigkeitsauffassung verdrängen.

Entsprechendes gilt für den Aufopferungsanspruch i.e.S.[57], welcher in seinem tatbestandlichen Schutzbereich nicht das Eigentum, sondern Leben, Gesundheit, Ehre und einige andere immaterielle Rechtsgüter erfaßt.

c) Zusammenfassung

Die dargelegte Charakterisierung der Bedeutung des Rechtswidrigkeitsstreits für das zivilrechtliche Deliktsrecht und defensive Güterschutzrecht, für

---

für ein Gebotsverstoßurteil i.S. der neuen Rechtswidrigkeitslehre nicht. Wie erwähnt (II, 1 b)), verlangt diese stets eine verhaltensbezogene, und d.h. hier: *handlungsbezogene* Normwidrigkeit. Sie verlangt damit einen Verstoß gegen *Verhaltens-* und Sorgfaltsstandards (Einzelheiten unten III, 2 und 4), nicht genügt ihr *ergebnisbezogen* ein Verstoß gegen die Güterzuweisungsvorschriften und Besitzstandvorschriften der Rechtsordnung, insbesondere vorliegend Art. 14 Abs. 1 GG. Weitere *Beispiele* unten Teil B, I, 4.

[54] Ein Rechtszustand, wie er z.Z. des Preußischen Oberverwaltungsgerichts bestand, vgl. Preuß. OVGE 92, 108.

[55] Zur Bezeichnung dieses Anspruchs, heute wird der „enteignungsgleiche Eingriff" auch „Entschädigungsanspruch wegen rechtswidriger Eigentumsverletzung" genannt, siehe Teil B, I, 2.

[56] Ganz h.M., insbesondere betont in BGHZ 56, 40, 42 sowie in BGHZ 57, 370, 372; Einzelheiten im Anwendungsteil, Teil B, I, 2 c).

[57] Entwickelt in BGHZ 9, 83 und BGHZ 13, 88, 90 ff., Einzelheiten sogleich, Teil B, I, 3.

den öffentlichrechtlichen Folgenbeseitigungsanspruch, für den Anspruch aus enteignungsgleichen Eingriff und für den Aufopferungsanspruch i.e.S. lassen keinen Zweifel, daß die Art und Weise der Definition des Rechtswidrigkeitsbegriffs rechtliche Bedeutung hat. Sie ist ausschlaggebend für den *Umfang* der *Haftung* des Einzelnen bzw. des Staates für *beeinträchtigende* Folgen schadensstiftenden Tuns zivilrechtlichen oder öffentlichrechtlichen Charakters.

Die vorliegenden Erörterungen können demnach, wie bereits eingangs (I, 1) angedeutet, nur darauf hinauslaufen, von einem angemessenen Haftungsumfang des Einzelnen bzw. der öffentlichen Hand ausgehend einen solchen Rechtswidrigkeitsbegriff zu entwickeln, welcher *diesem* Haftungsumfang entspricht.

Dabei ist zunächst ein Blick auf den Rechtswidrigkeitsstreit im Bereich des Zivilrechts unerläßlich, in welchen sich bislang die begrifflichen Rechtswidrigkeitsargumentationen vorwiegend abgespielt haben.

III. Die bisherigen zivilrechtlichen Positionen des Rechtswidrigkeitsstreits

1. Die Lehre vom Erfolgsunrecht

Nach der herrschenden, zivilrechtlichen Rechtswidrigkeitsauffassung ist jede *Verletzung* eines Rechtsguts oder subjektiven Rechts i.S. des § 823 Abs. 1 BGB rechtswidrig, welche durch gewillkürtes menschliches Tun adäquat verursacht worden ist. Dies gilt grundsätzlich[58] auch dann, wenn eine Gebotsverletzung bei Verursachung des Verletzungserfolgs nicht vorgelegen hat. In bestimmten Fällen, nämlich im Polizeirecht, gilt dies darüberhinaus auch dann, wenn nicht einmal eine *Verursachung* des Verletzungserfolgs vorgelegen hat. Es sind dies insbesondere solche Fälle, in welchen eine Zurechnung des Verletzungserfolgs lediglich aus dem Gesichtspunkt einer rechtlichen Verantwortung für diesen resultiert[59].

---

[58] Ausnahmen bestehen im Bereich der sog. offenen Tatbestände des § 823 Abs. 1 (insbesondere in dem des „eingerichteten und ausgeübten Gewerbebetriebs" sowie des „allgemeinen Persönlichkeitsrechts").

[59] *Beispiel*: A, welcher sich seit längerer Zeit im Ausland aufhält, erbt das Gehöft seines Vaters. Er hat zunächst keine Kenntnis davon. Am Tage nach dem Erbfall schlägt ein Blitz in die Scheune des

Diese erfolgsorientierte Auffassung wird von einem großen Teil des Schrifttums[60] sowie von der Rechtsprechung vertreten.

2. Die neue Lehre vom Handlungsunrecht

Der Lehre vom Erfolgsunrecht steht die Auffassung vom Handlungsunrecht gegenüber. Nach dieser kommt der normativen Beurteilung menschlichen *Verhaltens*, nicht dem Erfolg desselben, die entscheidende Bedeutung für die Fassung dessen zu, was ein Rechtswidrigkeitsurteil sinnvollerweise bedeuten kann. Entscheidend ist damit der Begriff der Verhaltens- oder *Handlungsnorm*. Diese Auffassung führt zu folgender Konsequenz: „Rechtswidrigkeit" ist immer ein als rechtswidrig zu beurteilendes menschliches Handeln. Es liegt immer nur dann vor, wenn es *Rechtsnormen* widerspricht. Allein die adäquate Herbeiführung eines Verletzungserfolgs genügt nicht[61]. Zur schadensersatzrechtlich relevanten Rechtswidrigkeit, die hier allein interessiert, muß allerdings ein Verletzungserfolg als Haftungsvoraussetzung auch hier stets hinzukommen.

3. Weitere neue Rechtswidrigkeitslehren

Es gibt zwei weitere Rechtswidrigkeitslehren, nämlich die sog. „soziale" Rechtswidrigkeitslehre und die unmittelbarkeitsbegriffliche Rechtswidrigkeitslehre von *Larenz*. Sie wurden im wesentlichen im Zusammenhang mit den Auseinandersetzungen um die strafrechtlichen Handlungslehren entwickelt, welche sämtlich auf die zweckmäßige Definition des Begriffs der *rechtswidrigen Handlung* zielen. Lediglich auf diesem Umweg stoßen sie auf den Begriff der Rechtswidrigkeit. Sie haben im vorliegenden Zusammenhang ge-

Gehöfts ein. Hierdurch wird der Dachfirst der Scheune beschädigt und droht auf das neben der Scheune befindliche Kätnerhaus zu stürzen. A ist polizeipflichtig, *ohne* daß er das geringste zur Verursachung der drohenden Gefahr beigetragen hat und ohne daß er in irgendeiner Form von Besitz oder tatsächliche Innehabung der Gehöftsanlage Kenntnis hatte. Die Polizei kann Maßnahmen gemäß § 8 Abs. 1 Bad.Württ. Polizeigesetz treffen (unmittelbare Ausführungen von Maßnahmen auf Kosten des Polizeipflichtigen); Einzelheiten und weitere Beispiele sogleich Teil B, II.

[60] Nachweise bei *Staudinger-Schäfer*, Kommentar zum BGB, 12. Aufl. 1986, § 823 RdNr. 3-8.

[61] Die neue Lehre wurde namentlich entwickelt von *Nipperdey*, NJW 1957, 1777, 1778 sowie in: Karlsruher Forum (Beilage zur Zeitschrift Versicherungsrecht) 1959, S. 3 ff.; Nachweise des heutigen Meinungsstandes bei *Staudinger-Löwisch*, Komm. zum BGB, 12. Aufl., § 276 RdNr. 6.

ringe praktische Bedeutung. Auf sie wird bei der Erörterung der verschiedenen Begriffe der *rechtswidrigen Handlung* eingegangen[62].

4. Der Hintergrund der neuen, handlungsbezogenen Rechtswidrigkeitslehre

Der bereits angedeutete (II, 1) Hintergrund der handlungsbezogenen Rechtswidrigkeitsauffassung ist folgender: Die öffentliche Hand stellt in neuerer Zeit für viele Bereiche gefahrvoller, jedoch gesellschaftlich nützlicher Tätigkeiten[63] detaillierte Verhaltensvorschriften auf und läßt sodann unter der Voraussetzung der Einhaltung derselben solche Tätigkeiten zu.

„Indem die Rechtsordnung die gefahrvollen Tätigkeiten zuläßt“ ... „spricht sie auch aus, daß sich ein Verhalten unter Beachtung der genannten Verhaltensvorschriften im Rahmen des Rechts hält“[64]. Dies gilt nach der zitierten Ansicht, und dies ist ihr normorientierter Kern, auch dann, wenn trotz Beachtung solcher Verhaltensvorschriften im Einzelfall eine *Verletzung* Dritter eingetreten ist; eine solche ist nur dann *rechtswidrig*, wenn sie auf Verstößen gegen die genannten Vorschriften beruht.

Diese einleuchtende Begründung des Standpunkts der handlungsbezogenen Rechtswidrigkeitsauffassung ist *nicht* diskursiv begründet. Sie beruht auf einem Postulat, das selbst nicht mehr begründet ist, nämlich auf der Auffassung, daß staatliches Handeln, vorliegend staatlicher Zulassungen, stets *rechtmäßig* sein müssen und stets zu *rechtmäßigen* Ergebnissen führen müssen. Dies konnte man früher uneingeschränkt vertreten und vertrat es.

Heute kann man dies nicht mehr[65]. Bereits im vordogmatischen Bereich sind damit erste Zweifel an der Berechtigung der neuen, handlungsbezogenen Rechtswidrigkeitsauffassung erkennbar.

---

[62] Einzelheiten sogleich IV, 3 und 4.

[63] Z.B. aus dem Bereich des Betriebs gefährlicher Anlagen (vgl. § 7 AtomG, § 6 LuftverkG, § 4 BImschG) oder des Betriebs gefährlicher Gegenstände (z.B. §§ 1 und 3 StVZO).

[64] BGHZ 24, 21, 26. Diese Entscheidung betrifft *lediglich* den Bereich des *Straßenverkehrs*. Ungeachtet dieser Entscheidung steht die Rechtsprechung auf dem Standpunkt des erfolgsbezogenen Rechtswidrigkeitsbegriffs, u. zwar heute *auch* auf dem Gebiet des Straßenverkehrs. Zum Schicksal der Entscheidung BGHZ 24, 21 vgl. unten V, 2 c) (3) Anm. 245, sowie ausführlich Teil B, III, 1 d) (3).

[65] Begründung im einzelnen V, 2 c).

a) Vordogmatische Zweifel an der handlungsbezogenen Rechtswidrigkeitsauffassung

Bei der genannten Begründung des handlungsbezogenen Rechtswidrigkeitsbegriffs durch den BGH fällt bereits auf den ersten Blick folgendes auf. Sie gibt keinen Aufschluß in bezug auf die naheliegende Frage, warum *Einzelfallverletzungen*, die trotz Beachtung aller Verhaltensvorschriften in dem hier erörterten Bereich zugelassener, gefahrvoller Tätigkeiten doch immer wieder *vorkommen* und auch durchaus *in Kauf genommen* werden, von Seiten der jeweils Betroffenen als rechtmäßig betrachtet und hingenommen werden sollen, und zwar dies auch dann, wenn diese Verletzungen im Einzelfall abwehrbar sind[66].

(1) Es ist nämlich zunächst schon nicht ohne weiteres einzusehen, warum man im Interesse gesellschaftlicher Nützlichkeitserwägungen überhaupt derart gefahrvolle Tätigkeiten zuläßt. Vollends ist aber schwer verständlich, warum Risiko*realisierungen* aus diesem Bereich nun auch noch *rechtmäßig* und prinzipiell nicht abwehrbar sein sollen, obwohl dies aus dogmatischen Erwägungen heraus keineswegs zwingend ist[67], und obwohl dies insbesondere *nicht* aus der Rechtmäßigkeitsstatuierung der Zulassung als solcher gefolgert werden kann[68].

(2) Die verbotsorientierte Bestimmung des Rechtswidrigkeitsbegriffs gibt erst recht keinen Aufschluß in bezug auf die noch näher liegende Frage, warum eine solche Hinnahmepflicht nicht gebotsverstoßender Rechtsgutsverletzungen auch noch für solche Bereiche gelten soll, welche *nicht* durch Verhaltensnormierungen und *Zulassungsvorschriften* abgedeckt sind[69]. Auch in diesen Bereichen werden bekanntermaßen (Anm. 61) von der *neuen Lehre*

---

[66] Beispiel (nach *Nipperdey*, Anm. 61): Bei einem zulässigerweise betriebenen Lastzug, der in vorschriftsmäßigem Tempo auf einer verengten, für den Fahrer nicht erkennbar *unebenen* Fahrbahn einer Autobahnbaustelle fährt, schert der Anhänger geringfügig und für den Fahrer nicht bemerkbar aus. Hierdurch wird ein links neben ihm fahrender Wohnwagen auf die Gegenfahrbahn gedrückt. Dies kann man wohl nicht anders, denn als rechtswidrig bezeichnen (anders allerdings *Nipperdey*, vgl. Anm. 61). Konsequenz: eine Nothilfe des Beifahrers (§ 227 Abs. 2 BGB), der die drohende Gefahr von seinem Sitz aus bemerken kann, ist zulässig (z.B. gewaltsames Abbremsen des LKWs).

[67] So die ganz h.M., und zwar auch für den Bereich des Straßenverkehrs, *entgegen* BGHZ 24, 21 (Einzelheiten sogleich V, 2 c) (3), sowie Teil B, III, 1 d) (3).

[68] Neuerdings nimmt daher auch die gebotsorientierte Lehre Abwehrrechte des Betroffenen an, allerdings rechtswidrigkeits*unabhängige* Abwehrrechte, die in ihrer Begründung nicht überzeugen: *Nipperdey* will § 227 BGB anwenden, *ohne* ein Rechtswidrigkeitsurteil fällen zu können (Enneccerus/Nipperdey, Allg. Teil des BGB, 15. Aufl., S. 296 ff.); v. *Caemmerer* will Abwehrrechte über den rechtswidrigkeitslosen § 228 BGB geben (Nachteile: Erfordernis einer Güterabwägung, evtl. Schadensersatzpflicht des Abwehrenden).

[69] Dies sind bislang noch die meisten Bereiche des täglichen Lebens, vgl. im folgenden Anm. 70.

Rechtsgutsverletzungen mangels Gebotsverstoßes als *rechtmäßig* betrachtet[70]. Rechtmäßig mangels Gebotsverstoßes bedeutet hier aber nun nicht mehr, daß die Verletzungshandlung einer Verhaltensnorm und Zulassungsnorm voll entsprach und von ihr gedeckt war, sondern *nur* noch, daß die Rechtsgutsverletzung nicht konkret vorhersehbar war und *nicht* gegen das allgemeine Gebot verstoßen hat, alle vorhersehbaren und vermeidbaren Schädigungen Dritter zu unterlassen (neminem laedere)[71].

Wenn nun noch hinzukommt, wie in der Regel, daß diese Rechtsgutsverletzung *adäquat*, d.h. generell vorhersehbar[72] war, so ist schwer einzusehen, wieso diese Rechtsgutsverletzung rechtmäßig sein soll. Der Adäquanzgedanke ist nämlich ganz unbestrittenermaßen ein Gesichtspunkt, welcher den Schädiger näher an die Schadenswiedergutmachung rückt als den Geschädigten[73].

(3) Bereits an dieser Stelle wird sichtbar, daß der Ausgangsgedanke der neuen Lehre, hier formuliert als Statuierung einer Hinnahmepflicht von

---

[70] *Beispiel*: Ein Zimmermann schlägt einen Spezialnagel in eine Holztäfelung. Er trifft den Nagel sieben mal, verfehlt ihn das achte mal, *ohne* das dies nach dem hier maßgebenden Vorhersehbarkeits-/Vermeidbarkeitsstandards (Anm. 64) vorhersehbar und vermeidbar gewesen wäre, und beschädigt die Holztäfelung. In bezug auf den Verletzungserfolg liegt *kein Gebotsverstoß* vor. Dieser Erfolg wird dennoch nach heute h.M. als rechtswidrig angesehen (IV, 2).

[71] Vgl. zu diesem schadensersatzrechtlichen Grundsatz sogleich IV, 5 a) sowie Teil B, III, 1.

[72] Zum Begriff der Adäquanz vgl. bereits vorstehend I, 2, c). Ausführlich wird auf diesen Begriff noch im folgenden (III, 4 d) eingegangen werden.

[73] Ein instruktives *Beispiel* hierfür ist der zitierte Nagelfall: Die Beschädigung der Holztäfelung beruhte zwar *nicht* auf einen Gebotsverstoß. Sie ist jedoch *adäquat* verursacht worden. Denn generell vorhersehbar ist eine geringfügige Abweichung handwerklicher Tätigkeit vom Normalverlauf mit der Folge beeinträchtigender Konsequenzen für Dritte *immer*.

Es lohnt sich, diesen Fall genauer zu betrachten. Die geschilderte Beschädigung beruhte, wie erwähnt, nicht auf Verhaltensstandardsverletzungen (vorliegend den Unfallverhütungsvorschriften der Berufsgenossenschaft „Holz und Keramik" sowie der DIN-Normen für die holzverarbeitende Industrie). Diese wurden *voll* eingehalten. Dennoch konnte genauer die Beschädigung eintreten.

Diese Konstellation ist nicht zwingend. Das Standardniveau könnte durchaus so weit hochgeschraubt werden, daß keine oder so gut wie keine Beschädigung Dritter eintreten würden. Dies tut man jedoch in der Praxis nicht. Denn dies wäre:

- erstens zu aufwendig
- und zweitens würde es zu einem weniger effektiven Arbeitsprozeß führen.

Im Interesse einer größeren Effektivität wird vielmehr eine erhebliche Unsicherheitsmarge hingenommen. Es wird die Möglichkeit von Beeinträchtigungen Dritter trotz Einhaltung aller erlassenen Verhaltensstandards in Kauf genommen (Die Zahl der Unfälle im industriellen Arbeitsbereich trotz Einhaltung aller Verhaltensstandards (DIN-Vorschriften, Berufsgenossenschaftsvorschriften) betrug im Jahr 1991: 65 320 Unglücksfälle mit Personenschaden (Auskunft der Industrie- und Handelskammer Frankfurt vom 23.5.1992) und lediglich mit Hilfe von Versicherungen abgedeckt. Ob dies als sozialadäquat und moralisch einwandfrei zu werten ist, kann hier dahinstehen. Es wird jedenfalls in der heutigen Industriepraxis im Interesse ihrer Effektivität so gehandhabt.

Dies führt dann aber zu der Konsequenz, daß für die in Kauf genommenen Beeinträchtigungen Dritter *trotz* Einhaltung aller Verhaltensstandards der hiervon Profitierende (Handelnde) geradestehen muß, also *haftet*. Das bedeutet, daß die Beeinträchtigung *rechtswidrig* ist und nicht, wie die normorientierte Rechtswidrigkeitsauffassung postuliert, *rechtmäßig* ist: Zum zwingenden Zusammenhang zwischen stringenter Haftpflicht und Rechtswidrigkeit siehe sogleich unten V, 3 a) und b).

Rechtsgutsverletzungen nichtgebotsverletzenden Charakters keineswegs mit dem neuerlichen Phänomen einer Durchnormierung vieler Lebensbereiche mit Verhaltensstandards aller Art sowie hieran anknüpfender Zulassungsvorschriften begründet werden kann (1).

Sie kann darüberhinaus sogar *nicht* begründet werden (2) für die *nicht* durchnormierten Bereiche des täglichen Lebens, in welchen eine *gebotskonforme* aber *adäquate* Beeinträchtigung Dritter verursacht worden ist.

b) Die eigentliche Begründung der neuen Rechtswidrigkeitsauffassung, insbesondere ihr Handlungsbezug

Der eigentliche Grund der handlungsbezogenen Rechtswidrigkeitslehre ist denn auch anderer Art. Er ist begrifflicher Natur und beruht auf einer Erwägung, die von allen Vertretern der gebotsorientierten Rechtswidrigkeitslehre in der einen oder anderen Form angestellt wird[74].

(1) Nach dieser Erwägung wenden sich Rechtsnormen stets gebietend oder verbietend an den menschlichen *Willen* und versuchen, ihn zu einem bestimmten Verhalten zu bewegen. Mehr, als ein bestimmtes Verhalten zu beobachten, kann die Rechtsordnung vernünftigerweise nicht verlangen. Dieses rechtliche Sollen ist aber immer an menschliches *Können* gebunden. Nur auf dessen normative Gestaltung zielt sinnvollerweise jede Rechtsordnung. Was der Mensch nun tatsächlich kann, ist stets nur, vorsätzliche Schädigungen anderer zu unterlassen und die im Verkehr erforderliche Sorgfalt zu beobachten. Was er nicht kann, ist, einen für ihn nicht vorhersehbaren *Kausalverlauf* und dessen *Erfolg* schlechthin zu vermeiden. Da jede Rechtsordnung vernünftigerweise nur das verurteilen kann, was ihr zuwiderläuft, kann sie auch nur das verurteilen, was dem Willen möglich war, was ihm geboten worden war, und was er trotz dieses Gebotes mißachtet hat. Als rechtswidrig „*verurteilen*", und das ist nach ihrer Auffassung Rechtswidrigkeit[75], kann sie damit nur Verstöße gegen Gebote, *nicht* auch die schlicht ursächliche Herbeiführung von Rechtsgutsverletzungen als solchen. Diese Argumentation impliziert notwendigerweise den Ausschluß auch des solchermaßen *Herbeigeführten* aus dem Bereich des Rechtswidrigen. Wir haben hier den neuen, verbotsorientierten Rechtswidrigkeitsbegriff vor uns.

---

[74] Am ausführlichsten von *Welzel*, Fahrlässigkeit und Verkehrsdelikte, 1961, S. 24 ff.

[75] Hierzu Einzelheiten sogleich V, 2 a) (Imperativentheorie).

(2) Das bemerkenswerte an dieser an sich durchaus bekannten Argumentation ist folgendes. Von ihrem spezifischen Normverständnis[76] herkommend, braucht die neue Lehre zur Begründung ihres verbotsorientierten Rechtswidrigkeitsbegriffs die dargelegte Argumentation überhaupt nicht. Wenn Rechtsnormen sich stets gebietend oder verbietend an den menschlichen Willen richten, bedeutet dies, das Rechtmäßigkeit immer gleichzusetzen ist mit Gebotsübereinstimmung und das Rechtswidrigkeit immer gleichzusetzen ist mit Gebotswidrigkeit.

(3) Das Anliegen der dargelegten Argumentation der neuen Rechtswidrigkeitslehre ist denn auch nicht so sehr in einer argumentativen Abstützung des Gebotsverstoßspostulats zu sehen. Es liegt vielmehr in einem anderen Umstand begründet. Es geht der neuen Lehre lediglich darum, klarzustellen, daß stets nur ein solcher Rechtswidrigkeitsbegriff verwendet wird, welcher den vernünftig aufgefaßten *seinsmäßigen* Gegebenheiten folgt und seinen Bezugspunkt ausschließlich in rechtsrelevanten seinsmäßigen Gegebenheiten sieht. Rechtsrelevante seinsmäßige Gegebenheiten in diesem Sinn sind aber unstreitig für den Bezugspunkt jeden Rechtswidrigkeitsurteils allein *menschliche Handlungen*[77]. Rechtswidrigkeit kann ihren *Bezugspunkt* nie in noch so mißbilligenswerten, gebotsirrelevanten Erfolgseintritten und Kausalverläufen als solchen haben, nie also in Naturereignissen oder zufälligen Umständen (z.B. auch nicht in tierischem Verhalten). Sie kann und muß sehr häufig solche Kausalabläufe, Ereignisse und Umstände als *Hintergrund* der Beurteilung menschlichen Tuns einbeziehen. Sie kann aber nie derartige Kausalabläufe, Ereignisse etc. *selbst* als rechtmäßig oder rechtswidrig bezeichnen.

Rechtswidrigkeit kann damit nach der neuen Lehre, die insoweit unbestreitbar richtig ist, nie in rein formaler Weise lediglich durch die bloße Tatsache einer menschlicherseits irgendwie *verursachten* Rechtsgutsverletzung als solcher indiziert werden. Sie kann nicht im Sinne eines „formalen Rechtswidrigkeitsbegriffs"[78] verstanden werden.

Dies wurde früher, vor dem Aufkommen der neuen Rechtswidrigkeitslehre, in der Tat anders gesehen. Man legte damals eine ausgesprochene Vorliebe für einen rein formaljuristischen Rechtswidrigkeitsbegriff, welcher mit seinsmäßigen Gegebenheiten wenig gemein hatte, an den Tag.

---

[76] Dies ist die erwähnte Imperativentheorie (Anm. 75).
[77] Einschließlich bestimmten Personen zuzurechnender Unterlassungen, vgl. oben Anm. 8 (I, 2).
[78] Hierzu sogleich (5).

Nun ist die Besonderheit dieser, man kann sie bezeichnen als „Ontologisierung" des Rechtswidrigkeitsbegriffs durch die neue Lehre, die, daß sie nicht eine Bezugnahme auf menschliche Handlung schlechthin, sondern auf einen ganz bestimmten, und zwar streng willensdeterminiert definierten Handlungsbegriff erfordert. So nur kann ihre Bezugnahme ausschließlich auf willensdeterminiertes Verhalten und willensdeterminierter *Handlung* verstanden werden, und so nur ist ihr verbotsorientierter Rechtswidrigkeitsbegriff offenbar gemeint [oben (1)].

(4) Diese spezifische Variante dessen, was Rechtswidrigkeit unter Bezugnahme auf menschliche Handlung sinnvollerweise bedeuten soll, ist nun keineswegs zwingend. Ein den seinsmäßigen Gegebenheiten immer noch Rechnung tragender Rechtswidrigkeitsbegriff kann normtheoretisch auch *weiter* aufgefaßt werden. Er *wird* auch von mehreren heute vertretenen Ansichten[79] tatsächlich weiter aufgefaßt, und zwar in der Weise, daß man dem Rechtswidrigkeitsbegriff einen *weiteren Handlungsbegriff* zugrunde legt. Der Begriff „rechtswidrige Handlung" kann nach diesen Ansichten auch solche auf menschliches Tun zurückgehende Schadenseintritte umfassen, die zwar nicht im Willensdeterminierungsbereich des Schädigers liegen, wohl aber dessen Handlungs*verantwortungsbereich* zugehören. Der Handlungsverantwortungsbereich umfaßt als Oberbegriff auch solche Fallkonstellationen, welche alle durch gewillkürtes menschliches Tun *adäquat* verursachte Rechtsgutsverletzungen einbeziehen. Diese Rechtsgutsverletzungen sind nämlich, und dies wurde bereits erwähnt, *generell* vorhersehbar und verantwortbar: Sie sind *generell* willensdeterminiert[80]. Sie und die generell willensdeterminierten Kausalabläufe, die zu ihnen führen, kommen für den Begriff der „menschlichen Handlung" durchaus in Betracht[81].

Dies ist allerdings nicht unstreitig. Anderer Ansicht ist insbesondere *Ernst Wolf*[82]. *Wolf* postuliert

- erstens die ontologische Vorgegebenheit des Handlungsbegriffs sowie

---

[79] Insbesondere von der *Larenz*'schen Handlungslehre (unten IV 4) sowie von dem hier vertretenen „verantwortungsbezogenen Begriff der rechtswidrigen Handlung"; ferner *auch* von dem herrschenden Handlungsbegriff in seiner praxisbezogen, nämlich *haftungsumfangsbezogenen* Fassung (hierzu sogleich V, 1 a) b) c)).

[80] Dies ist das Prinzip der generellen Vorhersehbarkeit und Willensdeterminiertheit (=Adäquanzprinzip in seiner *ursprünglichen* und heute durchaus wieder auflebenden (I, 2 c) Anm. 17) Form von *v. Kries* (Anm. 102) und zwar als handlungsqualifizierender Gesichtspunkt; vgl. Einzelheiten c).

[81] Siehe hierzu bereits die Ausführungen oben I, 2 c).

[82] *Ernst Wolf*, AcP, 170 (1981), S. 202 ff.

- zweitens in diesem Rahmen einen *streng* willensdeterminierten Handlungsbegriff[83]. Lediglich *generell* willensdeterminierte Kausalabläufe [(4) 1. Absatz] können nach dieser Auffassung *niemals* „Handlung" sein.

Diese Auffassung ist unrichtig. Schon die Behauptung, der Handlungsbegriff sei ontologisch vorgegeben, ist unzutreffend. Der Begriff der rechtswidrigen Handlung (= Rechtswidrigkeitsbegriff) ist, wie eingangs erwähnt worden ist, in hohem Maße funktional. Es hängt stets vom Rechtsanwender ab, wie er ihn definiert und welche rechtlichen Erfolge er mit ihm erreichen will[84]. Es gibt lediglich äußerste Grenzen, nämlich solche anthropologischer Art, welche sich vor allem[85] in Form der eingangs erwähnten Relevanz und Bezugnahme auf den menschlichen *Willen* darstellen Zufälle, Naturereignisse und höhere Gewalt können mangels Bezugnahme auf einen rechtsrelevanten menschlichen Willen nicht „rechtswidriger Handlung" sein. Weitere Aussagekraft haben diese Grenzen aber nicht.

Innerhalb der so skizzierten Bandbreite ontologisch sinnvoller Handlungsbegriffe gibt es viele Möglichkeiten einer durchaus angemessenen Definition des Handlungsbegriffs. Tatsächlich gibt es eine ganze Reihe solcher Definitionen[86].

Erst recht ist die Behauptung unrichtig, der *streng willensdeterminierte* Begriff der rechtswidrigen Handlung sei ontologisch als *einzige* Möglichkeit dessen vorgegeben, was sinnvoll „Handlung" bedeuten könne.

Bei einer ontologisch vernünftigen Definition dessen, was menschliche „Handlung" bedeuten soll, bei der Suche also, wieweit der Handlungsbegriff sinnvollerweise gehen soll, ist nicht nur das ontologische bzw. anthropologische Postulat der Willensbezogenheit des „Handlungsbegriffs" zu berücksichtigen. Es ist vielmehr *auch* die ontologische *Einbettung* des Handlungsbegriffs in den sozialen *Kontext* zu berücksichtigen, also die Einbettung in dasjenige, was dieser Begriff im Gesamtkontext anthropologischer Strukturen (Rechtsordnung) bewirken soll. Dies ist aber: eine angemessene Haftung zu konstituieren und den *Haftungsumfang* richtig festzulegen (oben I, 2).

Dieser Gedanke führt zu folgender Konsequenz: *Nicht* nur *streng willensdeterminierte* Kausalabläufe sind nach der genannten haftungsbezogenen Betrachtungsweise „Handlung". Oder, auf den Begriff der *rechtswidrigen* Hand-

---

[83] Ebenso wie oben (3) dargelegt auch *Wolff* (aaO S. 205).
[84] Siehe hierzu die Ausführungen vorstehend I sowie eingehend unten V, 1 c).
[85] Siehe aber zusätzlich I, 2 c) (1).
[86] Siehe unten IV, 1 bis 4).

lung bezogen: Nicht nur gebotsübertretende Kausalabläufe sind nach dieser Betrachtungsweise „rechtswidrige Handlung". Auch solche Abläufe, die als *Folge* einer Rechtsgutsverletzung, also als sogenannte Folgeschäden[87] auftreten und die selbst nicht fahrlässig und *nicht* gebotsverstoßend, aber dennoch in *generell* - als objektiv bestehende Möglichkeit - *vorhersehbarer* und *vermeidbarer* Weise verursacht werden, könnten vom Schädiger vermieden werden und hätten von ihm streng genommen vermieden werden müssen. Deshalb hat er für diese Schäden nach ganz h.M. voll einzustehen und ist für sie verantwortlich.

Nach ontologisch vernünftiger Betrachtungsweise ist dies dann aber *sein* „Werk"[88]. Es ist seine *Handlung*.

Schon sprachlich ist dieser Sachverhalt in der vorstehenden Weise zu kennzeichnen und wird auch so gekennzeichnet. Wenn in der Sprache ein Sachverhalt auf Dauer eine bestimmte Bezeichnung hat, so läßt dies auf eine ontologische Berechtigung und Faktizität des zugrundeliegenden Sachverhalts schließen.

Der gleiche Gedanke, der für die Folgeschäden formuliert wurde, gilt für den *inguinen Handlungsbereich*[89], nämlich den Bereich von *Rechtsgutsverletzungen* selbst, welche nicht in gebotsverstoßender Weise, jedoch in generell vorhersehbarer und vermeidbarer, d.h. in verantwortlicher Weise[90] verursacht worden sind[91]. *Diese* Schäden sind das Werk des Verursachers. Sie sind seine *Handlung*, für welche er einzustehen hat[92]. Damit kommen nach ganz herrschender und auch von der neuen Lehre nicht angefochtene Meinung unter dem genannten Gesichtspunkt der Begründung eines sinnvollen Haftungsumfangs durch einen sinnvollen Begriff der rechtswidrigen Handlung auch le-

---

[87] Hierzu im folgenden IV, 5 a).

[88] Daher wird in bezug auf Folgeschäden stets folgendermaßen argumentiert: Wenn eine Rechtsgutsverletzung (z.B. Körperverletzung) verursacht worden ist, so sind die hieraus entstehenden Rehabilitationskosten sowie Kosten etwaiger weiterer Operationen sowie sonstiger ungewöhnlicher Folgeschäden immer noch das Werk des Schädigers, für welches er gerade zu stehen hat (*haftet*).

[89] Hierzu Einzelheiten sogleich IV, 5 a).

[90] D.h. adäquat bzw. detailliert: nach dem Schutzzweck der Norm betrachtet und in vorhersehbarer-vermeidbarer und verantwortbarer Weise verursacht.

[91] *Beispiel*: Ein Boxer kauft in einem Sportgeschäft einen Schlagsandsack. Er prüft diesen mit gewohntem Ungestüm, streift beim Schlagausholen den dicht hinter ihm stehenden und von ihm ohne jede Fahrlässigkeit nicht bemerkten Verkäufer und verletzt diesen. Es liegt kein Gebotsverstoß vor, damit auch keine direkte Willensdeterminiertheit. Jedoch ist eine generelle Vorhersehbarkeit/Vermeidbarkeit und damit generelle Willensdeterminiertheit anzunehmen; daher wird nach ganz h.M. eine Haftung angenommen (siehe ausführlich hierzu mit weiteren Beispielen sogleich V, 1 b) (1)).

[92] Vgl. dieselbe Fallkonstellation im sog. Nagelfall, oben III, 4 Anm. 70 und 73 mit ganz der gleichen Konsequenz für Haftung und generelle Vorhersehbarkeit/Willensdeterminiertheit.

diglich in *generell* vorhersehbarer/vermeidbarer Weise verursachte Schadensabläufe für den Begriff der „rechtswidrigen Handlung" in Betracht.

Wie immer man nun zu der vorstehend (3) dargelegten, streng willensdeterminiert aufgefaßten und angeblich einzig möglichen Variante des Handlungsbegriffs auch steht[93]: Die neue Lehre behauptet im herausgearbeiteten *Kern* zunächst nur, und zwar vom skizzierten *Handlungsbegriffsstreit* insoweit *noch*[94] unabhängig und wie sich gezeigt hat zu Recht, daß jedes Rechtswidrigkeitsurteil sich sinnvollerweise *nur* auf menschliche *Handlungen* im vernünftig aufgefaßten, nämlich den ontologischen Gegebenheiten Rechnung tragenden Sinne beziehen kann. Es kann nie menschlicherseits irgendwie verursachte Kausalprozeße, sonstige Ereignisse und Umstände der genannten Art (3) als solche betreffen.

(5) Die entscheidende weitere Behauptung der neuen Lehre ist nun die, in der h.M. beziehe man Rechtswidrigkeitsurteile auch und gerade auf reine Erfolgseintritte, zufällige Ereignisse und Umstände der genannten Art (3). Die überkommene, herrschende Lehre beziehe Rechtswidrigkeitsurteile *nicht* ausschließlich auf menschliche Handlungen[95].

Diese Behauptung ist für den derzeitigen Rechtszustand unrichtig[96]. Wohl traf sie früher, nämlich für die Zeit vor dem Aufkommen der neuen Lehre, genau zu. Es war dies die Zeit *vor* der Inanspruchnahme des Adäquanzprinzips und damit dessen Handlungsbezugs für den Rechtswidrigkeitsbegriff auch der herrschenden Lehre. Sie traf damit zu für die Zeit *vor* der Definition der Rechtswidrigkeit als *adäquat* verursachter Rechtsgutsverletzung (III, 1)[97]. Damals nämlich war, um nunmehr den seinerzeitigen Rechtszustand genauer zu betrachten, Rechtswidrigkeit gleichbedeutend mit *äquivalent* verursachter Rechtsgutsverletzung. „Rechtswidrigkeit" schloß rein zufällige, menschlicherseits verursachte Rechtsgutsverletzungen ein[98]. Die Tatsache, daß derartige

---

[93] Diese Auffassung wird erst *voll* relevant bei der Erörterung des richtigen Handlungsbegriffs (=*Rechtswidrigkeitsbegriffs*) unter dem Gesichtspunkt der *Imperativentheorie* vgl. sogleich V, 2.

[94] Siehe aber ihre *Festlegung* auf dem *streng willensdeterminierten* Handlungsbegriff sogleich V, 2.

[95] So z.B. ausdrücklich *Nipperdey*, NJW 1957, S. 1777, 1779; *Enneccerus/Nipperdey* (Anm. 61) § 209 S. 1288 m.w.N.; heute ist man mit einer derartigen Behauptung vorsichtiger, vgl. *Staudinger-Schäfer*, § 823 Vorb. 6.

[96] Zu dem Umstand, daß auch die „Handlungs"auffassung im Rahmen der polizeilichen Zustandshaftung der soeben getroffenen Feststellung nicht widerspricht siehe sogleich d).

[97] Zum *genauen Zeitpunkt* der Rezipierung des Adäquanzprinzips in den Rechtswidrigkeitsbegriff der h.L. siehe V 1 a), Anm. 185.

[98] Das bekannteste Beispiel, in dem erstmals die Notwendigkeit eines Handlungsbezugs im Rechtswidrigkeitsbegriff deutlich wurde, ist der „Reichsbahnfall" (RGZ 69, 357): Ein Reisender fuhr in einem noch leeren Zug von Altona nach Blankenese und wurde dabei von einem geisteskranken

bloß zufällige Verletzungserfolge in der Regel, keineswegs immer, von einem Menschen ausgingen, spielte dabei dann auch keine Rolle mehr: Es handelte sich tatsächlich um zufällige, blinde Kausalprozeße als Grundlage eines Rechtswidrigkeitsurteils. Derartige Kausalprozeße können aber unter keinem Gesichtspunkt mehr sinnvollerweise als rechtswidrige „Handlung" bezeichnet werden.

Rechtswidrigkeit in diesem Sinne war in der Tat nicht mehr als ein Formalbegriff, welcher lediglich als formale Grundlage für das deliktische Verschuldensurteil diente. Es war nicht selbst schon, und dies ist unstreitig, ein *rechtliches* Unwerturteil. Mit dem Aufkommen nun einiger verschuldensunabhängiger Rechtswidrigkeitstatbestände (II, 2) und im Zuge einer allgemein zu beobachtenden Abkehr von formaljuristischen Begriffen, welche seinsmäßige Gegebenheiten ignorieren, war ein solcher Rechtswidrigkeitsbegriff nicht mehr zu halten[99].

c) Die Modifizierung der traditionellen, erfolgsbezogenen Rechtswidrigkeitslehre zu ihrer heutigen Form (Handlungsbezug)

Die überkommene Lehre sah sich daher veranlaßt, nunmehr auch ihrerseits Rechtswidrigkeitsurteile nur noch in vernünftig aufgefaßtem seinsmäßigem Bezug zu sehen und stets auf „Handlungen" zu beziehen[100]. Auch sie - und mit ihr alle anderen heute vertretenen Rechtswidrigkeitsauffassungen (III, 3 und 4) - bezieht solche Urteile *nicht mehr* auf bloße menschlicherseits *verursachte* Kausalprozeße, also nicht mehr auf *Erfolgseintritte* als solche. Sie bestimmt allerdings den Umfang dessen, was sie als Handlung ansieht, entsprechend den Bedürfnissen ihres Rechtswidrigkeitsbegriffs anders, als dies die neue Lehre tut.

Wie nicht anders zu erwarten, setzte die Kritik der gebotsorientierten Lehre nunmehr an diesem Punkte an, und zwar mit der Behauptung, der von der

---

Mitreisenden erschlagen. Die Hinterbliebenen nahmen die Reichsbahn aus § 1 RHpflG in Anspruch. Der menschlicherseits verursachte Betrieb der Reichsbahn ist zwar *kausal* für den Tod des Reisenden geworden, jedoch i.S. eines, von der Warte des Beklagten aus gesehenen, blinden Kausalverlaufs, *nicht* im Sinne einer *Handlung*. Konsequenz: Keine Rechtswidrigkeit (hierzu III, 2 b) (3)), keine Haftung; so im Ergebnis auch das Reichsgericht, aaO, S. 358.

[99] Kritik am formalen Rechtswidrigkeitsbegriff in Fällen des § 831 BGB bei *Nipperdey*, NJW 1957, 1777, 1779 (r.Sp.) und in Fällen von Notwehr bei *v. Caemmerer*, FS für das 100jährige Bestehen des DJT, S. 130.

[100] Statt vieler *Larenz*, FS für Dölle, S. 176, 180 f.; *Larenz*, Lehrbuch des Schuldrechts II, 12. Aufl. 1981, § 72 I c) S. 607 und 609 f.; *Wiethölter*, Der Rechtfertigungsgrund des verkehrsrichtigen Verhaltens, S. 16 ff.

herrschenden Lehre in Anspruch genommene Begriff dessen, was Handlung sei, könne *ontologisch* betrachtet gar nicht Handlung sein. Auch dieser Kritik kann nicht gefolgt werden. Es ist tatsächlich nicht so wie gelegentlich von seiten der neuen Lehre behauptet wird und vor allem behauptet wurde[101], daß die Inanspruchnahme des Handlungsbegriffs *auch* durch die herrschende Lehre im Grunde immer noch nur ein formaljuristischer Kunstgriff wäre und an der überkommenen *formalbegrifflichen* Rechtswidrigkeitsauffassung nichts geändert hätte. Es wäre ein Trugschluß, anzunehmen, der nunmehr vertretene herrschende Handlungsbegriff hätte mit dem, was menschliche Handlung seinsmäßig betrachtet bedeuten könne, nichts gemein.

Zwar ist nicht zu leugnen, daß die heute vertretene kausale Handlungsbegriff (IV, 2), entsprechend dem ihm zugrundeliegende herrschenden Rechtswidrigkeitsbegriff (III, 1), eine Affinität zu menschlicherseits verursachten *Erfolgseintritten* aufweist. Jedoch ist *Handlung* und Verursachung eines *Erfolgs*eintritts auch in der h.L. nicht dasselbe.

Den Bereich der Rechtswidrigkeit und damit der für den Begriff der rechtswidrigen Handlung in Anspruch genommene Bereich ist auch nach der h.L. nicht schlechthin gleichbedeutend mit einem vom Schädiger *verursachten* Erfolgseintritt. Rechtswidrig ist vielmehr stets nur eine *adäquat* verursachte Rechtsgutsverletzung (III, 1). Adäquat verursacht bedeutet aber seit von *v. Kries*[102], daß eine rechtswidrigkeitsbezogene, deliktische Haftung nicht schon dann in Betracht kommt, wenn ein Ursachenzusammenhang zwischen Tun und Schadensfolge festgestellt werden kann, sondern erst dann, wenn ein Verantwortungszusammenhang zwischen beidem besteht. Ein solcher besteht nur dann, wenn die Schadensfolge durch „Verantwortungsbereichs-/Risikobereichsgesichtspunkte"[103] in den Haftungsbereich des Schädigers gezogen wird.

Maßgebend ist schon nach *v. Kries* der Gedanke, daß jeder Schädiger *nur*[104] aufgrund und nur bis zur Grenze der generellen Vorhersehbarkeit und Verantwortbarkeit von ihm adäquat verursachter Schäden, i.S. also einer von ihm

---

[101] Siehe Anm. 95 am Ende, vorstehend b), (5).

[102] *V. Kries*, Über den Begriff der objektiven Möglichkeit und einige Anwendungen derselben, in: Vierteljahreszeitschrift für wissenschaftliche Philosophie, Heft 2, 1888, S. 179 ff. Daß diese Ansicht auch *heute* noch, auch angesichts der Entscheidung BGHZ 3, 261 relevant ist, wurde oben I, 2 c) Anm. 17 bereits angedeutet.

[103] Hierzu sogleich IV, 5 a).

[104] Die selbstverständliche Gebotsverstoßhaftung bleibt hier noch außer Betracht, hierzu unten V, 3 d) (4).

„willentlich begründeten Risikolage“[105] und deren adäquater Realisierungen, *haftet*.

Dies kann als Haftungsbemessung und, dies ist hier entscheidend, als Rechtswidrigkeitsbemessung[106] betrachtet werden, welche dem Prinzip der *generellen* Willensdeterminiertheit haftungsrelevanter Schäden folgt. Auf den korrespondierenden Handlungsbegriff übertragen, bedeutet dies eine Kennzeichnung desselben durch das Prinzip der generellen Willensdeterminiertheit. Dieses Prinzip kann und muß aber - zumindest nach der heute h.L. - in gleicher Weise wie der Normverstoßgedanke mit seinem *direkten* Bezug auf den menschlichen Willen bedeuten, daß eine vom Schädiger verursachte Schadenskette in den Bereich menschlicher Handlung zu verweisen ist[107]. Dies ist nicht ohne weiteres von der Hand zu weisen, und zwar auch nicht vom Standpunkt der *neuen Lehre* aus.

Deren Behauptung geht in neuester Zeit denn auch nicht mehr dahin, die h.L. verwende keinen - und dies heißt: keinen den seinsmäßigen Gegebenheiten Rechnung tragenden - Handlungsbegriff. Sie geht neuerdings vielmehr dahin, der Handlungsbegriff der h.L. sei juristisch nicht haltbar[108]. Diese Behauptung geht in zwei Richtungen:

- erstens wird geltend gemacht, der Handlungsbegriff der h.L. sei normtheoretisch zu beanstanden (hierzu unten V, 2),
- zweitens wird behauptet, er sei schadensersatzrechtlich nicht richtig (hierzu unten V, 3 f)).

d) Die traditionelle Rechtswidrigkeitslehre auf der Grundlage des Handlungsbegriffs

Die Definition der Rechtswidrigkeit folgt damit richtiger und heute unbestrittener Ansicht nach nie einer schematischen Anknüpfung an Handlung

---

[105] „Willentlich begründete Risikolager“ bedeutet entweder eine durch gewillkürtes menschliches Tun oder eine durch finale menschlicher Handlung begründete Risikolage (so *v. Kries*, Anm. 102, sowie *v. Caemmerer*, DAR, 1970, S. 283, 288).

[106] Es geht vorliegend *nur* um Haftungsfälle auf der Grundlage von Rechtswidrigkeitsurteilen (oben II, 2, a), b), c)).

[107] So im Prinzip schon vorstehend b) (4). Zur theoretischen Begründung des Verantwortungsgedankens als handlungskonstituierendem Prinzip, vgl. ausführlich unten V, 3.

[108] *Staudinger-Löwisch*, Komm. zum BGB, 12. Aufl. § 276, RdNr. 5 f (insbesondere 6 und 7), jeweils m.w.N.

oder Erfolg. Sie orientiert sich vielmehr stets an dem Umfang der Definition des *Handlungsbegriffs*.

Der Öffentlichrechtler und insbesondere der Polizeirechtlicher stutzt - spätestens - an dieser Stelle. Für ihn ist Polizeiwidrigkeit, und dies der Sache nach im wesentlichen[109] nichts anders als *Rechtswidrigkeit*, nicht an den Handlungsbegriff gebunden. Für ihn kann Polizeiwidrigkeit vielmehr *auch* - neben den selbstverständlichen Fällen einer Polizeiwidrigkeit als Folge störenden *Handelns* - lediglich an den störenden *Zustand* einer Sache gebunden sein (*Zustandsstörung*). Gemeint sind damit all die Fälle, in welchen das Verdikt der Polizeiwidrigkeit/Rechtswidrigkeit den Polizeipflichtigen allein wegen des störenden Zustandes einer ihm gehörenden oder einer in seinem tatsächlichen Besitz befindlichen Sache trifft. Eine Handlung, und zwar in polizeirechtlichem Sinne, ist für ein Polizeiwidrigkeitsurteil der genannten Art nicht erforderlich.

Dieser polizeirechtliche Einwand ist ausschließlich terminologischer Natur. Er ändert an der dogmatisch grundlegenden Feststellung der ausschließlichen Relevanz des Handlungsbegriffs für die Bemessung des Bereichs der „Rechtswidrigkeit" nichts. Auch das Polizeiwidrigkeitsurteil, welches den *Zustandsstörer* trifft, kann stets auf den schadensersatzrechtlichen *Handlungsbegriff* der h.L. gestellt werden: Zustandsstörung setzt bei genauer Betrachtung immer „*Handlung*" im hier dargelegten zivilrechtlich-dogmatischen Sinne voraus.

Polizeiwidrigkeit der genannten Art erfordert begrifflich nämlich:

- erstens Eigentum oder Innehabung der tatsächlichen Gewalt an der störenden Sache seitens des Polizeipflichtigen. Dies läuft aber, von wenigen Ausnahmen abgesehen[110], auf das Erfordernis einer, zumindest äquivalenten, *Verursachung* der Störung durch den Polizeipflichtigen hinaus.
- Polizeiwidrigkeit aufgrund von Zustandsstörungen setzt zweitens voraus, daß die konkrete Störung *adäquat* oder *unmittelbar* - dies ist ein nur terminologischer Unterschied - auf den Zustand der Sache zurückgeht.

[109] Vgl. hierzu Teil B, II, 1 (Polizeirecht).

[110] Ausnahmen sind praktisch nur Fälle der Rechtsnachfolge unmittelbar *vor* dem Eintritt der Polizeiwidrigkeit; ganz selten sind es auch Fälle, welche einen Eintritt der Polizeipflichtigkeit *längere* Zeit vor dem Rechtsnachfolgefall aufweisen, in welchen der Polizeipflichtige von diesem wegen besonderen Umstände aber keine Kenntnis hat; vgl. Einzelheiten bei *Roman Schnur*, DVBl. 1962, 1 f.

Man erkennt in diesen beiden Elementen des Polizeiwidrigkeitsurteils, welches den *Zustandsstörer* trifft, unschwer den kausalen Handlungsbegriff der herrschenden Lehre (III, 2 c).

„Rechtswidrigkeit" ist also, von welcher Seite man sie auch betrachtet, immer rechtswidrige menschliche *Handlung*. Mit dieser Feststellung ist nun allerdings das dogmatische Rechtswidrigkeitsproblem nicht gelöst. Mit ihr ist vielmehr lediglich eine Verlagerung des Schwerpunkts der Rechtswidrigkeitserörterung auf den Handlungsbegriff eingetreten und, dies ist der nunmehr entscheidende Gesichtspunkt, das Augenmerk auf dessen richtige Bestimmung gelenkt.

Hier erst scheiden sich die Geister. Nicht mehr unstreitig ist, wie der Umfang des Handlungsbegriffs richtig zu bestimmen ist.

Immerhin ist durch diese Verlagerung aber folgendes erreicht:

- erstens ist festgestellt, daß der funktionale Rechtswidrigkeitsbegriff nicht mehr für all und jeden gewünschten rechtlichen Erfolg insbesondere im Schadensersatzrecht eingesetzt werden kann. Er ist an die ontologischen Kriterien dessen, was menschliche Handlung sinnvollerweise bedeuten kann, gebunden;
- zweitens ist der Verantwortungsbereichsgedanke als zumindest eines wenn nicht als *das* entscheidende Kennzeichen des Begriffs der rechtswidrigen Handlung aufgewiesen.

IV. Die überkommenen Bestimmungen des schadensersatzrechtlichen Handlungsbegriffs

1. Der finale, willensdeterminierte Handlungsbegriff

Die gebotsorientierte Rechtswidrigkeitstheorie bestimmt den Umfang des schadensersatzrechtlich relevanten Handlungsbegriffs folgendermaßen. Schadensersatzrechtlich relevante Handlungen (rechtswidrige Handlungen) sind:

- Alle rechtsgutsverletzenden Kausalprozesse, als Folge gewillkürten menschlichen Tuns, welche einem vom Täter vorgestellten Zweck entsprechend, bewußt herbeigeführt werden (vorsätzliche Gebotsverstöße);

- alle rechtsgutsverletzenden Kausalprozesse als Folge gewillkürten menschlichen Tuns, welche zwar nicht einem vorgestellten Zweck entsprechend herbeigeführt werden, welche jedoch mit einem solchen als erkannte Nebenfolge potentiell verbunden sind (bedingt vorsätzliche Gebotsverstöße);

- alle bewußt herbeigeführten Kausalprozeße, die zwar für sich genommen rechtmäßige Handlungen sind, hinsichtlich deren weiterer Folgen aber „die finale Willenssteuerung des Handelnden bei Auswahl oder Anwendung der Handlungsmittel eine kausale Verletzungsfolge nicht berücksichtigt hat, die mit der Anwendung dieser Mittel erkennbar und vermeidbar verknüpft war" (fahrlässige Handlung)[111]/[112]. Zunächst[113] wurden diese fahrlässigen Rechtsgutsverletzungen allerdings *nicht* in den finalen Handlungsbegriff einbezogen, da eine finale Überdetermination des Schadenskausalverlaufs hier gerade fehlt. Es wurde eine tatbestandliche Sonderkonstruktion entwickelt, welche darauf hinauslief, daß neben rechtswidrigen Handlungen auch rechtlich *ähnlich* zu bewertende Umstände, nämlich fahrlässige *Nichtachtungen* bevorstehender Rechtsgutsverletzungen, den objektiven Tatbestand einer Schadensersatznorm/Strafrechtsnorm darstellen konnten. Sie konnten damit als Grundlage eines Rechtswidrigkeitsurteils dienen. Dies war aber eine Inkonsequenz im Tatbestandsaufbau zivilrechtlicher und strafrechtlicher Haftungsnormen[114]. Infolgedessen wurden schon bald auch *nicht* final überdeterminierte Vorgänge, welche jedoch fahrlässiger Mißachtungen bevorstehender Rechtsgutsverletzungen darstellten, in den Handlungsbegriff *einbezogen*. Dies hatte sodann aber die Folge, daß nunmehr im *finalen* Handlungsbegriff ein Bruch eintrat. Er umfaßt nämlich definitionswidrig nunmehr Fälle *ohne* jegliche finale Überdetermination des Schadenskausalablaufs.

---

[111] Einzelheiten bei *Welzel*, Das neue Bild des Strafrechtssystems, 1959, S. 11 ff.

[112] Zu diesem Begriff als Teil des Oberbegriffs „willensdeterminierte rechtswidrige Handlung" (= verbotsorientierte Rechtswidrigkeit) vgl. auch die instruktiven Ausführungen von *E. Wolf*, oben III, 4, b), Anm. 82 und 83.

[113] Siehe vorige Anm. sowie *Roxin*, Zur Kritik der finalen Handlungslehre, ZStW, Bd. 74, S. 515 ff.

[114] Vgl. *Welzel*, aaO Anm. 111, S. 17 ff. sowie *Roxin*, Zur Kritik der finalen Handlungslehre, ZStW, Bd. 74 S. 515 ff. (520 f.).

Hier, wie bereits bei der Kritik an *E. Wolffs* streng willensdeterminierter, finaler Handlungsauffassung[115] werden erste Zweifel an dem streng willensdeterminierten Begriff der rechtswidrigen Handlung und damit an dem korrespondierenden streng willensdeterminierten, gebotsorientierten Rechtswidrigkeitsbegriff deutlich.

Es ist dies die trotz des genannten Bruchs vielfach[116] vertretene *finale* Auffassung des Begriffs der rechtswidrigen Handlung.

2. Der kausale Handlungsbegriff

Der dargelegten finalen Auffassung des Begriffs der rechtswidrigen Handlung steht der kausale Handlungsbegriff der herrschenden Rechtswidrigkeitstheorie gegenüber. Nach dieser ist rechtswidrige Handlung jeder auf menschlichem gewillkürtem Tun beruhender Kausalprozeß, welcher in adäquater Weise einen Verletzungserfolg herbeiführt[117].

„Adäquat" bedeutet hier nun aber nicht mehr wie einst bei *v. Kries*[118], daß der Schaden (noch) im Vorhersehbarkeits /Vermeidbarkeitsbereich und damit im *Verantwortungsbereich* des Schädigers liegt. In Reminiszens an den früheren formaljuristischen und rein erfolgsbezogenen Rechtswidrigkeitsbegriff[119] wird durch die Grundsatzentscheidung BGHZ 3, 261 (267) das Prinzip der generellen Vorhersehbarkeit vielmehr so weit ausgedehnt[120], daß

---

[115] Oben III, 4 b) (4).

[116] Vgl. die Nachweise bei *C. Roxin*, (Anm. 114), S. 519.

[117] *Staudinger-Schäfer*, Komm. zum BGB, 12. Aufl. 1986, § 823 RdNr. 2 und 5, *Palandt-Thomas*, 51. Aufl. 1990, § 823 Anm. 7 A a) m.w.N.

[118] Ausführlich vorstehend III, 4 c) Anm. 102.

[119] Vgl. die Ausführungen III, 4 b) (5).

[120] Die zunächst maßgeblichen Stichworte für diese extensive Adäquanzbeurteilung sind:

- eine nachträgliche objektive Prognose,
- eines optimalen Beobachters,
- der mit allem Erfahrungswissen der Zeit ausgestattet ist,
- und der zusätzlich über die Tatkenntnisse des Täters verfügt.

Die Entscheidung BGHZ 3, 261, 267 wurde vielfach kritisiert und es wurde und wird die Ansicht vertreten, daß das Prinzip der Vorhersehbarkeit und Verantwortbarkeit hierdurch praktisch *aufgegeben* worden sei, vgl. *Staudinger-Schäfer*, § 823 Vorbem. 84 m.w.N.

Folgender abenteuerlicher Kausalverlauf wurde als *noch* objektiv *prognostizierbar* und damit noch als *adäquat* bezeichnet:

6 Schiffe fuhren auf der Talfahrt in die Schleuse Datteln des Lippe-Seitenkanals ein. Direkt neben dem dritten Schiff, „Heinrich Hirdes 9" (HH9), machte das Schiff „Edelweiß" fest.

Aufgrund der geringen Breite und konischen Beschaffenheit der Schleuse war das Schleusenpersonal angewiesen, nebeneinanderliegende Schiffe nur bis zur Gesamtbreite von 11,75 m zu schleusen. Die Schleusung wurde im Entscheidungsfall in Abwesenheit des Schleusenmeisters durch den Schleusengehilfen T durchgeführt. Dieser fragte vor Beginn des Schleusungsvorgangs die Schiffer von

von einer effektiven Vorhersehbarkeits*grenze* nicht mehr ohne weiteres die Rede sein kann. Damit kann auch nicht mehr von einer eindeutigen Verantwortungsbereichs*grenze* und einem klar festgelegten *Verantwortungsbereich* gesprochen werden.

Immerhin fallen *Zufälle* nach wie vor *nicht* in den Adäquanzbereich. Ebensowenig tun dies in der Regel effektiv für den Verursacher *unbeherrschbare* Schadenskausalverläufe (auch Grenzzufälle genannt), allerdings dies schon nicht immer, wie sehr anschaulich das „Kirschbaum*beispiel*" [oben II, 2 a) Anm. 42] zeigt. In diesem wurde ein solcher Kausalverlauf in den Adäquanzbegriff *einbezogen*: Es ist vielfach in der Rechtsprechung äußerst unklar, ob in solchen *Grenzfällen* die sehr *weite*, objektiv nachträgliche Prognose zugrunde zu legen ist mit der Folge, daß auch effektiv unter den gegebenen Umständen *unbeherrschbare Kausalverläufe* in den Adäquanzbegriff und damit den Rechtswidrigkeitsbegriff einbezogen werden (so im Kirschbaum*beispiel*, Anm. 42) oder ob auf die abstrakte *Vorhersehbarkeit* und *Beherrschbarkeit* (RGZ 78, 270 und RGZ 133, 120, s. oben Anm. 120 a.E.) abzustellen ist; letzteres führt dann notwendig dazu, daß objektiv unbeherrschbare und *nicht* voraussehbare Kausalverläufe *nicht* mehr in den Adäquanzbereich und damit

---

„HH9" und „Edelweiß" nach der Breite ihrer Schiffe. „Edelweiß" gab ihre Breite richtig mit 6,67 m an, während der Schiffer *Sch.* die Breite der „HH9" unrichtig mit 5 m angab. Tatsächlich betrug sie 5,87 m. Dieselben Angaben erhielt auf seine Frage der Pumpenmaschinist M. Bei der Schleusung preßten sich die beiden Schiffe während des Wasserablaufs gegeneinander und hinterließen an den Schleusenmauern Reibungsspuren. Dessen ungeachtet wurde die Schleusung bis Erreichung des Unterwasserniveaus fortgesetzt. Erst bei der Ausfahrt wurde bemerkt, daß „HH9" mit „Edelweiß" verklemmt war und sich nicht bewegen ließ.

T und M beschlossen, in Abwesenheit des Schleusenmeisters die Klemmlage der Schiffe durch Hebung des Wasserspiegels zu beseitigen.

Der Wasserspiegel stieg mit einer völlig ungewöhnlich und nicht sachgerechten Geschwindigkeit von 25 cm in 1,5 Minuten. Die verklemmten Schiffe schwammen deshalb nicht gleichmäßig auf, sondern blieben mit starker Schlagseite an der Schleusenmauer hängen. Dabei drohte die „Edelweiß" überflutet zu werden. Dem Schleusenpersonal gelang es infolge Stromausfalles nicht, den Wasserzufluß rechtzeitig zu stoppen. „Edelweiß" lief voll Wasser und sank.

Dies sei, so der BGH objektiv für Sch. *vorhersehbar* gewesen und dies wurde häufig kritisiert (s. oben 2. Absatz).

Daher wird vom BGH als Antwort auf die gen. Kritik, häufig *nur* noch auf eine, immer noch sehr *abstrakte, generelle Vorhersehbarkeit* abgestellt. Sie erfordert, im Vergleich zur genannten *objektiv-nachträglichen* Prognose *lediglich*, daß

„die Schadensfolge nicht in einem so entfernten Zusammenhang mit dem als Ursache in Betracht kommenden Ereignis stehen (darf), daß dieses nach der Auffassung des Lebens vernünftigerweise nicht mehr in Betracht gezogen werden kann (RGZ 78, 270)" bzw. positiv formuliert,

„daß die zum Schadensersatz verpflichtende Handlung im allgemeinen - und *nicht* nur unter besonders eigenartigen ganz unwahrscheinlichen und deshalb nach dem regelmäßigen Verlauf der Dinge außer Betracht zu lassenden Umstanden - zur Herbeiführung des eingetretenden Erfolges geeinget war" (RGZ 133, 126), vgl. dazu *Staudinger-Schäfer*, Vorb. 83 vor § 823). Vgl. zu dieser *Ambivalenz* des Adäquanzbegriffs auch das *Beispiel* Anm. 42 (Kirschenbaumfall) sowie den folgenden Text (insbes. Anm. 121).

den Rechtswidrigkeitsbereich hineinfallen. Man könnte durchaus den „Kirschbaumfall" (Anm. 42) nach h.M. *auch* so entscheiden[121].

Diese Ausdehnung des Adäquanzprinzips, d.h. im wesentlichen: des Verantwortungsbereichsprinzips, hat folgende weiteren haftungsrechtlich unerwünschte Konsequenzen für solche rechtswidrigkeitsorientierte Haftungstatbestände, welche den traditionellen, erfolgsbezogenen und *adäquanzbezogenen* Rechtswidrigkeitsbegriff zugrunde legen *und* damit aber wegen der genannten Vorgehensweise des BGH:

- erstens im Ergebnis bei einem *ambivalent- begrifflichen* Zustand *zwischen* praktisch *rein* erfolgsbezogenem Rechtswidrigkeitsbegriff einerseits *und* echt-adäquanzbezogene Rechtswidrigkeitsbegriff andererseits sind,
- und zweitens sodann als Folge hiervon vielfach einen zu *weiten* Haftungsumfang aufweisen. Dies gilt für die Rechtsinstitute des *enteignungsgleichen Eingriffs* sowie des *Aufopferungsanspruchs* i.e.S. Jeweils ist in diesen Rechtsinstituten daher ein besonders entwickeltes, pragmatisch-*verantwortungsbereichsbezogenes* Haftungseingrenzungskriterium[122] erforderlich geworden, um zu angemessenen Haftungsergebnissen zu kommen.

Praktische Bedeutung hat diese extensive Ausdehnung des Adäquanzprinzips bereits für den Begründungsteil der vorliegenden Erörterung[123], nämlich für die rechtswidrigkeitsmäßige Haftungsumfangsbestimmung *nicht* nach dem zu weiten Rechtswidrigkeits*begriff*, *sondern* nach haftungsbereichsfestlegenden, pragmatisch-*verantwortungsbereichsbezogenen* Erwägungen. Deren Zweck ist die *Ausscheidung* ganz atypischer, nicht mehr „verantwortbarer" Kausalverläufe aus dem Haftungsbereich. Dies geschieht nach den Grundsätzen der schadensersatzrechtlichen Schutzzwecklehre[124].

---

[121] Vgl. ferner hierzu den Sachverhalt von BGHZ 73, 261 sowie die Sachverhalte in: RGZ 133, 126, RGZ 78, 270, RGZ 81, 359, die ebenfalls *ambivalent* im Sinn des obigen Textes entschieden werden können und tatsächlich im Sinne dessen letztgenannter Alternative entschieden wurden. Es bestehen daher, wie erwähnt (Anm. 17), Tendenzen, zu dem *v. Kries*'schen Adäquanzbegriff zurückzukehren und eine *eindeutige* Begriffslage zu schaffen. Zum Teil ist dies *schon* geschehen, vgl. unten Teil B, III, 2 e) (BGHZ 79, 259, 261).

[122] Stichwort für die Haftungseinschränkung bei den Rechtsinstituten des „enteignungsgleichen Eingriffs" sowie der „Aufopferung" i.e.S. der haftungseingrenzende Begriff der „*Unmittelbarkeit*", Einzelheiten Teil B, I, 2 und 3.

[123] Teil A, V, 1 b) und c).

[124] Beispiele: Boxerfall (Anm. 189) Krankenschwesterfall (Anm. 194) vgl. unten V, 1 b) (1) (2) sowie den Grünstreifenfall (Anm. 208) sowie den Beurkundungsfall (Anm. 213), Einzelheiten V, 1 c) (1) (*bb*).

Diese pragmatischwertende und *verantwortungsbezogene Beschränkung* des Haftungsumfangs in Fällen atypischer Kausalverläufe hat ferner besondere praktische Bedeutung im Bereich der *„schadensersatzrechtlichen Zurechnungsrechtsprechung“* des BGH[125]/[126].

3. Der soziale Handlungsbegriff

Den dargelegten antithetischen Begriffen der finalen und kausalen Handlungslehren hat sich der völlig andersartig strukturierte „soziale Handlungsbegriff“[127] beigesellt. Dieser begreift unter „Handlung“ ein „willkürliches Hineinwirken in die sozialen Lebenszusammenhänge mit einem bestimmten sozialen Sinn“. Erfaßt sind damit solche menschlicherseits verursachte, gewillkürte Kausalprozeße, welche einen nach der Verkehrsanschauung zu beurteilenden „Sozialzusammenhang“[128] aufweisen *und* nicht in verschiedene Teile sozial ganz unterschiedlich zu beurteilenden Teilzusammenhänge zerfallen[129].

---

[125] Einzelheiten ausführlich Teil B, III, 2.

[126] Es ist jedoch nicht zu verkennen, daß der Adäquanzbegriff *keineswegs fallengelassen* wird. Man tendiert vielmehr wie erwähnt zu einer *Rückkehr* zum *v. Kries'schen* Adäquanzbegriff mit dessen Leistungsfähigkeit in bezug auf Vorhersehbarkeits-/Vermeidbarkeitsfestlegungen von Schäden und damit in bezug auf konkreten *Schadensverantwortungsbereiche*. Vgl. ausführlich zur Rolle der richtig verstandenen Adäquanzbegriffs bei *Larenz*, Schuldrecht I (14. Aufl. 1987) § 27 III, 1 b), S. 435 f. sowie unten Teil B, III, 2 d) (2) und bereits oben Anm. 120 und IV, 2 3. Absatz insbes. Anm. 121.

[127] Entwickelt von *Eberhard Schmidt*, Die soziale Handlungslehre, in: FS für Engisch, 1969, S. 333 ff.

[128] Nicht notwendig einen Sinnzusammenhang, vgl. *E. Schmidt*, aaO Anm. 127, S. 340 f.

[129] *Beispiel*: Ein Motorradfahrer fährt mit normaler Geschwindigkeit auf einer Wohnanliegerstraße. Er prallt ohne ersichtlichen Grund gegen ein parkendes Fahrzeug. Das Motorrad wird durch den Aufprall hochgeschleudert und gegen die in der Nähe befindliche Wohnungstür eines Einfamilienhauses geworfen. Diese Tür wird eingedrückt und ein dahinter stehendes zum Abholen bereit gestelltes wertvolles Gemälde zerstört. Der Maler, der durch die Aufprallgeräusche alarmiert wurde, kommt in das Vestibül, sieht das zerstörte Gemälde und erleidet einen Schock. Es liegt ein einheitlicher Sozialzusammenhang nach der Verkehrsanschauung vor; der Schaden ist also trotz atypischen Kausalverlaufs *noch* als Handlung im sozialen Sinne aufzufassen.

Keine Handlung mehr liegt vor im folgenden Fall: Ein Lastkraftwagen fährt in vorschriftsmäßigem Tempo auf einer Landstraße. Nach einer scharfen Rechtskurve sieht er am Straßenrand einen Fußgänger stehen. Er verlangsamt vorschriftsmäßig sein Fahrzeug und biegt etwas nach links aus, um den Fußgänger nicht zu gefährden. Plötzlich wirft sich der Fußgänger in Selbstmordabsicht vor den nun unmittelbar vor ihm befindlichen Lastkraftwagen, wird überfahren und getötet. Das Handeln des Selbstmörders liegt *nicht* mehr im Sozialzusammenhang der Tätigkeit des Lastkraftwagenfahrers. Es ist ein völlig neuer Sektor des Kausalverlaufs in völlig anderem Sozialzusammenhang im Vergleich zum erstgenannten Sektor des Betriebs des Lastkraftwagens. Es liegt kein einheitlicher Sozialzusammenhang vor und damit keine Handlung im sozialen Sinne.

Rechtswidrige Handlung im sozialen Sinne ist dann ein solcher gewillkürter Kausalprozeß einheitlichen Sozialzusammenhangs, welcher *rechtsgutsverletzende* Wirkung hat[130].

Gegen diese Lehre spricht, daß die in Grenzfällen stets auftauchende Frage, ob ein *atypischer, ungewöhnlicher* und sehr *seltener*, aber rechtsgutsverletzenden Kausalverlauf *noch* in einem Sozialzusammenhang liegend anzusehen ist oder nicht, sich nach sozialen Anschauungen, d.h. im Zweifel nach der Verkehrsanschauung richtet. Diese ist in ständigem Wandel begriffen. Die zeitliche und inhaltliche *Konsistenz* und *Unverbrüchlichkeit* rechtlicher Vorstellungen fehlt. Damit ist die sozialbezogene Handlungsauffassung und also die Auffassung dessen, was rechtswidrige Handlung nach dieser bedeutet wohl geeignet, als *Vorstufe* für die Entwicklung von Rechtswidrigkeitsvorstellungen zu dienen - *nicht* aber ist sie geeignet, selbst als ein solches stringentes *Rechtswidrigkeitsverdikt*[131] zu gelten.

Der weitere *Sinn* der sozialen Handlungslehre ist der zu gewährleisten, daß ausschließlich *sozialrelevanter* Verhaltensweisen, d.h. zumindest *gewillkürte* menschliche Verhaltensweisen, in den Bereich des *Handlungsbegriffs* einbezogen werden. Dieser Sinn kann ebenfalls nicht für die soziale Lehre sprechen. „Gewillkürtes" Verhalten ist Voraussetzung für eine „Handlung" und also auch eine „rechtswidrige Handlung" nach *jeder* heute vertretenen Handlungsauffassung (vorstehend 1 und 2). Reflexbewegungen, unkontrollierte Bewegungen von Geisteskranken, Bewegungen von Epileptikern oder von Kleinstkindern fallen nach *keiner* Handlungsauffassung unter den Handlungsbegriff.

Die soziale Handlungslehre ist daher ohne erhebliche Bedeutung für das zivilrechtliche und öffentlichrechtliche Schadensersatzrecht geblieben. Jedoch dient sie als *Vorstufe* bei der Aufsuchung des richtigen Rechtswidrigkeitsumfangs in Fällen schwieriger, atypischer Kausalverläufe[132]. Die strafrechtliche Bedeutung mag hier dahinstehen[133].

---

[130] Vgl. die Parallelsituation beim finalen und kausalen Handlungsbegriff oben IV, 1 und 2.

[131] Mit allen eingangs (I, 1) geschilderten Folgen.

[132] Einzelheiten unten Teil B, III, 2.

[133] Hierzu ausführlich *Schönke-Schröder-Lenckner*, Komm. zum Strafgesetzbuch, 30. Aufl., Rdz 35 ff. vor § 13.

4. Die unmittelbarkeitsbegriffliche Handlungsauffassung

Die „unmittelbarkeitsbegriffliche Handlungsauffassung"[134] ist von folgender Unterscheidung geprägt.

- Im Bereich *unmittelbarer* Rechtsgutsverletzungen[135] wird die überkommene, erfolgsbezogene Rechtswidrigkeitslehre zugrunde gelegt. Dies hat die Folge, daß unmittelbar eingetretene Verletzungserfolge die Rechtswidrigkeit indizieren.
- Im Bereich *mittelbarer*, von *Larenz* auch „entfernt" genannter Schäden[136] ist ein Gebotsverstoß des Verursachers, d.h. entweder
- ein Verstoß gegen *DIN-Vorschriften* oder Unfallverhütungsvorschriften der Berufsgenossenschaften oder aber
- eine konkrete Vorhersehbarkeit/Vermeidbarkeit des betreffenden Rechtsgutsschadens

erforderlich, um ein Rechtswidrigkeitsurteil fällen zu können. Es wird in diesem Handlungssektor also die *verbotsorientierte* Rechtswidrigkeitslehre zugrunde gelegt. Die Folge ist eine Postulierung des finalen Handlungsbegriffs in diesem Bereich.

Gegen diese Auffassung spricht, daß in den hier interessierenden Grenzfällen schwieriger und atypischer Kausalverläufe[137] stets unklar ist, was „mittelbar" und was „unmittelbar" bedeuten soll[138]. Diese Unklarheit führt dazu, daß eine zuverlässige Einschätzung der voraussichtlichen Ergebnisse der schadensersatzrechtlichen Rechtsprechung der Obergerichte nicht möglich ist. Ferner ist es damit im *allgemeinen* Rechtsverkehr einem potentiell Haftpflichtigen nicht möglich, mit einiger Sicherheit vorauszusehen, ob er für einen Grenzkausalverlauf[139] haftet oder nicht.

---

[134] Entwickelt von *Karl Larenz* in: FS für Dölle, S. 182 ff. sowie in: Lehrbuch des Schuldrechts, II, 12. Aufl. 1981, § 72 I, S. 609/610.

[135] *Beispiel*: Im Straßenverkehr kommt es ohne ersichtlichen Grund, insbesondere *ohne* Gebotsverstoß irgendeinen Beteiligten, zu einem Unfall, durch welchen ein Dritter verletzt wird. Der Unfall ist unmittelbare Folge der Straßenverkehrsvorgänge.

[136] *Beispiel*: Der Fabrikant F produziert schadhafte Fahrräder und vertreibt sie. Einer der Käufer erleidet wegen der Mängel am Fahrrad einen Unfall und verletzt sich. Es liegt eine Rechtsgutsverletzung, welche durch F *verursacht* wurde vor (inguiner Handlungsbereich, s. sogleich unten IV, 5). Dieser ist jedoch Folge eines entfernten Kausalverlaufes und damit *mittelbar*.

[137] Beispiele siehe Teil B, III, 2.

[138] Siehe ausführlich zu den Schwierigkeiten dieser Begriffsunterscheidung in Teil B, I, 2.

[139] Vgl. zu solchen Grenzkausalverläufen Teil B, III, 2 (auch *Beispiele*).

Die *Larenz*'sche *unmittelbarkeitsbegriffliche* Handlungsauffassung ist ohne große Bedeutung für die Unrechtslehre geblieben. Sie hat jedoch Bedeutung für die Frage der Rechtswidrigkeits-/mäßigkeitsbeurteilung von Schadenseintritten im Rahmen der *Gefährdungshaftung*[140].

5. Dogmatische Besonderheiten der überkommenen, deliktsrechtlichen Handlungsbegriffe

Alle heute vertretenen, zivilrechtlichen Handlungsbegriffe weisen eine Besonderheit auf, die in der Struktur des allgemeinen Deliktsrechts auf der Basis des § 823 Abs. 1 BGB begründet ist. Sie hat für die weitere Untersuchung entscheidende Bedeutung.

a) Die Bedeutung von Haftungsbegründungsbereich und Folgeschädenbereich für den Handlungsbegriff

Unter dem streitigen Begriff der „rechtswidrigen Handlung" aus dem Bereich des § 823 Abs. 1 versteht man, gleichgültig von welcher Lehre man herkommt, grundsätzlich nur eine *Tatbestandshandlung* i.S. des § 823 Abs. 1 BGB. „Rechtswidrige Handlung" ist nach einhelliger Auffassung nur die *Verletzung* einer der in § 823 Abs. 1 genannten Rechtsgüter und absolut geschützten Rechte als solcher. Rechtswidrige Handlung ist *nicht* auch die folgende Kausalkette aller weiteren Folgeschäden[141] (Vermögensschäden) aus dieser Rechtsgutsverletzung heraus, und zwar auch dann nicht, wenn diese Folgeschäden vorhersehbar waren und also sogar nach der finalen Handlungslehre eigentlich „Handlung" sein müßten (IV, 1)[142].

Dieser Folgeschädenbereich wird *haftungsrechtlich* vielmehr anders erfaßt. Er wird unter dem Gesichtspunkt einer verschuldensunabhängigen, pragmatischen Haftungszurechnung von Folgeschäden zur eigentlichen Rechtsgutsverletzung aufgefaßt, und zwar dies im Rahmen einer normativ-*einschränkend*

---

140 Unten V, 2 c).

141 *Beispiel*: Siehe oben III, 4 b) (4), Anm. 88, sowie im folgenden.

142 Siehe aber die *Ausnahme* oben III, 4 b) (4), Absatz 1 (1). Im Zusammenhang der Kritik an der *Wolf*schen streng willensdeterminierten Handlungsauffassung zeigte sich folgendes: Wenn es zu *theoretischen* Überlegungen in bezug auf die Weite des Begriffs der „rechtswidrigen Handlung" kommt, wird häufig und gerade bei *Wolf* die *gesamte* Rechtswidrigkeitskette vom *ersten* gewillkürten *Tun* über die *Rechtsgutsverletzung* i.S. des § 823 Abs. 1 (Haftungsbegründung) *bis* hin zum entferntesten *Folgeschaden* derselben herangezogen, *um* die dieser Kette zugrunde liegende Rechtswidrigkeitsauffassung für den Handlungsbegriff zu verwenden.

verstandenen *Kausalität* zwischen Rechtsgutsverletzung und Folgeschäden. Bezeichnet wird dies als „haftungsausfüllender Bereich“. Sein Umfang wird nach pragmatischen „*Verantwortungs/Risikobereichsgesichtspunkten*“ bestimmt.

Der historische Grund für diese Zweiteilung ist folgen der. Die notwendige Ausgrenzung der deliktisch-relevanten Schadenstatbestände aus der Fülle der stets eintretendem kleineren und größeren Schädigungen seitens Dritter im täglichen Leben wurde ursprünglich im Gemeinen Recht in der schadensersatzrechtlichen Generalvorschrift[143] *nur* durch eine Restriktion der deliktischen Relevanz auf die Verletzung bestimmter *enumerativer* Rechtsgüter und Rechte erreicht. Sie wurde sodann durch das an diese Verletzung anknüpfende Verschuldenserfordernis ergänzt. Dies allein war der eigentliche *haftungsauslösende* Vorgang. Alle aus der genannten Verletzung folgenden *weiteren* Schäden vermögensmäßiger Art waren i.S. der von *Mommsen* entwickelten Totalreparationslehre[144] ipso iure, ohne irgendeine weitere Voraussetzung, zu ersetzen. Maßgeblich für diese Lehre war der Gedanke, daß *alle* rechtlich mißbilligten Rechtsgutsverletzungen und deren *Folgen* zumindest vermögensmäßig *ungeschehen* zu machen sein, um diese

- erstens als nicht mehr existent fingieren zu können
- und um zweitens, und dies ist der entscheidende Gesichtspunkt, damit dem rechtlichen Postulat des Nichtexistierendürfens solcher Verletzungen größtmögliche Geltung in der Wirklichkeit zu verschaffen.

Festzuhalten ist, daß Folgeschäden nach Gemeinem Recht ursprünglich unbegrenzt ersatzfähig waren.

Da dies bei genauer Betrachtung unbefriedigend war, hat von *v.Kries* (Anm. 82) die Ansicht durchgesetzt, daß Folgeschäden nur bis zur Grenze des pragmatisch zu bemessenden Verantwortungs-/Risikobereichs des Schädigers (Adäquanz) *zurechenbar* und ersatzfähig sein können.

Diese für die folgenden Erörterungen wesentliche Begriffsprägung des pragmatisch bestimmten „Verantwortungs-/Risikobereichs“ des Schädigers ist näher zu erläutern. Haftungszurechnung nach pragmatischen „Verantwor-

---

[143] Dies war der bereits erwähnte Grundsatz des „neminem laedere“, vgl. Einzelheiten bei *Staudinger-Medicus*, § 249 Vorb. 25 ff.

[144] *Friedrich Mommsen*, Beiträge zum Obligationenrecht, 2. Abt.: „Zur Lehre vom Interesse“, 1855, § 15 S. 137, 138.

tungs-/Risikobereichsgesichtspunkten", zunächst auf den Folgeschädenbereich bezogen, bedeutet:

(1) In erster Linie eine Anwendung des Adäquanzgedankens (III, 4 c)) in der von *v.Kries*'schen Form. Sie ist eine Zurechnungsbestimmung bis zur Grenze dessen hin, was unter dem Gesichtspunkt der generellen Vorhersehbarkeit schädlicher vermögensmäßiger Folgen einer Rechtsgutsverletzung zu verantworten ist. Es kann als ein Haftungsmodell für alle dieser Verletzung entspringenden „willentlich begründeten Risikolagen" in Hinsicht auf das Vermögen des Geschädigten bezeichnet werden, und zwar bezogen auf deren *adäquat* eingetretenen Risikorealisierungen.

Dieser Adäquanzgedanke wurde in der neueren Rechtsprechung sehr extensiv ausgelegt[145]. Eine wirkliche *Prägnanz* in bezug auf eine *Verantwortungsbereichsfestlegung* hat dieser Gedanke heute nicht mehr. Er ist in diesem Punkt sogar als *ambivalent* zu bezeichnen[146]. Als einzig Feststehendes kann man konstatieren, daß der Adäquanzgedanke nach und nach auf die Tatsache der abstrakten Vorhersehbarkeit als solche zurückgeführt wurde und daß Erwägungen einer spezifischen Verantwortungsrelevanz der schädigenden Folge weitgehend eliminiert wurden. Der Adäquanzgedanke ist damit, wie es die heute überwiegende Ansicht zutreffend ausdrückt, seiner Brauchbarkeit für eine Bestimmung des deliktischen Verantwortungsbereichs für Folgeschäden im wesentlichen beraubt. Nur für ganz einfache Fälle, in welchen

- erstens sich der Folgeschaden als bloße selbstverständliche und typische Fortsetzung des Rechtsgutschadens darstellt und in welchen
- zweitens die Tatsache der bloßen, abstrakt gesehenen Vorhersehbarkeit für eine Haftungsbemessung im Folgeschädenbereich genügt und in welchen
- also drittens spezifische *Verantwortungsbereichsgesichtspunkte* von vorneherein *nicht* in Frage kommen

ist er noch brauchbar[147].

---

[145] Wie bereits oben IV, 2 erwähnt (BGHZ 3, 261, 267): Die maßgeblichen Stichworte für diese extensive Adäquanzbeurteilung sind:
- eine nachträgliche objektive Prognose,
- eines optimalen Beobachters,
- der mit allem Erfahrungswissen der Zeit ausgestattet ist,
- und der zusätzlich über die Tatkenntnisse des Täters verfügt.

[146] Einzelheiten oben IV, 2, 3. Absatz, dort bezogen auf den *haftungsbegründenden* Bereich (rechtswidrige Handlung).

(2) Für *schwierige* Fälle *atypischer* Folgeschädeneintritte und die Frage nach deren Zurechnung wurden in der Folgezeit zusätzliche, adäquanzeinschränkende und spezifisch verantwortungsbezogene Zurechnungsgesichtspunkte erforderlich. Sie wurden von der Rechtsprechung in die begriffliche Form der sog. „schadensersatzrechtlichen Schutzzwecklehre"[148] gebracht[149].

(3) Der Sinn und Zweck dieser von *Rabel*[150] ursprünglich für *vertragliche* Haftungsbestimmungen entwickelten Zurechnungslehre ist folgender.

(a) Jede *vertragliche* Schadensersatznorm dient dem Schutz typischer Interessen und nur der Schaden, der diesen typischen Interessen zugefügt wird, kann dem Schädiger zugerechnet werden. Nur dieser kann seine Haftung begründen. Die Argumentation ist im einzelnen folgende:

- Im typisierten Haftungsrecht der heutigen Massengeschäfte insbesondere im Handelsrecht aber auch im sonstigen Rechtsverkehr kommt es *nicht* auf die personenbedingt-individuellen Verhältnisse des Schädigers in bezug auf seine Fähigkeiten der *Vorhersehbarkeit* und *Vermeidbarkeit* schädigender Folgen von Vertragsfehlleistungen bzw. sonstiger rechtsgutsschädigender Handlungen[151] an, um seine Haftungsreichweite festzulegen.

- Vielmehr ist maßgeblich die sog. *typische* Vorhersehbarkeit und Vermeidbarkeit von Schäden, welche im heutigen Massenrechtsverkehr *typischerweise* (*Rabel*) eintreten und mit deren Ersatz typischerweise nach dem Vertragszweck gerechnet werden muß.

- Die *typische* Vorhersehbarkeit und Vermeidbarkeit wird von der Verkehrsanschauung, im Streitfall insbesondere von der Rechtsprechung[152] anhand des typischen Vertragszwecks[153] nach *pragmatischen*, funktional *verantwortungsbereichsbezogenen* Gesichtspunkten beurteilt.

---

[147] *Beispiel*: Verdienstausfall und Heilungskosten als typisch fortsetzende Folge einer Körperverletzung (weitere Beispiele bei *Palandt-Bassenge*, 50. Aufl. 1991, § 249 Vorb. 5 b) aa).

[148] Diese ist nicht zu verwechseln mit der „verwaltungsrechtlichen Schutzzwecklehre", welche zur Abgrenzung eines subjektiven Rechts von bloßen *objektiven* Rechtsvorschriften oder Rechtsreflexen verwendet wird; vgl. hierzu *Wolff/Bachof*, Verwaltungsrecht I 9. Aufl. § 43.

[149] Zur Entwicklung vgl. *Staudinger-Schäfer*, Vorb. 86 bis 88 und insbes. 91 vor § 823.

[150] *E. Rabel*, Das Recht des Handelskaufs, 1936, Bd. 1, S. 497 ff.

[151] Vor allem deliktischer Art, s. sogleich (4).

[152] Einzelheiten IV, 5 a (6).

[153] Beispiel sogleich Anm. 157. Im deliktischen Bereich ist maßgebend der typische *Ersatzzweck* der Schadensersatznorm (sogleich (5)).

Der Vorteil dieses *Rabel*'schen Konzepts ist der, daß für den Rechtsverkehr schnell und sicher voraussehbar ist, wann gehaftet wird und wann nicht. Ferner ist gewährleistet, daß in evtl. doch eintretenden Streitfällen schnell eine Haftungsentscheidung gefunden werden kann.

Der weitere Vorteil ist der, daß vom Verschuldenserfordernis als Voraussetzung einer schadensersatzrechtlichen Haftung im Prinzip *nicht* abgewichen wird. Denn die typisierte Vorhersehbarkeit ist im Zweifel in der heutigen Massengesellschaft *identisch* mit der individuell-*personengruppenbezogenen*[154] Vorhersehbarkeits- und Vermeidbarkeitsmöglichkeit des durchschnittlich geschulten und arbeitenden Kaufmanns oder sonstigen Teilnehmers am Rechtsverkehr.

Aus der *Rabel*'schen Zusammenfassung seiner Lehre [(3), 2. Abs.] resultiert die *Bezeichnung* „Haftungsreichweite nach dem Schutzzweck der Norm"[155].

(b) Dieses Haftungsbemessungsmodell nach dem *Schutzzweck der Norm* ist in ihrer ursprünglichen Konzeption nach *Rabel* nunmehr *rechtstechnisch* und zusammenfassend gesehen:

- erstens eine objektiv-typisierte, *vertragsnormzweckorientierte* Bemessung des vertraglichen Haftungsbereichs des Schädigers;

- zweitens eine Bemessung dieses Haftungsbereichs lediglich in bezug auf die Haftungs*begründungs*frage, also lediglich in bezug auf den sog. *haftungsauslösenden Erstschaden*[156];

- drittens *detailliert-rechtstechnisch* gesehen, und dies ist nunmehr entscheidend, eine Bemessung dieses Haftungsbereichs in der Form einer *typisiert-kausalitätsorientierten* Schadenszurechnung. Die Haftungsbereichsbemessung ist rechtstechnisch gesehen stets eine Haftungsbemessung nach Maßgabe der Frage, ob ein vom Schädiger als Folge eines Vertragsverstoßes *verursachter* Erstschaden in einer *typisiert-schutzzweckorientiert* verstandenen Kausalitätskette zwischen rechtswidrigem Tun des Schädigers (Vertragsverstoß) und Erstschaden liegt, oder ob er als völlig ungewöhnlich und untypisch aus dieser Kette herausfällt[157].

---

[154] Zum *objektivierten Verschuldensstandard* vgl. II, 2 a) Anm. 35 und *Palandt-Heinrichs*, § 276, Anm. 4 B a).

[155] Zu dieser Bezeichnung vgl. i. folgenden (7).

[156] Siehe hierzu vorstehend 5 a); Zum Zurechnungsproblem der weiteren *Folgeschäden* aus der Verletzungshandlung (Erstschaden) heraus, vgl. sogleich (5).

[157] *Beispiel* (nach *Rabel*): Bei Lieferung eines Traktors wird eine vertraglich zugesicherte, aber fehlerhafte Produktinformation für den angeschlossenen Scherenmäher mitgeliefert. Der Käufer benutzt den Mäher unsachgemäß und verletzt sich. Diese Verletzung liegt im Bereich typisierter Vorher-

Rechtstechnisch gesehen wird also nicht gefragt, wieweit der *Handlungsbegriff* und damit der Begriff der *rechtswidrigen Handlung* (*Rechtswidrigkeitsbereich*) geht, um den Haftungsbereich einer Vertragspflichtverletzung festzulegen. Man bewegt sich eben nicht mehr in den begrifflichen Kategorien der Rechtswidrigkeit, sondern nur noch in denen der typisierten Haftung, rechtstechnisch gesehen in denen der typisierten „Kausalität" zwischen Tun des Schädigers (Vertragspflichtverletzung) und typischem Schaden. Die *Rabel*'schen Zurechnungsüberlegungen werden daher wie erwähnt, auch unabhängig von der Frage angestellt, ob ein *Verschulden* des Schädigers in bezug auf den haftungsauslösenden Erstschaden nachweisbar ist oder nicht. Auf einen Nachweis[158], ja sogar auf ein solches Verschulden selbst kommt es nicht an.

Die Parallelität zur Situation bei der verschuldensunabhängigen Folgeschädenhaftung liegt auf der Hand. Die Übernahme des *Rabel*'schen Zurechnungsmodells lag daher sehr nahe und setzte sich rasch durch[159].

(4) Dieses *typisiert-vertragsnormzweckorientierte* Zurechnungsmodell wurde schon bald auf den Bereich des § 823 Abs. 2 BGB und einige andere deliktische *Spezialnormen* (insbes. §§ 824 und 825 BGB) übertragen. Die Bestimmung vor allem des § 823 Abs. 2 i.V.m. der jeweils herangezogenen Schutznorm enthält nämlich - vergleichbar mit den genannten vertraglichen Schutzbestimmungen - hinreichend klare typisierte *Schutzzweckgehalte* und Anhaltspunkte für die Beantwortung der Frage, wann ein vom Schädiger als Folge eines Verstoßes gegen ein Schutzgesetz *verursachter* Erstschaden[160] dessen Verantwortlichkeit zum Ersatz *begründen* soll und wann nicht. Sie beantworten also die Frage, wann ein haftungsbegründender Erstschaden noch in der typisiert, schutznormzweckorientierten Kausalitätskette zwischen schutzgesetzwidrigem Tun des Schädigers und Erstschaden liegt, und wann nicht[161]. Das Problem der Zurechnung aller hieraus resultierender weiterer *Folgeschäden* ist hiermit allerdings noch nicht gelöst[162].

---

sehbarkeit *und* somit im objektiven Schutzbereich der Vertragsbestimmungen (normadäquater Erstschaden). Der Verkäufer haftet. Aufgrund ganz ungewöhnlicher Verkettung von Umständen stirbt der Käufer an der Verletzung. Dies liegt nicht mehr im Bereich typisierter Vorhersehbarkeit und daher nicht mehr im vertraglichen Schutzbereich.

[158] Vgl. § 282 BGB.

[159] Allerdings nicht ohne Gegenstimmen; vgl. zum Meinungsstand sogleich (5), (d) Anm. 168.

[160] Es geht hier zunächst immer noch nur um Erstschäden, vgl. oben Anm. 156.

[161] *Beispiel* (Marmeladenfall): Unter schuldhaftem Verstoß gegen § 8 Abs. 1 Satz 1 und 2 LebensmittelG wurde eine gesundheitsschädigende Marmelade hergestellt und vertrieben. Der Vertrieb wurde rechtzeitig gestoppt. Dennoch gelangte infolge des automatisierten Großvertriebs *ohne* jeden Gebotsverstoß, insbesondere *ohne* jedes personengruppenbezogen- individuelles *Verschulden* des Unternehmers (Hersteller und Vertrieb) eine kleine Warensendung in den Handel. Ein Kunde er-

Verschuldensgesichtspunkten kommt in diesem *Rabel*'schen Zurechnungsmodell auch hier, genau wie im vertraglichen Bereich, keine Bedeutung zu. Ein Verschulden ist nur in bezug auf einen Verstoß gegen die Schutznorm als solche, mithin in bezug auf das schutzgesetzwidrige Tun des Schädigers erforderlich, *nicht* auch in bezug auf den eingetretenen Erstschaden (§ 823 Abs. 2 Satz 2).

(5) Dieses objektive Zurechnungsmodell der Schutzzwecklehre ist, wie erwähnt, seiner ursprünglichen Konzeption nach nur anwendbar für die Erfassung sog. *Erstschäden*, also nur für die *Haftungsbegründungsfrage*.

(a) Für die Frage der *Zurechnung* hieraus resultierender, weiterer *Folgeschäden* hingegen - und dies war die Ausgangsfrage (IV, 5 a) - enthalten die genannten Vorschriften und übrigens auch die meisten *Vertrags*normen *keine* Schutzzweckaussagen mehr. In Bezug auf *diese* Schäden kann den genannten Vorschriften keinerlei Anhaltspunkte[163] für die Frage entnommen werden, ob sie ersatzfähig sein sollen oder ob sie als typisiert gesehen *irrelevant* aus der nunmehr maßgeblichen Kausalkette: haftungsbegründender Erstschaden/Folgeschaden herausfallen sollen[164].

(b) Dies gilt, um nunmehr auf den Ausgangspunkt der Erörterungen (IV, 5 a) zurückzukommen, auch, und dies ist vorliegend von besonderem Interesse, für die hier maßgebliche *allgemeine* Deliktsnorm des *§ 823 Abs. 1 BGB*. Dieser ist auch nicht andeutungsweise zu entnehmen, ob in Fällen der Verletzung eines Rechtsguts oder absolut geschützten Rechts *weitere* hieraus resultierende *Folgeschäden* voll, oder nur bis zu einer gewissen Grenze und gegebenenfalls bis zu welcher, zurechenbar und ersatzfähig sein sollen oder nicht.

(c) Gerade in diesem Folgeschädenbereich ist aber, wie soeben [IV, 5 a) (2)] gezeigt, eine auf der *normativ* verstandenen *Kausalitätsebene* liegende Haf-

krankte infolge des Genusses der Marmelade. Dieser Erstschaden liegt im typisiert-*normzweckorientierten* Schutzbereich des § 8 Abs. 1 LebMG. Eine Haftung gemäß § 823 Abs. 2 greift wegen dieses rein objektiven, völlig verbotsunabhängigen und erst recht verschuldensunabhängigen Gesichtspunkts ein.

162 Hierzu sogleich (5).

163 Nach dem Vorgesagten (3), (b) sind dies *typisiertnormzweckorientierte* Anhaltspunkte.

164 *Beispiel*: Im Falle der Körperverletzung in den oben (Anm. 141 und 147) zitierten Beispielen fällt die Frage, ob etwaige ungewöhnliche Schadensverläufe bei der Krankenhausbehandlung oder ungewöhnliche Vermögensschäden wegen der Arbeitsunfähigkeit des Verletzten ersatzfähig sein sollen, unstreitig nicht mehr in die Schutzzweckaussage der betreffenden Norm (also der einschlägigen Vertragsbestimmungen bzw. des § 823 Abs. 2).

tungsbemessung nach typisiert-*verantwortungsbereichsbezogenen* Zurechnungsgesichtspunkten unerläßlich.

(d) Es blieb daher kein anderer Weg, als der - und *Rabel* hat ihn gewählt[165] -, daß die vorstehend dargelegte typisiert-normzweckorientierte Zurechnungsmethode im Erstschadenbereich (Haftungsbegründungsbereich) verallgemeinert und auf ihren Grundgedanken zurückgeführt wurde. Dieser Grundgedanke wurde sodann auf den Folgeschädenbereich übertragen.

Dieser Grundgedanke besteht entsprechend den Ausführungen oben (4) darin, daß der Haftungsumfang nach dem typischen *Schutzzweck* der Wiedergutmachungsnorm zu bestimmen ist. Auf den Folgeschädenbereich bezogen bedeutet er, daß der Haftungsumfang in diesem Bereich nach dem typischen *Schutzzweck* des *Schadensersatzrechts* zu bestimmen ist. Dieser ist zu beziehen auf die jeweils vorliegende Schadenssituation und zuzuschneiden auf die jeweils herangezogene Schadensersatznorm, vorwiegend des § 823 Abs. 1 BGB[166].

Die Schutzzwecklehre in dieser Form ist damit *nicht* mehr eine *Auslegung* der herangezogenen Ersatznorm, sondern eine typisierte *Wertung* derselben mit Blick auf die jeweilige Schadenssituation und unter Berücksichtigung der von der Verkehrsanschauung für das Schadensersatzrecht entwickelten *Grundsätze* einer typisierten und normzweckorientierten Bemessung der *Verantwortungsbereiche* von Schädiger und Geschädigtem[167/168].

---

[165] Vgl. *Rabel* (Anm. 150), S. 499 f.

[166] Als der hier allein interessierende Norm für den Rechtswidrigkeitsstreit (oben II, 2 a).

[167] Statt vieler H. *Lange*, Gutachten zum 43. DJT, 1960, S. 49; *Larenz*, FS für Honig, S. 85 ff.; BGHZ 75, 366, 368; *Staudinger/Schäfer*, Vorb. 86 f. vor § 823; *Palandt-Bassenge*, Vorb.5 c) insbes. aa - gg vor § 249.

[168] Diese Übernahme der schadensersatzrechtlichen Schutzzwecklehre zum Zwecke der Haftungsbemessung im Folgeschädenbereich ist ganz h.M., vgl. zunächst schon *Rabel* (aaO Anm. 150), ferner: *v. Caemmerer*, Das Problem des Kausalzusammenhangs, 1956, S. 46 f.; *Esser/Schmidt*, Lehrbuch des Schuldrechts, § 33 II und III; *Grunsky* in: Münchner Kommentar zum BGB, § 249 Vorb. 42; *H.G. Wolf*, Der Normzweck im Deliktsrecht, 1962, S. 26 f.; *Blomeyer*, Lehrbuch des allgemeinen Schuldrechts, § 32 III 3; *Fikentscher*, Lehrbuch des Schuldrechts, § 49 III 3 d).

Abweichende Ansicht ist lediglich *Larenz* (Schuldrecht I, 12. Aufl. § 27 III 2, S. 441 bis 446), welcher die *Adäquanzlehre* in ihrer ursprünglichen, verantwortungsbereichsbezogenen Form (*v.Kries*) für ausreichend hält, den Verantwortungsbereich des Schädigers für Folgeschäden angemessen zu bestimmen. Die Schutzzwecklehre dürfte jedoch für diesen Zweck deshalb vorzuziehen sein, weil sie mittlerweile in Form einer umfangreichen Kasuistik einen fest umrissenen *Verantwortungsbereich* zur Verfügung stellt (s. hierzu (6)). Dies kann man vom Adäquanzprinzip sowohl in der von *Kries*'schen Form als auch insbes. in der Form der Entscheidung BGHZ 3, 261, 267 sowie deren Vorläufer, nämlich

- RGZ 133, 126
- RGZ 78, 270
- RGZ 81, 359

(6) Die entscheidende Rolle fällt damit diesen schadensersatzrechtlichen Grundsätzen zu, welche im wesentlichen auf die Fragestellungen hinauslaufen:

- ob nach allgemeinen Wertungen der Rechtsordnung und insbesondere des grundgesetzlichen Wertsystems für einen Schaden Ersatz verlangt werden kann, oder ob dieser vom Geschädigten endgültig zu tragen ist[169],
- ob Wertungen der den Streitfall betreffenden Gesetze für einen Schadensausgleich sprechen[170],
- ob nach der Verkehrsanschauung ein Schadensausgleich vorzunehmen ist[171],
- ergänzend sind individualbezogene Besonderheiten des Schadensverlaufs[172] und ferner der Gesichtspunkt des allgemeinen Lebensrisikos in Abgrenzung des vom Schädiger geschaffenen Individualrisikos für den Geschädigten zu berücksichtigen[173].

(7) Ob für diese objektiv-typisierte Verantwortungsbereichsbestimmung die von *Rabel* gewählte *Bezeichnung* „Schutzzweck der Norm“ zutreffend ist, kann bezweifelt werden. Besser wäre es, die Bezeichnung speziell auf das *typisierte* Haftungsbemessungsverfahren zu beziehen und sodann die Bezeichnung „typisierte Haftungsbestimmung nach der Verkehrsanschauung unter Bezugnahme auf den Vertragstyp bzw. den typischen Gehalt von Haftungsnormen“ zu wählen. Die Bezeichnung „Haftungsbemessung nach dem Schutzzweck der Norm“ ist jedoch insofern zutreffend, als sie auf den rechtshistorischen *Ausgangspunkt* der genannten Methode (3) hinweist. Da diese Bezeichnung zudem eingebürgert ist, wird sie hier beibehalten.

Es ist jedoch an dieser Stelle auf folgendes hinzuweisen. Eine Haftungsbemessung nach dem Schutzzweck der Norm ist *nicht* eine wie auch immer geartete *Auslegung*[174] der Normen eines Vertrages oder des Deliktsrechts, sondern eine typisierte Haftungsfestlegung nach Maßgabe der Verkehrsanschau-

---

nicht sagen. Deren weiter und unklarer Adäquanzbegriff (oben IV, 2) führt *fast immer* zur Annahme der Adäquanz und damit der Verantwortlichkeit des Schädigers auf der Rechtswidrigkeitsebene. Dies kann man keine Verantwortungsbereichsbemessung mehr nennen. Es finden sich in der gesamten Rechtsprechung des Reichsgerichts lediglich vier Entscheidungen, in welchen eine Adäquanz, d.h. eine Verantwortlichkeit des Schädigers verneint worden ist.

[169] BGHZ, 368; *Larenz*, FS für R. Honig, S. 88.

[170] *Palandt-Thomas*, § 823 Anm. 9 f.; *Rabel* (Anm. 142) S. 495 f.

[171] BGHZ 25, 86, BGH NJW 1963, 1671.

[172] Vgl. die Rentenneurosefälle z.B. BGHZ 20, 142 sowie BGH, VersR 1978, S. 719.

[173] *Palandt-Heinrichs*, § 249 Vorb. 5 c) cc); BGHZ 25, 86.

[174] Siehe schon vorstehend (5) d) 3. Absatz.

ung, insbesondere nach Maßgabe einer mittlerweile detaillierten Kasuistik[175]. Dies wird heute noch oft anders gesehen, indem schutzzweckorientierte Haftungsbemessungen mit dem Argument *kritisiert* werden, der betreffenden Ersatznorm sei *keine* auslegbare Schutzzweck*aussage* in bezug auf die Haftungsreichweite/Verantwortungsreichweite für vom Schädiger *verursachte* Schäden zu entnehmen[176].

b) Haftungsbegründungsbereich und Rechtswidrigkeit

Dies war die aus dem Gemeinen Recht überkommene Zweiteilung der deliktischen Schadenskette in Tatbestandshandlung und Folgeschadenkette. Der letztgenannte Bereich führte der Praxis erstmals die Notwendigkeit einer typisierten Haftungsbemessung nach „Verantwortungs-/Risikobereichsgesichtspunkten" vor Augen.

Diese Zweiteilung und damit also die Beschränkung des Begriffs der rechtswidrigen Handlung auf *Tatbestand*shandlungen i.S. des § 823 Abs. 1 BGB hat nun aber vermöge der Ankoppelung des Rechtswidrigkeitsbegriffs an den Handlungsbegriff folgende Konsequenz: Auch der streitige Rechtswidrigkeitsbegriff wird nur auf dem Tatbestandsbereich des § 823 Abs. 1 bezogen. Auch er betrifft nur die Handlungskette bis zum Eintritt von Rechtsgutsverletzungen. Alles andere wird im Rahmen der *Zurechnung* von Folgeschäden zur Rechtsgutsverletzung als schadensersatzrechtlich relevanter Verantwortungs-/Risikobereich bezeichnet[177]. Dieser Umstand ist dafür verantwortlich, daß der Verantwortungs-/Risikobereichsgedanke nur im Folgeschädenbereich eine Rolle spielt. Er hat bislang keinen Eingang in die Diskussion über den Rechtswidrigkeitsbegriff gefunden.

---

[175] Siehe ausführlich vorstehend (6).

[176] Z.B. so bei *Ossenbühl*, JuS 1988 S. 193, in bezug auf die Anwendung des Schutzzweckprinzips auf die Haftungsreichweite beim Rechtsinstitut des enteignungsgleichen Eingriffs, nämlich im Zusammenhang mit dem dort verwendeten Haftungsreichweitekriterium der „Unmittelbarkeit" (vgl. Einzelheiten Teil B, I, 2).

[177] Statt vieler *Palandt-Heinrichs*, § 249 Vorbem. 5 c): Die maßgeblichen Stichworte sind „Zurechnungszusammenhang", „Rechtswidrigkeitszusammenhang", „schadensersatzrechtliche Gefahrenbereiche", für die der Schädiger einzustehen hat und welche sich vom allgemeinen Lebensrisiko abheben.

c) Haftungsbegründungsbereich und Haftungsbegriff

Schließlich versteht man unter *Haftung* i.S. des § 823 Abs. 1 BGB nur die *tatbestandliche* Haftung für Rechtsgutsverletzungen, nicht auch die Wiedergutmachungspflicht für Folgeschäden. Diese wird vielmehr lediglich als Haftungsausfüllung bezeichnet und nur i.S. einer Komplettierung des Ersatzes der zugrundeliegenden Rechtsgutsverletzungen aufgefaßt (Totalreparation).

d) Schlußbemerkung

Ob diese Einschränkungen, insbesondere diejenige der „Handlung“ auf Tatbestandshandlungen i.S. des § 823 Abs. 1 zweckmäßig ist, ist fraglich. Bei der im folgenden vorzunehmenden Bestimmung des schadensersatzrechtlichen Handlungsbegriffs wird diese Frage zu erörtern sein.

V. Die zweckmäßige Bestimmung des schadensersatzrechtlichen Handlungsbegriffs

1. Der Ausgangspunkt

Das Ergebnis der bisherigen Erörterungen läßt zweierlei erkennen.

- Einmal wird der gegenwärtige Sach- und Streitstand der Rechtswidrigkeitsauseinandersetzung sichtbar. Es kann als einhellige Meinung bezeichnet werden, daß sich die Erörterung der Rechtswidrigkeitsproblematik auf den Handlungsbegriff verlagert hat. Der unstreitige Grund hierfür ist der, daß die allseits als erforderlich angesehene Orientierung des Rechtswidrigkeitsbegriffs an den ontologischen Gegebenenheiten [III, 4 c)] einen Bezug dieses Begriffs auf menschliche Handlung erfordert. Als Folge dieser Verlagerung wird nunmehr verständlich, warum die Ausdeutungen des Handlungsbegriffs derart verschiedenartig ausfallen.
- Zum anderen wird, da diese Ausdeutungen in feste Schulmeinungen dogmatisiert worden sind, erklärlich, warum die Rechtswidrigkeitsauseinandersetzung zu einer Art Stillstand gekommen ist.

- Um diesem zu entgehen, bleibt im Grunde nur der Weg, sich mit einer lediglich pragmatischen Bestimmung des Begriffs der Handlung (rechtswidrige Handlung[178]) zu begnügen.

a) Pragmatische Beschränkung der Handlungsbegriffsbestimmung

Eine solche Beschränkung kann vom Ausgangspunkt der vorliegenden Erörterungen her nicht schwerfallen. Es kann ohnehin nach diesem (I, 2) nur darauf ankommen, zu bestimmen, was rechtswidrige Handlung mit Blick auf die Ermöglichung eines *richtigen* Haftungsumfangs bedeuten muß[179]. „Richtig" wird man in diesem Zusammenhang verstehen müssen als im Rechtsleben tatsächlich und unangefochten *praktiziert.*

(1) Dieser Weg ist, wie leicht erkennbar, genau umgekehrt, wie der herkömmlich gewählte. Er verläuft nicht, wie dieser, von einem dogmatisierten Rechtswidrigkeitsbegriff her zu einem hierzu passenden Begriff der rechtswidrigen Handlung mit dem *Ziel*, nunmehr in Handlungskategorien den Rechtswidrigkeitsstreit fortzusetzen. Er verläuft vielmehr umgekehrt vom billigen Haftungsergebnis[180] her zu einem hierzu passenden Begriff der rechtswidrigen Handlung und, wie man allerdings hinzufügen muß: zu einem ontologisch *möglichen* Begriff der rechtswidrigen Handlung. Erst hieran anschließend verläuft er zu dem handlungskorrespondierenden (III, 4 c) Rechtswidrigkeitsbegriff.

Der ins Auge fallende Umweg über den Begriff der rechtswidrigen Handlung bei Verfolgung des Ziels der Bestimmung des Rechtswidrigkeitsbegriffs in *Abhängigkeit* vom Rechtswidrigkeits*haftungsumfang* ist deswegen unumgänglich, weil nicht *jede* Rechtswidrigkeitskonstruktion möglich ist, sondern nur eine solche, welche rechtswidrige *Handlung* sein kann. Denn zumindest das hat die neue Lehre bewirkt, daß vermöge ihrer unstreitig richtigen Ankoppelung des Rechtswidrigkeitsbegriffs an den Handlungsbegriff dessen bereits mehrfach erwähnte seinsmäßig unerläßliche Merkmale vorliegen müssen, wenn man von Rechtswidrigkeit noch sinnvoll sprechen will[181].

---

[178] Oben IV, 1.

[179] Im folgenden als pragmatischer oder funktionaler Handlungsbegriff bezeichnet.

[180] Scil.: Ein rechtswidrigkeitsbezogenes Haftungsergebnis. Es geht in dieser Erörterung definitionsgemäß *nur* um eine rechtswidrigkeitsbezogene, verschuldensunabhängige Haftung (II, 2).

[181] Diesen Umweg wählt daher auch die herkömmliche Vorgehensweise, siehe oben V, 1, 1. Absatz.

(2) Diese pragmatische oder funktionale Bestimmung des Begriffs der rechtswidrigen Handlung kann man nur unter Einbeziehung all der Gesichtspunkte vornehmen, welche in der heutigen Rechtsprechung für die Festlegung der deliktischen Haftung[182] im Bereich der Grundnorm des § 823 Abs. 1 (siehe II, 2) von Bedeutung sind. Sie zielt ersichtlich auf den deliktischen Gesamthaftungsumfang dieser Vorschrift, und zwar unter *Überschreitung* der bloßen Tatbestandshaftung (IV, 5 a) und unter Einbeziehung der gesamten Haftung für *Folgeschäden* entsprechend den dargelegten Verantwortungs-/Risikobereichsgesichtspunkten[183]. Sie muß nach heute unbestrittener Auffassung ferner von einer Haftungsbemessung nach diesen Verantwortungs-/Risikobereichsgesichtspunkten *auch*[184] im Bereich der Tatbestandshaftung für *Rechtsgutschäden* (Haftungsbegründungsbereich) ausgehen.

Die Orientierung an den genannten Verantwortungs-/Risikobereichsgesichtspunkten bezieht sich nach heutiger ganz h.M. also *auch* und gerade auf den ingenuinen *Handlungsbereich* im überkommenen Sinne (IV, 5 a)[185].

---

[182] Scil.: Ohne Verschuldensgesichtspunkte (Anm. 180).

[183] IV, 5 a: Adäquanzprinzip/Schutzzweckprinzip.

[184] Und zwar *neben* der selbstverständlichen Haftungsbemessung für gebotsverstoßende Rechtsgutsverletzungen, hierzu sogleich V, 3 d) (4).

[185] Dies war früher streitig: a.A. noch *v. Caemmerer*, DAR 1970, S. 283, 286 m.w.N.; *v. Caemmerer* lehnte die Übernahme des Adäquanzprinzips (Verantwortungsbereichsgedankens) in den Bereich der Haftungsbegründung und damit der rechtswidrigen Handlung sowie des Rechtswidrigkeitsbegriffs ab. Die Begründung war, daß in *diesem* Bereich das Adäquanzprinzip deshalb überflüssig sei, weil das Korrelat des Verschuldenserfordernisses inadäquate Kausalverläufe aus dem Haftungsbereich ohnehin ausschlösse. Daß dies für viele deliktische Haftungsbereiche *nicht* zutrifft, wurde oben II, 2 a) ausgeführt. Vgl. zur Frage der Übernahme des Adäquanzprinzips auch *Staudinger-Schäfer*, § 823 Vorb. 85, 86.

Die Frage wurde von der Rechtsprechung lange offen gelassen. Eine Übernahme des Adäquanzprinzips und damit wenigstens prinzipiell (s. o. IV, 5 a) sowie III, 4 c)) auch des *Verantwortungsbereichsgedankens* in den Haftungsbegründungsbereich erfolgte nur sehr *sukzessive* und infolge der Tatsache, daß nach der neuen Lehre „Rechtswidrigkeit" nie formal-begrifflich gedacht werden könne, sondern daß diese immer einen den seinsmäßigen Gegebenheiten Rechnung tragenden Bezug auf menschliche *Handlung* aufweisen müsse. Einen solchen Bezug stellt der Adäquanzgedanke in seiner ursprünglichen Form *v. Kries* und tendenziell auch *heute* noch (IV, 2) in der Tat dar. Die Frage wurde z.B. noch offen gelassen, in BGHZ 57, 245, 255. *Für* eine Übernahme des Adäquanzprinzips sodann BGHZ 58, 162, 168 und die gesamte nachfolgende Rechtsprechung und Literatur (statt vieler *Palandt-Heinrichs*, Vorb. 3 d vor § 249). Zur mittlerweile ebenfalls unstreitigen Übernahme des Ergänzungsprinzips der *Schutzzwecklehre* in den haftungsbegründenden Bereich siehe unten Anm. 192.

Dieser eingeschränkte Haftungsumfang der heutigen Rechtsprechung und der zitierten Literatur im *Handlungsbereich* ist heute unbestritten, und zwar *auch* von seiten der neuen Lehre [V, 1 c) (1) Anm. 199 sowie speziell für die Verantwortungsbereichsbemessung nach dem Schutzzweckprinzip sogleich V, 1 b) (2) Anm. 192].

b) Pragmatische Haftungsbemessung im einzelnen

Haftungsbemessung nach Verantwortungs-/Risikobereichsgesichtspunkten im *haftungsbegründenden* Bereich bedeutet im einzelnen, völlig analog zum erörterten Folgeschädenbereich, folgendes:

(1) Sie stellt zunächst eine Anwendung des Adäquanzprinzips dar. Dieser Haftungsgedanke des Adäquanzprinzips greift nun allerdings wegen der erwähnten *Überdehnung* dieses Prinzips[186] und dessen Zurückführung auf den Gedanken einer abstrakten Vorhersehbarkeit als solcher *ohne* prägnante *Verantwortungsbereichsgesichtspunkte* nur für einfache Fälle ein.

Es sind dies Fälle, welche durch folgende Konstellation gekennzeichnet sind: Zwischen Tun des Schädigers und äquivalent verursachter Rechtsgutsverletzung besteht zunächst, dies ist der Ausgangspunkt, kein Gebotsverletzungszusammenhang. Es liegt *kein* wie auch immer gearteter Gebotsverstoß und damit auch keine konkrete Willensdeterminiertheit[187] in bezug auf die Verursachung der Rechtsgutsverletzung vor.

Jedoch stellt das Tun des Schädigers eine *Gefährdung* des Rechtsguts dar, welche sich in typischer Weise zu einer Rechtsgutsverletzung realisiert hat. In typischer Weise realisiert bedeutet, daß die Rechtsgutsverletzung in abstrakt vorhersehbarer Weise als bloße *Fortsetzung* der Rechtsgutsgefährdung, und zwar *ohne* Hinzutreten zusätzlicher verantwortungsrelevanter Umstände[188], eingetreten ist[189].

---

[186] Oben IV, 2; siehe aber auch die dort erwähnten heutigen Tendenzen einer Rückkehr zu einem leistungsfähigen (=verantwortungsbereichsbemessenden) Adäquanzbegriff. Diese Rückkehr ist, wie erwähnt, teilweise schon im Begriff, konkrete Form anzunehmen (vgl. IV, 2 (Anm. 121).

[187] Zu diesem Zusammenhang siehe ausführlich III, 4 b) (3).

[188] Solche sind: atypische Verkettung von Umständen; eigener Entschluß des Geschädigten, der zum Schadenseintritt geführt hat; Dazwischentreten Dritter in den Kausalverlauf (Beispiel sogleich V, 1 b Anm. 194).

[189] *Beispiel* („Nagelfall" Anm. 70): Das Einschlagen des Nagels in die Holztäfelung ist, auch wenn keinerlei Gebotsverstoß vorlag, eine Gefährdung für die Holztäfelung (Rechtsgutsgefährdung). Denn es ist erfahrungsgemäß immer ein Fehlschlag, auch bei Beachtung aller für Zimmerleute maßgeblichen Verhaltensstandards, möglich. Dies ist eine *typische* Realisierung und Fortsetzung einer Rechtsgutsgefährdung. Weitere verantwortungsrelevante Umstände für die Verantwortungsbereichsbemessung liegen nämlich nicht vor und sind für eine solche auch nicht notwendig.

Weiteres *Beispiel* („Boxerfall"): Ein Boxer kauft in einem Sportgeschäft einen Schlagsandsack. Er prüft diesen, streift beim Schlagausholen den dicht hinter ihm stehenden und von ihm ohne jede Fahrlässigkeit (ohne Gebotsverstoß) nicht bemerkten Verkäufer und verletzt diesen. Die Verletzung ist eine einfache Fortsetzung der Rechtsgutsgefährdung im Zusammenhang mit Boxhieben und liegt im typischen Verantwortungs- /Risikobereich des Boxers.

Dies genügt nach einhelliger Meinung in Normalfällen für eine Rechtswidrigkeitshaftungsbemessung[190].

Die *äquivalente* Verursachung einer Rechtsgutsverletzung allein genügt jedoch für eine Haftungsbegründung nach jeder heute vertretenen Auffassung nicht. Durch die Anwendung des Adäquanzprinzips bleiben von der erwähnten früheren Konzeption einer Rechtswidrigkeitshaftung für äquivalent verursachte Rechtsgutsverletzungen eben nur die Fälle übrig, die durch den Verantwortungsbereichsgedanken, wenn auch in der reduzierten (oben (1) erster Absatz) Form des Adäquanzprinzips in seiner heutigen Auffassung (IV, 2) in die rechtswidrigkeitsorientierte Haftpflicht des Schädigers gezogen werden.

(2) Für schwierige Fälle der hier erörterten Konstellation von Rechtsgutsgefährdungen, welche in Rechtsgutsverletzungen umschlagen und welche spezifisch *verantwortungsbezogene* Fragestellungen ins Spiel bringen, ist die weite und unkonturierte Adäquanzverantwortungsbemessung, mit anderen Worten: die bloß abstrakte „Vorhersehbarkeit" von Rechtsgutsschäden (IV, 2) nicht mehr ausreichend. Eine angemessene deliktische *Haftungsbemessung* nach *Verantwortungsgesichtspunkten* kann von ihr nicht mehr geleistet werden. Die für eine solche stets notwendige Herstellung eines *Verantwortungszusammenhangs* zwischen Tun des Schädigers, Rechtsgutsgefährdung und Rechtsgutsverletzung kann von ihr, und dies ist unstreitig, nicht mehr hinreichend genau vorgenommen werden. Ein Verantwortungszusammenhang ist hier vielmehr im wesentlichen[191] durch das adäquanzeinschränkende und spezifisch *verantwortungsbezogene* Prinzip der schadensersatzrechtlichen *Schutzzwecklehre* zu begründen[192].

---

[190] *Palandt-Heinrichs*, § 249 Vorb. 5 a) i.V.m. b); dies gilt auch nach Ansicht der neuen Lehre, siehe unten V, 1 c) (1) insbes. (aa).

[191] Einzelheiten s. unten Teil B, III, 2 im Zusammenhang der Erörterung der sog. schadensersatzrechtlichen Zurechnungsrechtsprechung des BGH, welche die Bemessung der Verantwortlichkeit auf der Rechtswidrigkeitsebene betrifft. Diese erfolgt nicht nach dem weiten Rechtswidrigkeitsbegriff, sondern im wesentlichen nach dem Gesichtspunkt des Schutzzwecks der Norm sowie nach einigen *anderen* ähnlichen *Wertungsgesichtspunkten*, welche im Prinzip der verantwortungsbereichsbezogenen Schutzzweckwertung *entsprechen* (Teil B, III, 2 f).

[192] Die *Übernahme* des Schutzzweckprinzips in den haftungsbegründenden Bereich (vorliegend allein von Interesse) d.h. den ingenuinen Handlungsbereich (IV, 5 a) ist mittlerweile unstreitig, vgl. *Staudinger-Medicus*, 11. Aufl. § 249 RdNr. 48; *Staudinger-Schäfer*, 12. Aufl. Vorb. 87 vor § 823; *Palandt-Heinrichs*, § 249 Vorb. 5 b) aa i.V.m. c); Zur rechtshistorischen Entwicklung siehe oben V, 1 a) (2) Anm. 185 (gültig für das Adäquanzprinzip *und* das Schutzzweckprinzip).

Die *Verwendung* des Schutzzweckprinzips überhaupt, und zwar zunächst im Folgeschädenbereich in Verfolgung der Auffassung von *v.Kries*, kann ebenfalls im wesentlichen als *unstreitig* angesehen werden (a.A. nur *Larenz*, welcher das Adäquanzprinzip in der *v. Kries*'scher Form anstelle des Schutzzweckprinzips verwenden will; diese Ansicht ist eine *nur* terminologische Abweichung von der zitierten herrschenden Auffassung, s. oben IV, 5 a) (5) Anm. 168).

Die maßgebliche Frage lautet in solchen Fällen folgendermaßen: Ist die Rechtsgutsgefährdung, die vom Schädiger ausgeht, von solcher Art, daß die aus ihr resultierende Rechtsgutsverletzung nach typisiert verantwortungsbezogenen Gesichtspunkten[193] vom Schädiger zu vertreten ist, oder ist sie nach eben diesen Gesichtspunkten vom Verletzten ersatzlos hinzunehmen.

Ein instruktives *Beispiel* für diese Fallkonstellation ist der „Stationsschwesternfall"[194]. Eine Stationsschwester injiziert einem schwerkranken Patienten eine Morphiumspritze. Aufgrund ungewöhnlicher Verkettung von Umständen und trotz allseitiger Beachtung der klinischen Sicherheitsvorschriften für den Umgang mit Medikamenten ist die Morphiumkonzentration stärker als üblich. Der Patient stirbt. Ein Gebotsverstoßzusammenhang[195] zwischen Tun der Krankenschwester und Rechtsgutsverletzung liegt *nicht* vor.

Diese Übernahme des Schutzzweckprinzips in den haftungsbegründenden Bereich ist auch von Seiten der neuen Lehre nicht bestritten [siehe sogleich Einzelheiten V, 1 c) (1)]. Die verbotsorientierte Rechtswidrigkeitslehre *kann* die Richtigkeit dieser schutzzweckorientierten Bemessung der deliktischen Haftungsreichweite im Haftungsbegründungsbereich auch gar nicht bestreiten:

Die heutige Massengesellschaft führt *unbestreitbar* zu *typischen* Verhaltensweisen und zu einer typisierten Beurteilung dieser Verhaltensweisen, d.h. zu einer nach der Verkehrsanschauung (o. IV, 5 a) typisiert beurteilten Vorhersehbarkeit/Vermeidbarkeit (= Vorhersehbarkeits/Vermeidbarkeitsstandards) von *Rechtsgutsschäden.* Diese Standards bringen notwendig einen typisierten Haftungsumfang zustande.

Das Entscheidende ist, daß diese typisierten Vorhersehbarkeits/-Vermeidbarkeitsstandards nach der *objektiven* Verkehrsanschauung gemäß dem *typischen Vertragszweck* bzw. dem *Normzweck einer Deliktshaftungsnorm* bemessen werden (IV, 5 a) (3) und (4)).

Zugegebenermaßen werden diese Standards *nicht* nach Gesichtspunkten bemessen, welche *personenorientiert* zugeschnitten sind, also nicht in der Weise, daß sie

- sich an *Berufsgruppen* und deren spezifischen Anforderungen orientieren,
- und *auch* nicht in der Weise, daß sie angesichts zunehmender Mobilität aller gesellschaftlichen Zustände einschließlich einer zunehmenden Unschärfe vieler Berufsbilder und Berufsgruppen auf anthropologische *Personengruppen* nach be stimmten menschlichen Fähigkeiten und Eigenschaften zugeschnitten werden;
- und *dies* erst wäre eine *gebots/verbotsorientierte* Verhaltensstandardsbemessung im Sinn der *neuen Rechtswidrigkeitslehre* (siehe oben III, 4 a): Nagelfallbeispiel, Anm. 70 u. 73).

Jedoch ist die erstgenannte typisiert-*schutzzweckorientierte* Verantwortungsbereichsbemessung *auch* eine Verantwortungsbereichsbemessung nach Vorhersehbarkeits-/Vermeidbarkeitsstandards (= Verhaltensstandards), wenn auch eine Stufe *höher objektiviert,* nämlich in Richtung auf die gemäß der objektiven Verkehrsanschauung zu beurteilenden *objektiven* Vertragszwecke und Deliktsnormzwecke. Man befindet sich also - objektivierend - eine Stufe weiter weg von einer *personengruppenbezogenen* Bestimmung dieser Verhaltensstandards und zwar in Richtung hin auf eine *objektivtypische* Bestimmung dieser Standards, welch *erstere* nun allerdings *allein* bei der neuen Rechtswidrigkeitslehre maßgebend sind (Anm. 70, 73).

Immerhin ist aber die Tatsache der *Verhaltensstandardsbezogenheit* als solcher sowohl seitens der typisiert-schutzzweckorientierten Verantwortungsbereichsbemessung als auch seitens der *gebotsorientierten* Verhaltensstandardsbemessung der neuen Rechtswidrigkeitslehre eine so erhebliche Ähnlichkeit, daß die Übernahme der typisiert schutzzweckorientierten Haftungsbemessung für die neue Lehre möglich und notwendig ist.

193 IV, 5 a) (6): Dies sind die Subformeln der Schutzzwecklehre.

194 Gebildet nach *Larenz,* FS für Dölle, S. 177.

195 Vorstehend (1), zweiter Absatz.

Das Tun der Krankenschwester ist jedoch eine - sehr konkrete - *Gefährdung* für den Patienten, welche im weiteren Geschehensverlauf zu einer *Rechtsgutsverletzung* führt. Deren Zurechnung zum Verantwortungs-und Haftungsbereich der Krankenschwester kann *nur* nach den Verantwortungsgesichtspunkten der schadensersatzlichen Schutzzwecklehre erfolgen, *nicht* nach den unkonturierten Gesichtspunkten der Adäquanzverantwortungsbemessung. Maßgebend sind im vorliegenden Fall Wertungen der einschlägigen *Verkehrsanschauung*, welche am grundgesetzlichen Güterschutz sowie am Gedanken der Verantwortung für hochspezialisierte Organisationseinheiten und deren einwandfreiem Funktionieren orientiert sind. Diese verweisen den *Verletzungserfolg* in den objektiven Verantwortungsbereich der Stationsschwester und der vorgesetzten Ärzte. Hierdurch erst wird dieser *Erfolg* rechtswidrig[196]. Eine effektive *Haftung* der *Stationsschwester* und der *Ärzte* tritt mangels Verschuldens allerdings nicht ein. Wohl kommt aber eine Haftung aus § 831 BGB bzw. aus aufopferungsrechtlichen Gesichtspunkten in Betracht.

(3) Zusammenfassend läßt sich sagen, daß die vorliegend ins Auge gefaßte pragmatische und funktionale Bestimmung dessen, was „rechtswidrige Handlung“ mit Blick auf die Ermöglichung eines richtigen Rechtswidrigkeitshaftungsumfangs bedeuten muß, vornehmlich dem Gedanken der *typisiert-schutzzweckorientierten* Verantwortungsbereichsbemessung folgt.

c) Abstützung der pragmatischen Rechtswidrigkeits-, Handlungs- und Haftungsbemessung in Literatur und Rechtsprechung

Eine solche pragmatische Bestimmung des Begriffs der „rechtswidrigen Handlung“ ist nun keineswegs neu. Sie entspricht einer Reihe von Ansätzen im Schrifttum, welche sich mit der Problematik der Bemessung des Haftungsumfangs und der Bestimmung des Begriffs der „rechtswidrigen Handlung“ beschäftigen.

(1) Der Begriff der „rechtswidrigen Handlung“ wird neuerdings, unbeschadet des überkommenen Festhaltens am Handlungsbegriff i.S. stets nur einer *haftungsauslösenden* Rechtsgutsverletzung[197], nicht mehr in dem Maße dogmatisiert wie früher. Er wird nicht mehr ausschließlich unter dem Blickpunkt eines dogmatischen Unwerturteils, also etwa i.S. eines Gebotsverstoßes *oder*

---

196 Im Ergebnis ganz h.M. vgl. *Larenz*, FS für Dölle, S. 177.

197 Hierzu IV, 5 a).

i.S. eines Verletzungserfolgs aufgefaßt. Er wird vielmehr, wie auch in der vorliegenden Untersuchung[198], zunehmend *funktional* und *pragmatisch* gedeutet[199].

(a) Dies bedeutet im einzelnen folgendes. Die genannten pragmatisierenden Tendenzen fassen den für die Rechtswidrigkeits*haftungsbereiche* (vorstehend a) 1. Abs.) und damit prinzipiell auch den für die Rechtswidrigkeitsbereiche[200] selbst maßgebenden Haftungsumfang - von der h.L. herkommend - *nicht* mehr als Folge eines zugrundeliegenden dogmatischen Unwerturteils[201] auf, also nicht mehr i.S. stets einer adäquat *verursachten Rechtsgutsverletzung*[202]. - Und sie deuten diesen, von der neuen Lehre herkommend, auch nicht mehr i.S. eines dogmatischen Unwerturteils stets in den Kategorien der gebotsverstoßenden Rechtsguts*verletzung*[203].

Sie bestimmen diesen Haftungsumfang vielmehr, darüberhinausgehend, als wertfreie und rein funktionale, pragmatische *Sanktionsbewertung* bestimmter schadensstiftender Umstände und Abläufe (Rechtsgutsverletzungen) und erfassen dabei auch und gerade solche Rechtsgutsverletzungen, welche nicht mehr willensdeterminiert und damit nicht mehr gebotsrelevant sind[204]. *Sanktionsbewertung* solcher nicht mehr gebotsrelevanter rechtsgutsverletzender Umstände und Abläufe bedeutet hierbei soviel wie eine Verknüpfung derselben mit einer Schadensersatzpflicht, welche nach diesen Ansätzen immer so weit geht, wie

---

198 Vgl. nachstehend V, 3.

199 Statt vieler *R. Thomas*, in: *Palandt*, 51. Aufl. 1991, § 823 Anm. 7 A a) sowie *Staudinger-Löwisch*, 12. Aufl., § 276, RdNr. 5. Von der Lehre des verbotsorientierten Rechtswidrigkeitsbegriffs ausgehend, vertritt *Löwisch* die Ansicht, daß Rechtswidrigkeit (= rechtswidrige Handlung) eine von der Rechtsordnung „mißbilligte Verletzung eines geschützten Interesses eines anderen" ist. Was dies genau bedeutet, wird in dem folgenden Abschnitt (Rdnr. 8) ausgeführt: „Pflichtwidrig" bzw. „gebotswidrig" (*rechtswidrig*) ist *nicht* unbedingt *nur* jeder Gebotsverstoß, sondern ein nach umfassenden *Gesamtwertungen* zu fällendes, billigkeitsorientiertes Sanktionsurteil im Sinne des obigen Textes (a).

Beispiel: Eine Künstlerin tritt vertragswidrig am Vorstellungsabend nicht auf, weil sie ihr plötzlich erkranktes Kind versorgt. Dies ist ein Verstoß gegen Vertragsvorschriften. Ein Rechtfertigungsgrund liegt nicht vor: das Kind ist nicht *gefährlich* erkrankt (kein übergesetzlicher Notstand). Jedoch läßt eine Gesamtbewertung der Umstände und der persönlichen Situation der Künstlerin deren Verhalten als nicht sanktionswürdig erscheinen. Es ist *nicht* rechtswidrig; Einzelheiten hierzu *Löwisch*, AcP, 174, S. 246 ff. sowie allgemein zu der funktionalen Auffassung des Rechtswidrigkeitsbegriffs, *Löwisch*, AcP 165, 424 ff.

Im öffentlichrechtlichen Bereich ist diese Funktionalisierung des Rechtswidrigkeitsbegriffs sehr deutlich bei *B. Bender*, Staatshaftungsrecht, 3. Aufl. 1981, § 9, 5 Rdnr. 189 und 190 (S. 73/74).

200 Aus welchen sich dann i.d.R., s. hierzu aber nachstehend (bb) der Begriff der rechtswidrigen *Handlung* entnehmen läßt.

201 Vorstehend c) (1), insbes. Anm. 199.

202 *Staudinger-Schäfer*, § 823 Anm. 5.

203 *Staudinger-Löwisch*, § 276 Rdnr. 5 f. (Einzelheiten siehe Anm. 192, 3. Absatz); zur rechtstechnischen Form s. sogleich nachstehend (b).

204 Beispiel oben V, 1 b) (Nagelfall, Boxerfall, Krankenschwesternfall).

ein Ausgleich solcher Rechtsgutsschäden nach *pragmatischen* Gesichtspunkten am Platze ist. Der Umfang dieser praxisorientierten Wiedergutmachungspflicht basiert, von welcher Lehre sie auch herkommt, auf den Gedanken einer angemessenen Bemessung der *Verantwortlichkeit* des Schädigers für dessen Risikobereiche und nimmt deren angemessene Abgrenzung in Anwendung der Prinzipien der Adäquanzlehre und vor allem der Schutzzwecklehre vor.

Zu beachten ist hierbei, daß die genannten pragmatisierenden Tendenzen in concreto vorerst meist noch nicht an einer pragmatischen Bestimmung des Begriffs der rechtswidrigen Handlung selbst ansetzen[205], sondern vielmehr meist noch auf die Bemessung des deliktischen *Haftungsumfangs* im haftungsauslösenden Bereich nach typisiert-verantwortungsbereichsbezogenen *Zurechnungsgesichtspunkten* (IV, 5 a)[206] zielen. Ersichtlich ist dies jedoch in den genannten Kategorien der Rechtswidrigkeitshaftungsbemessung nach typisiert-verantwortungsbereichsbezogenen Zurechnungsgesichtspunkten genau dasselbe, wie die in der vorliegenden Untersuchung angestrebte pragmatische Fassung des Begriffs der rechtswidrigen Handlung (= *Rechtswidrigkeit*) selbst. Diese pragmatische Fassung betrifft entsprechend den obigen Ausführungen (V, 1 b) die Bereiche:

- Rechtsgutsverletzungshaftung als Folge von Rechtsgutsgefährdungen in typischen Normfällen (Adäquanzprinzip),
- Rechtsgutsverletzungen als Folge von Rechtsgutsgefährdungen in atypischen Grenzfällen (Schutzzweckprinzip).

(b) Um nunmehr auch die *rechtstechnische* Seite der genannten Pragmatisierungstendenzen näher ins Blickfeld zu ziehen, gilt folgendes: *Rechtstechnisch* gesehen erfolgt fast alles[207], was in der Rechtsprechung und Literatur an verantwortungsbezogenen Pragmatisierungstendenzen des Handlungsbegriffs zu beobachten ist, von welcher dogmatischen Seite sie auch herkommen, in der Form der typisiert-verantwortungsbereichsbezogenen Schadenszurechnung (Haftungsumfangsbemessung) im haftungsbegründenden Bereich. Dies ist bekanntermaßen der inguinene *Handlungsbereich* und damit auch der *Rechtswidrigkeitsbereich* im überkommenen Sinne (IV, 5 a).

„Typisiert-verantwortungsbereichsbezogene Schadenszurechnung" in diesem Bereich bedeutet - analog zur bereits erwähnten typisiert-verantwortungs-

---

[205] Siehe aber nachstehend die Ausführungen (2) und (3).
[206] Dies sind die Gesichtspunkte der schadensersatzrechtlichen Schutzzwecklehre.
[207] Siehe aber nachstehend die bereits erwähnte Einschränkung c) (2) und (3).

bereichsbezogenen Schadenszurechnung im *Folge*schädenbereich [IV, 5 a (3)] - stets eine typisiert-verantwortungsbereichsbezogene *Zurechnung* von allen bekanntermaßen sehr weitgehenden, man muß hinzufügen: *zu* weitgehenden adäquat *verursachten* Haftungsauslösungsfällen zum nun wirklich effektiven Rechtswidrigkeits*haftungsbereich* des Schädigers[208]. Diese Zurechnung erfolgt, ebenfalls wie im Folgeschädenbereich, im Rahmen einer typisiert-verantwortungsbereichsbezogenen und *schutzzweckorientiert* verstandenen *Kausalität* im Verhältnis: Tun des Schädigers einerseits und haftungsrelevanter Rechtsgutsverletzung andererseits.

Sie erfolgt eben *nicht* im Rahmen einer bloß faktisch verstandenen Kausalität bzw. auch einer lediglich *adäquaten* Kausalität. Maßgebend ist also eine *Kausalitätsbetrachtung*, in deren Rahmen die genannte Wertung zum Rechtswidrigkeitshaftungsbereich vorgenommen wird.

Maßgebend ist damit nach ganz einhelliger Rechtsprechung und *auch* Literatur[209] demnach immer die Frage, ob ein adäquanzbezogen *verursachter* Rechtsgutsschaden in der meist[210] viel engeren, *typisiert-schutzzweckorientiert*[211] verstandenen Kausalitätskette: Schädigertun/Rechtsgutsschaden liegt, oder ob er als zufällig und völlig ungewöhnlich aus dieser herausfällt. Nur im ersteren Fall liegt ein *an sich* rechtswidrigkeitsbegrifflich betrachtet *adäquanzbezogener* Haftungsauslösungfall *tatsächlich* im Haftungsbereich des Schädigertuns. Dieses kann erst dann überhaupt als wirklich verantwortungsbezogen bezeichnet werden. Zurechnung ist damit in der Regel eine typisiert-verantwortungsbereichsbezogene und schutzzweckorientierte *Verkürzung* der

---

[208] *Beispiel*: „Grünstreifenfall" (LG Düsseldorf, NJW 1955, 1031): Ein Kfz-Fahrer verursachte einen Unfall, wodurch die gesamte Fahrbahn blockiert wurde. Nachfolgende Pkw's warteten nicht bis zur Räumung der Unfallstelle, sondern fuhren auf dem rechts befindlichen Grünstreifen an der Unfallstelle vorbei. Sie beschädigten dabei den Grünstreifen. Das Umfahren der Unfallstelle ist durch den Unfall adäquat verursacht worden. Es liegt in der weiten, adäquanzbezogenen Ursachen- /Folgenkette, die vom Unfallverursacherer ausgegangen ist. Es liegt damit an sich im Bereich der Rechtswidrigkeitshaftung. Das Umfahren der Unfallstelle beruht jedoch auf einem eigenständigen rechtswidrigen Entschluß der nachfolgenden Pkw-Fahrer. Dieser Entschluß gehört nach typisiert-*schutzzweckorientierten, verantwortungsbereichsbezogenen* Gesichtspunkten nicht mehr in den Verantwortungs-und Haftungsbereich des Unfallverursachers, also *nicht* mehr in die von ihm ausgegangene normativ-relevante Kausalitätskette. Konsequenz: Keine Haftung des Unfallverursachers.

[209] Scil.: *Auch* nach der Ansicht der verbotsorientierten Rechtswidrigkeitslehre, s. oben V, 1 b) (1) und (2), Anm. 192 sowie vor allem vorstehend (a): (Funktionalisierung des Rechtswidrigkeitsbegriffs). Zur *Konsequenz* dieser Akzeptierung der typisiert-verantwortungsbereichsbezogenen (schutzzweckorientierten) Schadenszurechnung im *haftungsbegründenden* Bereich (Handlungsbereich) seitens der neuen Lehre, siehe sogleich unten (c).

[210] S. aber die Ausführungen unten (folgender Absatz).

[211] Vgl. hierzu die oben IV, 5 a) (6) aufgeführten, hier maßgebenden und sehr engen Wertungsgesichtspunkte, die eine Verwirklichung des Verantwortungsgedankens in Einschränkung des Adäquanzprinzips gewährleisten.

an sich für den Rechtswidrigkeitsbegriff und damit natürlich auch *an sich* für den Rechtswidrigkeits*haftungsbereich* der *h.M.* maßgebenden, weiten *adäquanzbezogenen* Ursachen-/Folgenkette[212].

Neuerdings nun wird der herrschende, seiner Natur nach schon weite adäquanzbezogene Rechtswidrigkeitshaftungsbereich durch Zurechnungserwägungen jedoch auch noch *ausgedehnt*. Ausgedehnt wird damit praktisch der Bereich der rechtswidrigen *Handlung* über den der adäquaten Rechtsgutsverletzung (IV, 2) hinaus. Dies geschieht in solchen Fällen, in welchen ausnahmsweise aus dem typisiert-*verantwortungsbereichsbezogenen schutzzweckorientierten* Verantwortungsgedanken heraus ein Schaden *über* den Bereich der adäquanzbezogen aufgefaßten rechtswidrigen Handlung *hinaus* als ersatzfähig angesehen werden muß[213].

Eben dies gilt in neuester Zeit *auch* und ist besonders wesentlich für den engen, verbotsorientierten Rechtswidrigkeitshaftungsbereich und damit prinzipiell auch den verbotsorientierten Rechtswidrigkeits*begriff*[214] der neuen Lehre. Dieser Rechtswidrigkeitshaftungsbereich wird in seinen engen, schadensersatzrechtlichen Konsequenzen ausnahmsweise und an sich von der neuen Lehre her *systemwidrig* durch die genannten zurechnungsmäßigen Pragmatisierungen (aa) *über* den Gebotsverstoßgedanken hinaus ausgedehnt. Dies geschieht in solchen Fällen, in welchen der Verantwortungsbereichsgedanke in Form des schadensersatzrechtlichen Schutzzweckprinzips eine solche Ausdehnung des Rechtswidrigkeitshaftungsbereichs erfordert[215].

Dies ist keineswegs so überraschend, wie es zunächst scheint. Der gesamte Bereich der Folgeschädenhaftung wird nämlich, und zwar eindeutig auch von der neuen Lehre her (IV, 5 a) (1) *und* (2)) über den Gebotsverstoßgedanken hinausgehend *lediglich* auf den Gedanken einer typisiert-verantwortungsbe-

---

212 Die bei weitem meisten Fällen einer Anwendung der schutzzweckorientierten Schadenszurechnung im haftungsbegründenden Bereich stellen eine *Einschränkung* des weiten *adäquanzbezogenen* Haftungsbereichs der h.L. dar, vgl. Beispiele hierzu bei *Staudinger/Schäfer*, Vorb. 86 f. insbes. 106, 107 vor § 823.

213 Vgl. *Palandt-Heinrichs*, Vorb. 5 c) aa vor § 249. *Beispiel* („*Beurkundungsfall*"): Ein Notar begeht einen Beurkundungsfehler, welcher zur Nichtigkeit des Rechtsgeschäfts führt, jedoch durch Auflassen und Eintragung im Grundbuch wieder geheilt wird. Im nachfolgenden Prozeß übersieht das Gericht diese Heilung, und zwar *grob* fahrlässig, wodurch erst der Schaden des Klägers entsteht. Dieser spezifische Schadensverlauf kann nicht mehr als adäquat aufgefaßt werden. Dennoch haftet der Notar, und zwar nach dem Schutzzweckprinzip und dessen typisiert-verantwortungsbereichsbezogenen Gesichtspunkten (unstr., vgl. BGH, NJW 1982, 572).

214 Siehe aber im folgenden (cc).

215 Vgl. hierzu *Staudinger/Löwisch*, § 276, Anm. 5 f. Bekanntestes Beispiel ist der Beurkundungsfall (Anm. 213). Wie die neue Lehre sich aus dieser für sie schwierigen Situation herauszuwinden sucht, wird Gegenstand der folgenden Erörterungen sein (V, 3 f).

reichsbezogenen Schadenszurechnung gestützt. Auch hier geschieht dies in Verfolgung der Verantwortungsbereichsgesichtspunkte der schadensersatzrechtlichen Schutzzwecklehre[216].

(c) Bei alledem ist folgendes festzuhalten. Alle genannten pragmatisierenden Tendenzen und Haftungskorrekturen schlagen i.d.R.[217] *noch* nicht auf die formulisierten Rechtswidrigkeitsbegriffe durch. Sie berühren damit *noch* nicht die begriffliche Struktur der deliktischen Handlungsbegriffe selbst. Diese werden formell vielmehr nach wie vor in ihrer alten Gestalt beibehalten. Der Sache nach ist dies jedoch von seiten der herrschenden, adäquanzbezogenen und damit ohnehin schon *prinzipiell* verantwortungsbezogenen (*v. Kries*) Handlungsbegriffs her gesehen nichts anderes, als eine pragmatisch*verantwortungsbezogene* Korrektur des Begriffs der Rechtswidrigkeit (Rechtswidrigkeitshaftungsumfangs) und damit der rechtswidrigen Handlung.

Von der neuen Lehre her gesehen handelt es sich hingegen tatsächlich um eine ausdehnende Haftungskorrektur am Rechtswidrigkeitsbegriff und am Handlungsbegriff vorbei. Bei ihr geht es wie dargelegt, um *prinzipiell systemwidrige* Haftungserweiterungen.

(2) Vereinzelt gehen die genannten pragmatischen Ansätze allerdings auch rechtstechnisch konsequent vor und setzen am *Handlungsbegriff* an. Dies geschieht jedoch ausschließlich von seiten der herrschenden kausalen Handlungslehre und auch nur mit Blick auf eine Ausweitung des engen finalen Handlungsbegriffs. Rechtswidrige *Handlung* bedeutet nach diesen Ansätzen *auch* (neben Gebotsverstößen), daß eine schadensverursachende Kausalkette als Folge gewillkürten menschlichen Tuns so wie sie nun einmal tatsächlich abgelaufen ist *und* notfalls auch unter *sinnvollem* Einschluß[218] unvorhersehbarer (gebotsirrelevanter) Kettenglieder von der Rechtsordnung mißbilligend gewertet und mit Sanktionen versehen wird.

(3) Dieser Gedanke einer pragmatischen Bestimmung des Begriffs der rechtswidrigen Handlung ist, zumindest in Ansätzen, bereits von der Rechtsprechung aufgegriffen worden. Der BGH sieht in „*rechtswidrigen Handlungen*" nicht nur Handlungen i.S. von Gebotsverstößen[219], sondern darüberhinaus auch weitere „zurechenbare Geschehnisse"; er faßt beides unter dem

[216] Der Adäquanzgedanke kann hier als nur für ganz einfach liegende Fälle brauchbar unberücksichtigt bleiben (vgl. oben V, 1 b) (1)) Anm. 189.

[217] Siehe aber zugleich (2).

[218] *Larenz*, Schuldrecht II, § 71 I S. 609 f.; ferner *Larenz*, FS für Dölle, S. 181, 182. „Sinnvoll" bedeutet hier soviel, wie im Verantwortungsbereich des Tuns des Schädigers liegend.

[219] Diese sind nach *jeder* Auffassung rechtswidrige Handlung, siehe sogleich V, 3 d) (4).

Gesichtspunkt einer „adäquat verursachten Rechtsgutsverletzung“[220] zusammen[221].

Unzurechenbare Geschehnisse fallen jedoch nicht mehr unter den Begriff der rechtswidrigen Handlung und damit der Rechtswidrigkeit. Solche Geschehnisse können zwar von der Rechtsordnung auch mißbilligt werden, dies jedoch nur i.S. einer objektiv-polizeilichen Eingriffspflicht zum Zwecke der Wiederherstellung der öffentlichen Sicherheit und Ordnung und *nicht* etwa i.S. der Konstituierung einer subjektiven Wiedergutmachungspflicht bestimmter Einzelner[222]. Eine derartige Wiedergutmachungspflicht setzt vielmehr nach *jeder* heute vertretenen Ansicht stets ihrer *Zurechenbarkeit*, und d.h. nach dem Vorgesagten: die Lokation des zu mißbilligenden Ereignisses in den *Verantwortungsbereich* eines bestimmten Einzelnen, voraus[223].

2. Imperativentheorie und rechtswidrige Handlung

a) Die pragmatische Bestimmung des Begriffs der rechtswidrigen Handlung und die verbotsorientierte Rechtswidrigkeitslehre

Die vorstehend skizzierten, verantwortungsbezogenen Ansätze einer *pragmatischen* Bestimmung des Begriffs der rechtswidrigen Handlung sind nicht ohne Widerspruch geblieben. Einleuchtenderweise kommt er aus der Richtung der neuen Lehre und ist deren prinzipieller Abneigung gegen jegliche Haftung nicht gebotsverstoßenden Charakters zu verdanken. Die Hauptstoßrichtung dieses ihres Widerspruchs besteht im folgenden Gedanken:

Entsprechend ihrem normtheoretischen Ausgangspunkt (III, 4 b), ausgehend also von einem ausschließlich *gebots bzw.- verbotsorientierten* Rechtswidrigkeitsbegriff, können normtheoretisch richtig aufgefaßte „rechtswidrige Handlungen“ nach ihr immer nur „Handlungen“ im *Erfassungsbereich* wil-

220 An sich müßte es heißen: „schutzzweckorientiert verursachter Rechtsgutsverletzung“, denn adäquat verursachte Rechtsgutsverletzung ginge wiederum zu weit, und zwar gerade nach Ansicht des BGH (BGHZ, 3, 261.); Vgl. aber auch die gegenläufigen, *verantwortungsbezogenen* Einschränkungs- und Präzisierungstendenzen in bezug auf den Adäquanzbegriff, angeführt oben bei der Definition des Handlungsbegriffs IV, 2, welche die obige Formulierung „adäquat verursacht“ des BGH überhaupt erst verwendbar machen.

221 RGRK, 11. Aufl., § 823, Anm. 2 und Anm. 49.

222 *Beispiel*: Als Folge eines Erdbebens lösen sich mehrere Dachziegeln aus den Dachsparren, fallen herunter und verletzen einen Passanten. Eine objektive Hilfspflicht der Polizei besteht, nicht jedoch eine rechtswidrigkeitsbezogene Wiedergutmachungspflicht des Eigentümers des Hauses.

223 Zur *rechtstheoretischen* Begründung siehe sogleich im folgenden V, 3 c). Bisher ist nur vom *faktischen* Haftungsumfang die Rede gewesen, von *dessen* Auswirkungen her auf den Bereich der Rechtswidrigkeit (= rechtswidrige Handlung) geschlossen wurde.

lensmöglicher Gebote und Verbote sein. Damit kommen nach ihr stets nur *direkt* willensdeterminiert-finale Kausalabläufe (IV, 1) für den Handlungsbegriff in Frage[224].

Es ist zuzugeben, daß die Ausschließlichkeitspostulierung eines solchen Handlungsbegriffs den vorstehend dargelegten, pragmatisch-verantwortungsbezogenen Handlungsbegriff zu Fall bringen würde. Denn ein Handlungsbegriff, der ausschließlich auf dem Prinzip der direkten, finalen Willensdeterminiertheit schadensstiftender Umstände und Abläufe beruht, schließt notwendig einen solchen auf der viel weiteren Basis des Verantwortungsbereichsgedankens aus. Er kollidiert zwangsläufig mit dessen konstituierendem Prinzip der *generellen* Willensdeterminiertheit[225].

Das normtheoretische Fundament nun der dargelegten spezifisch engen Handlungsauffassung der neuen Lehre ist die sog. *Imperativentheorie*. Sie begründet normtheoretisch die Ausschließlichkeit des Gebotsverstoßpostulats für den Begriff der Rechtswidrigkeit und damit die Ausschließlichkeit der direkt-finalen Willensdeterminiertheit für den Begriff der rechtswidrigen Handlung[226]. Dieser Theorie kommt im vorliegenden Zusammenhang entscheidende Bedeutung zu.

Nach der Imperativentheorie stellt jede vollständige Rechtsnorm, vielfach auch Endnorm genannt, einen Imperativ an den menschlichen Willen dar. Rechtsnorm bedeutet nach ihr stets Verhaltensgebot, Rechtsnormwidrigkeit (Rechtswidrigkeit) ist stets gleichbedeutend mit Gebotsverstoß[227]. Die deliktische Haftung als zur Sanktion erstarktes Rechtswidrigkeitsurteil rekurriert nach dieser Theorie immer auf einen Gebotsverstoß. Es liegt auf der Hand, daß die Vertreter der neuen, verbotsorientierten Rechtswidrigkeitslehre durchweg Anhänger der Imperativentheorie sind[228]. Schon aus dieser, wenn auch

---

224 224So namentlich *Ernst Wolf*, AcP, 170 (1981), S. 202 f. m.w.N.; s. hierzu bereits oben III, 4 b) (4).

225 Hierzu vorstehend V, 1 c) insbesondere (1) sowie bereits oben III, 4 b) und c).

226 Die Herkunft des streng willensdeterminierten Handlungsbegriffs vom gebots/verbotsorientierten Normbegriff (Imperativentheorie) ist besonders deutlich bei E. Wolf (aaO (Anm. 224) S. 220 f.). Dessen Argumentation ist folgende: Wenn jede *rechtswidrige Handlung* (Rechtswidrigkeit) durch eine strikte Verbotsrelevanz konstituiert ist (vorstehend im Text a) 2. Absatz), so ist auch jede *Handlung* konstituiert durch eine solche strikte Gebots/Verbotsrelevanz *und* d.h. dann durch eine strikte *Willensdeterminiertheit* i.S. einer vorsätzlichen *Steuerung* oder zumindest fahrlässigerweise nicht erfolgten *Steuerbarkeit* des Handlungsablaufs (aaO S. 223 f.).

227 Einzelheiten bei *K. Engisch*, Einführung in das juristische Denken, 8. Aufl. 1983, S. 22 und insbes. 23 f.

228 Enneccerus/Nipperdey, Allg. Teil des BGB, S. 1282, 1286; *v. Caemmerer*, FS zum 100-jährigen Bestehen des DJT, S. 127 f. m.w.N.

nicht allein aus dieser[229], folgern sie vermeintlich zwingend den verbotsorientierten Rechtswidrigkeitsbegriff und den diesem korrespondierenden finalen Handlungsbegriff.

b) Widerlegung der Imperativentheorie

Diese Folgerung ist unrichtig. Die Imperativentheorie ist nicht zwingend i.S. einer durchgängigen Anwendbarkeit auf alle Rechtsnormen entscheidungsrelevanter Art. Es ist zwar nicht zu leugnen, daß die meisten Endnormen auf einen Imperativ an den menschlichen Willen hinauslaufen. Jedoch tun dies bei weitem nicht alle. Es gibt Endnormen, die keinen Imperativ enthalten und sich nicht gebietend an den menschlichen Willen richten, die vielmehr normative Festlegungen von Willens*frei*räumen darstellen. Es sind dies entweder „Gewährungen" privatrechtlicher bzw. öffentlichrechtlicher Art oder aber Festlegungen von Handlungsfreiräumen meist öffentlichrechtlicher Art und zwar in bezug auf solche zugelassene, aber gefahrvolle Tätigkeiten, welche haftungsrechtliche Konsequenzen für den Fall von Gefahrrealisierungen einschließen.

Die erstgenannte Gruppe bilden die normativen Festlegungen von privatrechtlichen Berechtigungen wie Eigentum, Besitz und Nießbrauch sowie öffentlichrechtliche Gewährungen wie Eigentumsgarantie, Berufswahlgarantie und die allgemeine Freiheitsgarantie.

Die Normen, die solche Gewährleistungen festlegen und deren Umfang abstecken, befehlen dem Bürger nichts. Sie sind für sich genommen keine Imperative. Daß Imperative allerdings, wie stets im Recht kraft dessen stringenten Charakters naheliegen, ist nicht überraschend. Sie greifen in solchen Fällen ein, in denen die Grenze der rechtlich gewährten Freiräume entweder seitens des berechtigten überschritten[230] oder seitens eines Dritten verletzt werden[231]. Diese sog. Hilfsimperative bzw. Drittimperative lassen die Imperativenfreiheit des Erstnormadressaten jedoch unberührt.

---

[229] Vgl. die oben III, 4 b) (1) wiedergegebene ganz andersartige Begründung für den gebots/-verbotsorientierten Rechtswidrigkeitsbegriff.
[230] Z.B. §§ 63, 64 Baden-Württembergische LBauO.
[231] Z.B. §§ 1004, 1027, 1065 BGB.

c) Rechtliche Handlungsfreiräume als wichtigster Bereich imperativenfreier Normen - zugleich eine Erörterung der Gefährdungshaftung unter dem Gesichtspunkt der Rechtswidrigkeit von Schadenseintritten

Es gibt ferner Normen, die Handlungs*frei*räume im Bereich gefahrvoller Tätigkeiten festlegen[232] *und* darüberhinaus für den Fall von Schadensrealisierungen auch Haftungssanktionen aufstellen. Diese rekurrieren aber *nicht* auf Imperative und deren Verletzung. Der Nutznießer der Handlungsfreiräume *darf* alles im Rahmen dieser Handlungsfreiräume und *muß* nichts. Die genannten Haftungssanktionen stellen nichts dar als die haftungsrechtliche Sanktionierung des nach Einhaltung aller Zulassungsvorschriften verbleibenden Restrisikos. Sie sind ihrer rechtstheoretischen *Natur* und *Begründung* nach keine Imperative.

(1) Das bekannteste Beispiel für dieses Phänomen ist die normative Festlegung von Handlungsfreiräumen im Bereich der *Gefährdungshaftung*[233]. Diese Haftungsart ist, heute unbestrittenermaßen, dadurch gekennzeichnet, daß dem Betreiber einer gefährlichen Anlage sein Tun gestattet ist. Imperative gibt es in diesem Gestattungsbereich der Gefährdungshaftung nicht. Die imperativen Normen zur Einhaltung der technischen Sicherheitsvorschriften zwecks Minimierung der Betriebsgefahr[234] stecken lediglich diesen Bereich ab. Imperative in bezug auf den Gestattungsbereich sind sie nicht. Imperative in diesem Sinne sind ebenfalls nicht die gefährdungshaftungsrechtlichen Haftpflichtnormen. Sie lassen den imperativenfreien Charakter des Gestattungsbereichs der Gefährdungshaftung unberührt. *Denn* Haftungsgrund derselben ist nicht der Verstoß gegen rechtliche Gebote, sondern der Grundsatz, daß derjenige, der - erlaubterweise - eine Gefahrenquelle schafft oder unterhält, für alle adäquat[235] aus dieser entspringenden Schadensrealisierungen einzustehen hat. Dies ist eine rein funktionale Sanktionsbewertung i.S. allerdings eines *Rechtswidrigkeitsurteils.* Diese letztere, vielleicht überraschende Feststellung soll sogleich (3) erläutert werden.

---

[232] Z.B. im Bereich des zugelassenen Betriebs gefährlicher *Anlagen* (§ 7 AtomG, § 6 LuftverkehrsG, § 22 BImschG) und zugelassener, gefährlicher *Tätigkeiten* (StVZO, Luftverkehrszulassungsordnung).

[233] Z.B. § 7 StVG, §§ 1 und 2 HpflG., § 33 LuftverkehrsG, § 22 WHG, § 25 AtomG. Von Gefährdungshaftung spricht man in diesen Fällen nur dann, wenn nicht gleichzeitig eine *Deliktsnorm* eingreift. Im erstgenannten Fall (§ 7 StVG) greift eine solche z.B. häufig ein.

[234] Z.B. § 22 BImschG, §§ 1 f. Luftverkehrszulassungsordnung, §§ 1 f. StvZO.

[235] Im ursprünglich von *v. Kries*'schen Sinne, vgl. oben III, 4 c).

(2) Die vorstehend geschilderte Situation entspricht genau dem zum Ausgangspunkt der Erörterung des Handlungsbegriffs gewählten Grundgedanken [V, 1 b) und c)]:

Ein rechtliches Unwerturteil kann unter keinem möglichen Gesichtspunkt gefällt werden. Gleichwohl werden bestimmte Umstände und Abläufe, vorliegend sind dies adäquate Risikorealisierungen als Folge zugelassenen gefährlichen Tuns[236], aus dem Verantwortungsgedanken heraus sanktioniert und als *rechtswidrig* angesehen.

(3) In der vorstehend vorgenommenen Charakterisierung der *Gefährdungshaftung* wurden alle dieser Haftungsart unterfallenden Schadenseintritte als rechtswidrig bezeichnet. Dies ist nicht unstreitig und bedarf der Erläuterung.

(a) Nach heute gängiger Formulierung wird die Gefährdungshaftung als rechtswidrigkeitslos bezeichnet[237]. Dies bedeutet zunächst nicht mehr, als daß die Gefährdungshaftung nicht an rechtswidrige, sondern an gestattete Tätigkeiten anknüpft. Dies ist unstreitig richtig. Ein Teil des Schrifttums geht jedoch bei dem, was rechtswidrigkeitslos bedeuten soll, weiter. Zu nennen sind in diesem Zusammenhang die Äußerungen von *Deutsch* und *Larenz*. Bei *Deutsch*[238] findet man die Bemerkung, daß im Bereich der Gefährdungshaftung an die Stelle der Rechtswidrigkeit die Verwirklichung einer abstrakten Gefahr trete. *Larenz*[239] äußert sich dahin, daß es bei gefährdungshaftungsrechtlichen Tatbeständen um die Zurechnung von Schadensrisiken gehe, welche mit der Vornahme erlaubter, gefährlicher Tätigkeiten typischerweise verbunden seien. Mit der Zurechnung rechtswidriger Handlungen habe dies im Grunde nichts zu tun.

Dies kann doch wohl nur so verstanden werden, daß konkrete Verletzungen im Rahmen des Bereichs der *Gefährdungshaftung*[240] als rechtmäßig angesehen werden sollen. Die Vertreter der neuen Rechtswidrigkeitsauffassung bezeich-

---

[236] Vorstehend V, 1 b) und c) waren es Rechtsgutsverletzungen als Folge nicht gebotsverstoßenden aber rechtsgutsgefährdenden Tuns, welche durch den *Verantwortungsgedanken* (*Adäquanzprinzip / Schutzzweckprinzip*) in die Rechtswidrigkeitshaftpflicht des Handelnden gezogen werden und zwar:
- einmal in einfachen Fällen (Nagelfall, Boxerfall, vgl. V, 1 b) (1),
- zum andern in schwierigen Fällen (Krankenschwesternfall, vgl. V, 1 b) (2).

[237] So z.B. bei *Ossenbühl*, Staatshaftungsrecht, 4. Aufl. 1991, S. 308, 309.

[238] JuS 1981, S. 317, 318.

[239] Larenz, in: FS für Dölle, S. 174; *Larenz*, VersR, 1963, S. 593, 598.

[240] Wenn also *nicht auch* eine deliktische Haftungsnorm eingreift (s. oben Anm. 233).

nen denn auch ganz unumwunden alle Schadensrealisierungen, welche als *gebotskonforme Folgen*[241] gestatteten Tuns anzusehen seien, als *rechtmäßig*[242].

(b) Diese Auffassung kann nicht als zutreffend angesehen werden. Die einhellige Rechtsprechung des Reichsgerichts und des BGH geht richtigerweise vom Gegenteil aus, nämlich davon, daß trotz Gestattung eines gefährlichen Tuns eine hieraus entspringende Einzelrechtsverletzung rechtswidrig ist. Dies wurde erstmals in der bekannten „Funkenflugentscheidung" vertreten[243] und in der gesamten hierauf folgenden reichsgerichtlichen Judikatur bestätigt[244]. Die gleiche Auffassung vertritt der BGH[245].

Der Grundgedanke dieser auf einer *entsprechenden* Anwendung der §§ 74, 75 Einl.Preuß. ALR basierenden Entscheidungen ist folgender. Aus öffentlich-rechtlichen Zweckmäßigkeitserwägungen, Wirtschaftlichkeitserwägungen und oft auch aus technischen und gesellschaftlichen Neuerungstendenzen heraus

---

[241] Dies sind keineswegs unvermeidliche Schäden, sie sind vielmehr bei Anwendung eines heute durchaus möglichen technischen Aufwandes vermeidbar. Sie werden aber zwecks Eliminierung unverhältnismäßig hoher Kosten und zwecks Beschleunigung eines reibungslosen Gesamtablaufs hingenommen (hierzu schon oben III, 4 a), Anm. 70 u. 73, sowie *Nipperdey*, NJW 1957, S. 1777, 1778).

Beispiel: Auf einer engen Fahrstrecke vor einem Supermarkt befinden sich mehrere infolge Materialbewegung 3 cm aus der Straßendecke herausragende Gullideckel. Sie stören normalerweise den Verkehr nicht besonders und werden, da eine Einebnung nur unter hohen Kostenaufwand möglich wäre, nicht entfernt. Infolge Schneefalls bildet sich eine im Laufe der Zeit schwarze Schnee-/Eisdecke, die auch die Gullideckel fast bedeckt und unsichtbar macht. Ein Fahrzeug fährt in langsamem, den Witterungsverhältnissen entsprechendem Tempo an einen als Hindernis vorhandenen, wenn auch nicht ersichtbaren Gullideckel, wird leicht nach links abgedrückt und prallt mit einem anderen Pkw zusammen.

Ein weiteres oft zitiertes Beispiel dieser Konstellation ist der „LKW-Anhängerfall" (Anm. 66).

[242] Statt vieler *Nipperdey*, NJW 1957, S. 1777, 1778 (linke Sp. II und III).

[243] RGZ 17, 103 f. In dieser Entscheidung wurde der Betrieb einer Eisenbahn als rechtmäßig, jedoch der von ihr ausgehende Funkenflug und eine hieraus resultierende Inbrandsetzung als *rechtswidrig* angesehen. Letzteres wurde zwar nicht ausdrücklich ausgesprochen, folgt jedoch aus der Tatsache, daß das RG ein *Verschulden* der Reichsbahn hinsichtlich des eingetretenen Verletzungserfolgs prüft. Dabei setzt es ersichtlich dessen *Rechtswidrigkeit* voraus. Diese Interpretation der „Funkenflugentscheidung" ist unstreitig, vgl. *Katzenstein*, Entschädigungspflicht des Staates bei rechtswidriger, schuldloser Ausübung hoheitlicher Gewalt, 1935, S. 74 m.w.N.

[244] Die wichtigsten dieser Entscheidungen sind: RGZ 70, 150 (Schädigungen, die von Immissionen eines Lokomotivschuppens ausgingen); RG, JW 1910, S. 74 (Schädigungen durch ein rechtmäßig betriebenes Wasserwerk); RG, JW 1912, S. 869 (Schädigungen infolge eines unter einem Grundstück hindurchführenden Eisenbahntunnels).

[245] So BGH, DVBl. 1964, S. 481, 482 („Schützenpanzer") sowie BGHZ 37, 44 („Granatenfall") und die gesamten nachfolgende Rspr. Die jeweiligen Verletzungserfolge werden in diesen Entscheidungen zwar nicht ausdrücklich als rechtswidrig bezeichnet. Daß der BGH von deren Rechtswidrigkeit ausgeht, folgt jedoch aus der Grundsatzentscheidung zum „enteignungsgleichen Eingriff", nämlich BGHZ 6, 270 = NJW 1952, 972. Anders nur die erwähnte (Anm. 64) frühe Entscheidung BGHZ 24, 21, welche ohne praktische Auswirkungen geblieben ist: Einzelrechtsverletzungen i.S. risikokonformer Gefahrrealisierungen werden *auch* auf dem Gebiet des Straßenverkehrs als rechtswidrig angesehen, und zwar heute auch vom BGH (vgl. hierzu ausführlich *Deutsch*, JuS 1967, 156 sowie *Staudinger/Schäfer*, § 823 Rdnr. 7 sowie neuerdings *Olivet*, Straßenverkehrsrecht und Straßenverkehrsverhältnisse, Die Verwaltung, 1991, S. 210 ff. insbes. S. 247.

werden in zunehmendem Maße gefährliche Betriebe zugelassen und, zivilrechtlich gesprochen, aus dem Abwehrbereich des § 1004 BGB herausgenommen. Nicht aber werden dem Bürger damit auch Abwehrmöglichkeiten nach den Vorschriften der §§ 227 und 1004 BGB in bezug auf gebotskonforme Einzelrechts*verletzungen* (Anm. 241) genommen. Eine Abwehr solcher Einzelrechtsverletzungen, die ohne Lahmlegung des gestatteten Betriebs (noch) möglich ist[246], muß nach dieser Auffassung allemal zulässig sein. Ist sie nicht mehr möglich, so schlägt das nunmehr verletzte Rechtsgut in einen Anspruch auf Totalreperation um[247]. Dies heißt aber, daß alle diese Verletzungen *rechtswidrig* gewesen sein müssen, denn Abwehrakte gemäß § 227 BGB und Ansprüche auf *Totalreparation* setzen stets eine Rechtswidrigkeit der zugrundeliegenden Verletzungen voraus[248].

(c) Dieser Auffassung der Rechtsprechung ist zuzustimmen. Die hier in Rede stehenden Abwehrmöglichkeiten und Schadensersatzrechte können dem Einzelnen tatsächlich nicht genommen werden. Einzelrechtsverletzungen der genannten Art (Anm. 241) sind nämlich, und zwar aus grundsätzlichen Erwägungen heraus, als *rechtswidrig* zu beurteilen:

Sämtliche der hier in Betracht kommenden Einzelrechtsverletzungen sind Verletzungen von Rechtsgütern i.S. des § 823 Abs. 1 BGB. Diese korrespondieren direkt mit den Grundrechten der Art. 2 und 14 GG. Ihre rechtliche Qualität, und d.h. hier: Die Frage ihrer konsequenzlosen und rechtmäßigen Entziehbarkeit und Verletzbarkeit seitens Dritter, ist im Lichte dieser Grundrechte zu sehen. Dies gilt trotz der angesprochenen Drittwirkungsdimension der Grundrechte unabhängig von den gegensätzlichen Auffassungen des Theorienstreits über die „Drittwirkung der Grundrechte“. Maßgebend ist allein der von diesem Streit unabhängige und allseits anerkannte Gedanke einer wertmäßigen Ausfüllung *offener* Rechtsbegriffe durch grundgesetzliche Wertungen, vorliegend einer wertmäßigen Ausfüllung des nach dem dargelegten Sach-

[246] Vgl. in zitierten „LKW-Anhängerfall“ die Möglichkeit der Nothilfe des Beifahrers (Anm. 66). Im zitierten „Funkenflugfall“ (Anm. 243) besteht z.B. die Möglichkeit einer Nothilfe des Heizers, der durch gewaltsames Ausschlagen der Feuerlohe den Funkenflug reduzieren und damit die Inbrandsetzung verhindern darf (§ 227 Abs. 2 BGB).

[247] So die zitierte Rspr. (oben Anm. 244, 245), die in allen Fällen festgestellter Einzelrechtsverletzungen vollen Schadensersatz gewährt hat. Maßgeblich sind in Fällen von *Körperverletzungen* die Grundsätze des Bundesversorgungsgesetzes (BGH NJW 1970, 1231, 1232); es besteht sogar eine Tendenz zu Gewährung von Schmerzensgeld (vgl. § 7 Abs. 1 und 2 StREG; § 7 StHG). Das bedeutet aber, daß diese Verletzungen rechtswidrig sein müssen, denn Ansprüche auf Totalreparation einschließlich Schmerzensgeld setzen stets Rechtswidrigkeit der betreffenden Verletzung voraus (ausführlich hierzu sogleich V, 3 c)); zum Prinzip der *Totalreparation* als Folge einer rechtswidrigen Drittverletzung siehe bereits ausführlich oben IV, 5 a).

[248] IV, 5 c) und Anm. 224 am Ende.

und Streitsstands offenen und definitionsbedürftigen Begriffs der *Rechtswidrigkeit*. Dessen Offenheit verengt sich im wesentlichen[249] auf folgende Wertungsfragen:

(aa) Ist eine völlige Ausschließbarkeit der Rechtswidrigkeit durch Rechtmäßigkeitsnormierungen (Zulassung gefährlicher Betriebe) auch und gerade in bezug auf Einzelrechtsverletzungen der genannten Art (Anm. 241) möglich - so die normbezogene neue Lehre -

(bb) oder ist von einer prinzipiellen Nichtausschließ barkeit der Rechtswidrigkeit solcher Einzelrechtsverletzungen auszugehen[250]? So würde die erfolgsbezogene, überkommene Rechtswidrigkeitslehre entscheiden.

Diese Wertungsfrage kann im Zivilrecht nicht anders gelöst werden als im Staatsrecht. Die absolut geschützten zivilrechtlichen Rechtsgüter in ihrer bürgerlich-rechtlichen Funktion entsprechen nämlich genau den *überpositiv*[251] und *absolut* gesetzten Grundrechten in deren staatsrechtlicher Funktion. Dies bedeutet im einzelnen:

Da die verfassungsrechtliche Wertung der Grundrechte vermöge deren Überpositivität auf eine grundsätzliche Unentziehbarkeit derselben zielt, verhindert sie auch *grundsätzlich* eine Ausschließbarkeit der Rechtswidrigkeit eines Grundrechtsentzugs oder einer Grundrechtsverletzung durch Rechtmäßigkeitsnormierungen - (vorliegend also durch staatliche Zulässigkeitsnormierungen gefahrvoller Tätigkeiten[252] *und* deren beeinträchtigender Folgen). Denn eine Rechtmäßigkeitserklärung von Grundrechtsverletzungen kommt einem Grundrechtsentzug *gleich*.

---

[249] Siehe aber die oben IV, 5 a) 1. Absatz und b) dargelegten weiteren Wertungsfragen in bezug auf den Rechtswidrigkeitsbegriff.

[250] Eine deliktische Haftung würde als Folge dieser Alternative mangels Verschuldens genau wie bei Alternative 1.1 allerdings zunächst betrachtet *nicht*, jedenfalls nicht *durchweg* (Vgl. aber die wichtigen Fälle einer deliktischen Haftung nach *objektiven* Zurechnungsgesichtspunkten (Rechtswidrigkeit) *ohne* Verschuldensgesichtspunkten in der sog. „*Zurechnungsrechtsprechung*" des BGH (Teil B, III, 2) sowie die *verschuldensunabhängige* Deliktshaftung oben II, 2 a).

Im übrigen ist auf folgendes hinzuweisen: Bei einer Rechtswidrigkeitsstatuierung der genannten Einzelrechtsverletzungen bestünde ein *rechtspolitischer* Zwang, auf Dauer auch *ohne Verschulden* des Handelnden *vollen* Schadensersatz (*Totalreparation*) zu gewähren. Man ist schon *jetzt* nicht weit davon entfernt (vgl. Anm. 247 sowie die Rechtsprechung zu § 7 StVG).) eingreifen. Jedoch würden Abwehrrechte bestehen sowie eine verschuldensunabhängige Haftung nach den Tatbeständen des Staatshaftungsrechts (hierzu sogleich Teil B, I) eingreifen.

[251] Art. 1 Abs. 2 und Abs. 3 GG.

[252] Unzulässig wäre also z.B. die Zulassung medizinischer Experimente in staatlichen Kliniken, die in konkreten Einzelfällen mit einem Grundrechtsentzug (Tod, Körperverletzung) verbunden sein können.

Diese verfassungsrechtlichen Wertungen verhindern jedoch nur *grundsätzlich* einen solchen Grundrechtsentzug und eine solche Rechtmäßigkeitsnormierung. Sie lassen einen solchen Entzug und eine solche Rechtmäßigkeitsnormierung unstreitig in solchen Fällen zu, in denen dies unter dem Gesichtspunkt des *Gemeinwohls* erforderlich ist[253].

Auf den zivilrechtlichen Bereich übertragen führt diese Wertung zu einer grundsätzlichen Verhinderung der Möglichkeit eines Ausschlusses der Rechtswidrigkeit von Drittverletzungen absolut geschützter Rechtsgüter durch Rechtmäßigkeitsnormierungen - vorliegend also durch Zulässigkeitsnormierungen gefahrvoller Tätigkeit *und* deren beeinträchtigender Folgen.

Sie verhindert dies jedoch nur *grundsätzlich*. Rechtmäßigkeitsnormierungen von Drittverletzungen, die unter dem Gesichtspunkt des *Gemeinwohls* erforderlich sind, können nicht beanstandet werden.

Dies bedeutet auf die vorliegende Fallkonstellation übertragen:

Nur in Fällen, in welchen die vorstehend (bb) dargelegte Motivation der Zulassung gefahrvoller Tätigkeiten *einschließlich* deren Aufbürdung grundgesetzlich relevanter Einzelrechtsverletzungen (Anm. 241), aus Zweckmäßigkeitserwägungen, Wirtschaftlichkeitserwägungen und auch aus technischen und gesellschaftlichen Neuerungstendenzen heraus[254] als eine Motivation bezeichnet werden kann, welche ihrer rechtlichen Qualität nach dem Bereich der *Gemeinwohlmotivation*[255] zugehört, ist eine solche Zulassung verfassungsrechtlich nicht zu beanstanden. Nur solchermaßen motivierte Zulassungen gefahrvoller Tätigkeiten und solchermaßen motivierte Aufbürdungen grundgesetzlich relevanter Einzelrechtsverletzungen (Anm. 241) sind verfassungsrechtlich möglich.

Ausschlaggebende Bedeutung kommt damit dem Umstand zu, wieweit der Begriff des *Gemeinwohls* zu ziehen ist. Dem Gemeinwohl zugehörend bedeutet im Rahmen der „Sozialeingebundenheit" des Einzelnen in die *freiheitliche Gesamtordnung*[256], daß in bestimmten Fällen die Zulassung auch technisch neuartiger, prinzipiell noch gefahrvoller, aber gesellschaftlich nützlicher und einer experimentativen Entfaltung dienlicher Tätigkeiten[257] als im Gemein-

---

[253] Dies geht zurück auf *Hugo Grotius*, De Jure Belli ac Pacis, Lib II, Cap. 14, § 7.

[254] Einzelheiten zu diesem Motivationsbereich s. sogleich Anm. 257.

[255] Die Gemeinwohl*motivation* ist entscheidend, nicht der Umstand, ob das Gemeinwohl tatsächlich *erreicht* worden ist, vgl. *Wolff/Bachof*, VerwR I, 9. Aufl. § 62 IV, a 1, S. 549 sowie *OVG Münster*, ZfW 1973/74, S. 375.

[256] Hierzu *Dürig*, in: Maunz/Dürig/Herzog, Art. 1 Abs. 1 Rdnr. 48.

[257] Hierunter fallen so heterogene, zugelassene Tätigkeiten und Motivationslagen wie z.B.:

wohl liegend angesehen werden muß. Bis zu einem gewissen Grade muß in einer freiheitlichen Gesamtordnung auch aus Zweckmäßigkeitserwägungen, Wirtschaftlichkeitserwägungen und technischen sowie gesellschaftlichen Neuerungserwägungen heraus (Anm. 257) die Aufbürdung grundgesetzlich relevanter Eingriffe in Einzelrechte akzeptiert werden[258]. Dies kann jedoch nur insoweit gelten als:

(aa) Entweder alle nach dem neuesten technischen Stand denkbaren Sicherheitsvorschriften und ggfs. Betriebseinschränkungsvorschriften erlassen und deren Einhaltung überwacht sind, also alle irgend vermeidbaren Schäden Dritter vermieden werden[259];

(bb) oder aber als in Fällen *bewußter Inkaufnahme* von Einzelrechtsverletzungen (Anm. 241, 257) diese durch *Rechtswidrigkeitsnormierungen* voll abwehrbar bzw. schadensersatzrechtlich *ausgleichbar*[260] gemacht worden sind *und* infolgedessen kraft des Totalreparationsprinzips als nicht *existent fingiert* werden können. Denn dies war und ist wie dargelegt (IV, 5 a) der Sinn des Totalreparationsprinzips als Kern unseres Schadensersatzrechts: Dies ist - vorliegend interessierend - der Kern jeden Rechtswidrigkeitsurteils[261].

Diese Argumentation, also diese Rechtswidrigkeitsstatuierung aller bewußt in Kauf genommenen Einzelrechtsverletzungen, ist auf der *rechtlichen* Ebene die im Vordringen befindliche Meinung[262]. Eine derartige Rechtswidrigkeitsstatuierung muß darüberhinaus auch als moralisch erforderlich angesehen

---

- die Ermöglichung allgemeinen Wohlstands mit Kraftfahrzeug, Haus, Zweitwohnung, Ferienwohnung für Jedermann,
- die Ermöglichung einer allgemeinen Mobilität,
- die Ermöglichung eines mittlerweile exzessiven Straßenverkehrs großenteils lediglich als Freizeitventil,

welche Gesichtspunkte sämtlich auf eine fast unbeschränkte Zulassung des Straßenverkehrs hinauslaufen. Ferner gehören hierher die Ermöglichung verstärkter wirtschaftlicher Potenz durch Zulassung großtechnischer, z.B. chemischer Anlagen. Zu nennen sind hier auch die vielfach nur prestigeorientierten Zulassungen von Nuklearanlagen. Vgl. zu diesen Phänomenen und ihren soziologischen Hintergründen A. Gehlen's, Begriffsprägung des „Ethos des Massenlebenswerts" (*A. Gehlen*, Moral und Hypermoral, 1957, S. 77 f.).

[258] Einzelheiten zum Gemeinwohlerfordernis in einem freiheitlichen Rechtsstaat siehe *A. v. Brünneck*, NwVZ, 1986, S. 425 f.

[259] Die *unvermeidlichen* Schäden, die mit dem Betrieb als solchem verbunden sind (z.B. Landentzug für Straßenbau, Erschütterungen und sonstige Immissionen, die vom Straßenverkehr zwangsläufig ausgehen) sind in solchen Fällen durch Enteignungsverfahren festzustellen und zu *entschädigen*, vgl. §§ 19, 17 Abs. 4 FstrG. Nicht vorhersehbare Schäden sind gemäß dem Rechtsinstitut des enteignungsgleichen Eingriffs zu entschädigen.

[260] Siehe oben Anm. 250: nur aufgrund eines *Rechtswidrigkeitsurteils ohne* Verschuldensgesichtspunkte.

[261] Vorliegend geht es um Schadensersatzfällen aufgrund reiner *Rechtswidrigkeitsurteile*, vgl. oben II, 2 sowie vorstehend Anm. 250.

[262] Siehe hierzu *A. v. Brünneck* (Anm. 258), S. 426 ff.

werden. Die hier in Rede stehenden Zulassungen gefahrvoller Tätigkeiten aus den genannten (Anm. 257) Zweckmäßigkeitserwägungen, Wirtschaftlichkeitserwägungen sowie aus technischen und gesellschaftlichen Neuerungserwägungen heraus *vor* Erreichung voller technischer Reife und *vor* der Möglichkeit einer wirtschaftlich vertretbaren Abwendung *aller* Gefahren bürdet diese Sicherheitslücke auch und gerade unbeteiligten Dritten auf. Diesen werden aus vielfach völlig heterogenen Motivlagen heraus (Anm. 257) bewußt grundgesetzlich relevante Rechtsgutsverletzungen zugemutet. Eine derartige Zulassung ist moralisch *für sich genommen* und *ohne* weitere heuristische Maßnahmen verletzungsmildernder Art (hierzu sogleich) nicht einwandfrei. Dies ist heute in den maßgeblichen Verkehrskreisen unbestritten. Eine solche Zulassung ist überhaupt *nur* dadurch in den Bereich des Sittlichen zu verlagern, daß man den *heuristischen Kunstgriff* des Schadensersatzrechts nach *Mommsen* (oben IV, 5) verwendet, vermöge dessen aufgebürdete Rechtsgutsverletzungen kraft des Totalreparationsprinzips als *nicht existent* fingiert werden können, *wenn* sie *rechtswidrig* sind[263]. Sie müssen damit als rechtswidrig qualifiziert werden.

(cc) Trotz der Schlüssigkeit dieser Argumentation bleibt ein Unbehagen angesichts des Umstandes, daß einerseits von staatlichen Zulassungen und Rechtmäßigkeitsnormierungen gefahrvoller Tätigkeiten ausgegangen wird, welche sodann andererseits zu dem Umstand führen sollen, daß aus ihnen in durchaus vorhersehbarer Weise und in großer Zahl[264] *rechtswidrige* Beeinträchtigungen resultieren.

Man kann sich aus diesem Widerspruch zunächst in der Weise lösen, daß man auf den rein funktionalen Charakter von Rechtswidrigkeitsurteilen nach heutiger Ansicht[265] hinweist. Insbesondere vorliegend ist das Rechtswidrigkeitsurteil in bezug auf Einzelrechtsverletzungen als Folge staatlicher Zulassungen gefahrvoller Tätigkeiten (Anm. 241 und 257) nur *funktional* zu verstehen. Es ist gemeint lediglich als Waffe in der Hand des Verletzten zur Ermöglichung der *Abwehr* dieser Verletzungen und auch zur Ermöglichung einer *Totalreparation*[266] bei bereits eingetretenen Verletzungen, und zwar lediglich deshalb, um diese Einzelrechtsverletzungen als nicht existent fingieren

---

[263] Siehe ausführlich zur Notwendigkeit von *Rechtswidrigkeitsqualifizierungen* als Voraussetzungen eines Anspruchs auf *Totalreparation* oben Anm. 247.

[264] Vor allem im Straßenverkehr sowie im Bereich bestimmter noch personalverwendender Sektoren der industriellen Massenfertigung, vgl. *Olivet*, aaO Anm. 245 (S. 240 f.).

[265] Ausführlich oben V, 1 c).

[266] Siehe oben Anm. 250, wo auf die Möglichkeit einer Totalreparation aufgrund eines Rechtswidrigkeitsurteils ohne Verschulden hingewiesen wurde.

zu können *und* verfassungsrechtlich überhaupt erst akzeptabel zu machen. Dieses Rechtswidrigkeitsurteil ist *kein* Unwerturteil. Es ist damit *nicht* eine Verurteilung staatlicher Zulassungstätigkeit.

Trotz dieser funktionalen Auffassung des Rechtswidrigkeitsurteils im vorliegenden Zusammenhang bleibt ein Rest von Unbehagen. Es bleibt nämlich der Widerspruch, daß staatliche Zulassungen zu als *rechtswidrig* zu beurteilenden Ergebnissen führen. Dieser Widerspruch ist nun aber keineswegs argumentativer Natur. Er liegt vielmehr in einem Widerspruch der heutigen Gesellschaft begründet. Einmal nämlich statuiert man überpositiv und objektiv gesetzte Rechte

- *und* verletzt sie sodann sogleich wieder durch Zulassungsnormierungen gefahrvoller Tätigkeiten mit hieraus notwendigerweise resultierenden Verletzungen Dritter.
- Dabei liegt die *Motivation* zu diesen Zulassungen und Rechtsmäßigkeitsnormierungen (Anm. 257) keineswegs im gesicherten Bereich des herkömmlichen Gemeinwohlbegriffs[267], den jeder mit allen evtl. Konsequenzen (Rechtsgutsentzug) für sich akzeptieren muß [siehe sogleich dd)].
- Diese Motivation ist vielmehr als heterogen zu bezeichnen[268] und unterfällt dem Gemeinwohlmotivationsbegriff nur bei einer sehr weiten Fassung desselben[269].

Diesen Widerspruch in den Anschauungen und in den daraus folgenden Aktivitäten der heutigen Gesellschaft kann keine rechtliche Argumentation ausräumen. Man muß mit ihm auskommen. Man kann dies aber nur vermittels des soeben (bb) herangezogenen heuristischen Kunstgriffs des *Mommsen*'schen Totalreparationsprinzips, nämlich dessen Fiktion eines *Nichtexistierens* der genannten Drittverletzungen (bb).

(d) Völlig anders liegen die nunmehr zu betrachtenden *klassischen* Fälle einer staatlicherseits erfolgten Aufbürdung von grundgesetzlich relevanten Rechtsgutsbeeinträchtigungen oder Rechtsgutsentzügen (z.B. Enteignungen). Deren Gemeinwohlcharakter folgt nicht aus der legitimierenden Kraft der freiheitlichen Grundordnung, sondern aus dem Gedanken des § 74 Einl.

---

267 Siehe sogleich die Ausführungen im nächsten Absatz sowie Anm. 270.
268 Vorstehend (cc) Anm. 257.
269 Siehe (cc) Anm. 258.

Preuß.ALR. Solche Rechtsgutsverletzungen sind zur Beförderung des gemeinen Wohls *zwingend* erforderlich. Sie sind unproblematisch rechtmäßig[270].

(e) Die hier vertretene Auffassung der Beurteilung von Einzelrechtsverletzungen als Folge der Zulassung gefahrvoller Tätigkeiten (Anm. 241, Anm. 257) als *rechtswidrig* wird im *Ergebnis* von einem Großteil der Literatur geteilt[271].

Daß dieser Gedanke richtig ist, ergibt sich im übrigen aus folgender, nunmehr nach Erörterung der Gefährdungshaftung auftauchenden Parallelerwägung. Sie ist dem praktisch bedeutsamen Bereich von adäquat herbeigeführten Rechtsgutsverletzungen als Folge nichtgebotsverstoßenden Tuns entnommen. Sie ist ausführlich im *Nagelfallbeispiel* dargestellt[272]:

Ein Gebotsverstoß des Handelnden (Zimmermanns) liegt in Fällen dieser Art nicht vor. Da jedoch die maßgeblichen Verhaltens- und Sicherheitsstandards nicht hoch genug angesetzt wurden, liegen Rechtsguts*gefährdungen* in bezug auf fremdes Eigentum (Holztäfelung) vor, welche in *generell vorhersehbarer*, adäquater Weise zu Rechtsguts*verletzungen* führen. Solche treten in diesem Bereich sogar in großer Zahl ein[273]. Sie werden in Kauf genommen und zwar zum Zwecke der Erreichung einer größeren Effektivität industrieller Arbeitsweisen. Dafür muß dann aber der hiervon Profitierende (Handelnde) im Falle von eingetretenen *Schadensrealisierungen* für diese gerade stehen. Dies ist ersichtlich die Parallelsituation zur *Gefährdungshaftung*. Und vorliegend, im Bereich adäquater Rechtsgutsverletzungen aus dem genannten Sektor industrieller Arbeitsweisen also, wird die Haftung des Handelnden bei Eintritt

---

[270] Vgl. *Forsthoff*, Lehrbuch des Verwaltungsrechts, 10. Aufl. § 18 S. 356. *Beispiel*: Aufgebürdete Risikorealisierungen (Rechtsgutsbeeinträchtigungen/-entzüge), welche als Folge der Zulassung seuchenpolizeilich zwingend erforderlicher Tätigkeiten und Einrichtungen der Gesundheitsbehörden auftreten, sind rechtmäßig. Hier kommt nur eine Entschädigung in Betracht.

[271] So von *Schack*, Die Entschädigungspflicht des Staates bei rechtswidriger, schuldloser Ausübung öffentlicher Gewalt (Gutachten zum 41. DJT, S. 15 f.); *Weyreuther*, Gutachten zum 47. DJT, Teil B S. 67 f., S. 155 f.; *Reinhardt*, Karlsruher Forum, (Beiheft zur Zeitschrift VersR.) 1961, S. 8.

Diese Auffassung ergibt sich im übrigen zwingend bei Zugrundelegung der herrschenden *Rechtswidrigkeitslehre*. Schadenseintritte im Rahmen der Gefährdungshaftung insbes. im Straßenverkehr sowie im Anwendungsbereich des Haftpflichtgesetzes sind in aller Regel *adäquat* herbeigeführt. Eine adäquat kausale Herbeiführung von Rechtsgutsverletzungen ist aber nach h.L. eine *rechtswidrige Handlung* (IV, 2). Dasselbe gilt für die unmittelbarkeitsbegriffliche Rechtswidrigkeitslehre von *Larenz* (IV, 4): Schadenseintritte der hier genannten Art sind immer unmittelbar. Sie sind damit *Handlung* und hier interessierend: *rechtswidrige* Handlung.

Die praxisbezogene Kommentatoren gehen denn auch durchweg von einer Rechtswidrigkeitsbeurteilung in bezug auf Einzelrechtsverletzungen als Folge der Zulassung gefahrvoller Tätigkeiten aus; vgl. ausführlich *W. Wussow*, Unfallrecht, 12. Aufl. Rdnr. 15; *Staudinger-Schäfer*, § 831 Rdnr. 130.

[272] Oben III, 4 a) Anm. 70, 73.

[273] Vgl. im *Nagelfallbeispiel* (Anm. 73) die Ausführungen im 3. Absatz.

einer Schadensrealisierung [Fehlschlag des Zimmermanns (Anm. 70] trotz Nichtvorliegens eines Gebotsverstoßes unstreitig als *rechtswidrig* bewertet[274].

d) Folgeschädenbereich als Parallelsituation

Ähnlich wie im geschilderten Bereich der Gefährdungshaftung ist die Situation der deliktischen Haftung für *Folgeschäden*.

(1) Eine solche Haftung greift nur, aber auch immer dann ein, wenn der schadensersatzrechtliche Verantwortungsbereichsgedanke dies erfordert. Maßgebend ist das Adäquanzprinzip und, dieses detaillierend, das Schutzzweckprinzip [IV, 5 a) (2)]. Mit einem auf die Folgeschäden selbst bezogenen *Gebotsverstoß* hat diese Folgeschädenhaftung nichts zu tun. Gleichwohl handelt es sich unstreitig um eine Rechtswidrigkeitshaftung.

(2) Diese Haftungssituation im Folgeschädenbereich entspricht erkennbar wiederum dem Ausgangsgedanken der vorliegend gewählten pragmatischen Bestimmung des Handlungsbegriffs [V, 1 b), c)]:

Auf das Postulat eines Gebotsverstoßes wird verzichtet. Maßgebend ist eine funktionale *Sanktionsbewertung* (*Haftungsumfangsbestimmung*) nach den Gesichtspunkten einer pragmatischen Verantwortungsbereichsbemessung (Adäquanzprinzip/Schutzzweckprinzip).

e) Rechtsgutsschäden als Parallelsituation

Schließlich ist als imperativenfreier Raum mit haftungsrechtlichen Konsequenzen der Bereich der oben[275] dargelegten gebotsunabhängigen und lediglich *verantwortungsbereichsbezogenen* Haftung für adäquate und insbesondere schutzzweckorientierte Rechtsgutsverletzungen zu nennen, welche als Folge von Rechtsguts*gefährdungen* auftreten.

f) Zusammenfassung

Zusammenfassend läßt sich feststellen, daß es zahlreiche Fälle imperativenfreier Normbereiche und insbesondere imperativen freibegründeter Haftungs-

---

[274] AaO (vorige Anm.), 4. Absatz und zwar *auch* nach Ansicht der neuen Rechtswidrigkeitslehre, s. V, 1 b) (1), Anm. 190.

[275] Ausführlich V, 1 b) (1) und (2); *Beispiele*: „Nagelfall“, „Boxerfall“, „Krankenschwesterfall“.

normbereiche gibt. Eine durchgängige Anwendbarkeit der Imperativentheorie läßt sich nicht behaupten[276]. Dies bedeutet:

Rechtswidrigkeit und d.h. Rechtwidrigkeitsnormierungen i.S. der Normierung von rechtswidrigen Handlungen mit schadensersatzrechtlichen Konsequenzen sind *nicht* aussschließlich in Fällen von Gebotsverletzungen möglich. Sie können durchaus auch in Fällen von sonstigen schadensstiftenden Umständen und Abläufen, und zwar als Folge eines gestatteten[277] oder auch selbst schon rechtsgutsverletzenden[278] gefährlichen Tuns vorgenommen werden. Sie sind in solchen Fällen ausschließlich auf den Gedanken einer Rechtswidrigkeitshaftung nach *Verantwortungsbereichsgesichtspunkten* gestützt.

Die Imperativentheorie steht also einem pragmatischen, verantwortungsbezogenen Handlungsbegriff nicht entgegen.

3. Die Bestimmung des Begriffs der rechtswidrigen Handlung in Abhängigkeit vom Haftungsumfang

a) Allgemeines

Als Folge der Ablehnung der Imperativentheorie läßt sich folgendes feststellen:

- erstens ist die in den vorliegenden Erörterungen gewählte pragmatisch-verantwortungsbereichsbezogene Vorgehensweise in Verfolgung des Ziels einer sinnvollen Bestimmung des Begriffs der rechtswidrigen Handlung normtheoretisch *möglich*;
- zweitens läßt sich beweisen, daß diese Vorgehensweise normtheoretisch darüberhinaus sogar *notwendig* ist.

b) Das deliktische Grundprinzip

Nach dem obersten deliktsrechtlichen Grundsatz *muß* man die Grenze des Begriffs der Rechtswidrigkeit und damit der rechtswidrigen Handlung soweit

---

[276] Wie hier *Larenz*, Methodenlehre der Rechtswissenschaft, 1960, S. 152 f.; *A. L. Hart*, Einführung in die Rechtsphilosophie, 2. Aufl. 1977, S. 43 ff.; weitgehende Einschränkungen der Imperativentheorie finden sich auch bei *Engisch* (Anm. 227), S. 22.

[277] V, 2 c): Gefährdungshaftung und V, 2 e): verbotsunabhängige Haftung für adäquate und schutzzweckorientierte Rechtsgutsverletzungen.

[278] V, 2 d): Folgeschädenhaftung.

ziehen, wie die Grenze der deliktischen Haftpflicht[279] im Rechtsleben tatsächlich geht:

Jedes Rechtswidrigkeitsurteil geht über eine bloße ethische Aussage, welche es allerdings auch immer ist, hinaus. Jedes derartige Urteil ist ein *stringentes* Urteil der Rechtsordnung. Es ist, ob in der Form der Unwertmißbilligung im oben dargelegten Sinn [V, 1 c)] oder in der Form der funktionalen Sanktionsbewertung [V, 1 c) (1)] immer eine sog. „petitio de non existendo", was so viel bedeutet wie eine „zum Haftungsbefehl gewaffnete Mißbilligung[280]. Deren Kennzeichen ist, daß sie sich durch Sanktionen zur Herrschaft im tatsächlichen Leben verhelfen kann.

c) Umkehrschluß

Und *nur* diese kann derartiges und *nur* diese ist ein solcher Haftungsbefehl. Umgekehrt läßt sich nämlich sagen, daß *jedem* stringenten Haftungsbefehl eine rechtliche Mißbilligung bzw. Sanktionsbewertung zugrunde liegen muß. Dies leuchtet ohne weiteres ein für den Bereich der deliktischen Haftung und ist ebenfalls gültig für den Bereich der Gefährdungshaftung[281].

Dies gilt lediglich nicht für solche Fälle von Schadlosstellungen, welche im Rahmen von rechtmäßigen Enteignungsverfahren und Umlegungsverfahren erfolgen. In diesen ist aber auch nicht von Haftung, sondern von Entschädigung die Rede.

Der genannte Umkehrschluß bedeutet, daß in dem gesamten Umfang, in welchem Haftungsbefehle schadensstiftende Ereignisse in ihren tatsächlichen oder vermögensmäßigen Auswirkungen ungeschehen machen sollen, eine rechtliche Mißbilligung bzw. Sanktionsbewertung zugrunde liegen muß.

Dies bedeutet aber: All das, auf das sich deliktische Haftung bezieht, d.h. die gesamte Ursachen-/Folgenkette vom ersten gewillkürten menschlichen Tun bis zur entferntesten schädlichen Folge desselben, auf welche sich Schadensersatzpflicht sinnvollerweise noch beziehen kann, bestimmt das, was als rechtswidriger und in seinen Wirkungen zu tilgender Vorgang angesehen werden muß.

---

[279] Scil. einer Rechtswidrigkeitspflicht: siehe oben V, 1 a) Anm. 180.

[280] Vgl. *Engisch* (Anm. 227) S. 28.

[281] Siehe die Begründung der Rechtswidrigkeitsabhängigkeit der Gefährdungshaftung oben V, 2 c) (3) sowie die Literaturnachweise ebda., (ee) Anm. 271.

Das entscheidende ist, daß all dies *Handlung* ist, denn Rechtswidrigkeit bedeutet nach jeder heute vertretenen Auffassung (rechtswidrige) Handlung.

d) Konsequenz des Umkehrschlusses

Die nach heutiger Auffassung haftungsrechtlich relevante Ursachen -/Folgenkette und damit der rechtswidrigkeitsbezogene Gesamthaftungsumfang, von dem heute auszugehen ist[282], bemißt sich:

(1) nicht nach der engen, finalen Handlungskette (Vorsatz, Fahrlässigkeit);

(2) nicht nach der weiten, kausalen Handlungskette (adäquate Rechtsgutsverletzung);

(3) nicht nach der *unmittelbarkeitsbegrifflichen* und nicht nach der *sozialen* Handlungskette (*Larenz, Eb. Schmidt*).

(4) Der heute in der *Rechtspraxis* tatsächlich maßgebliche deliktische Haftungsumfang bestimmt sich vielmehr[283]:

(a) Nach dem Prinzip der Haftung für *Gebotsverstöße*,

(b) sowie, falls Gebotsverstöße nicht vorliegen oder nicht nachweisbar sind, nach dem Prinzip der Haftung für *Verantwortungsbereiche* nach dem Adäquanzprinzip/Schutzzweckprinzip und zwar dies bezogen:

- erstens und seit langem unstreitig auf den Bereich der Haftung für vermögensmäßige *Folgeschäden*[284] von Rechtsgutsverletzungen (IV, 5 a);
- zweitens, früher streitig, heute einhellige Meinung, auf den Bereich der Haftung für Rechtsgutsschäden als Folge rechtsgutsgefährdenden Tuns, und zwar zunächst in bezug auf typische Normalfälle[285];

---

282 Bei Zugrundelegung der tatsächlichen und unbestrittenen Reichweite der Haftungsaussprüche der Rechtsprechung, und zwar *auch* unstritten von Seiten der neuen Lehre [s. oben V, 1 a) und b) Anm. 190, 192 *sowie* V, 1 c) (1), Anm. 199, 209 und 215].

283 Und zwar teilweise und gerade in den juristisch-interessierenden Grenzfällen in der *rechtstechnischen* Form der pragmatischen Schadenszurechnung, keineswegs stets in der Form der Haftungsbestimmung nach dem Rechtswidrigkeitsbegriff [s. oben V, 1 c) (1), (bb)].

284 Dieser für den *Rechtswidrigkeitsstreit* besonders wichtige Feststellung wird sogleich erläutert (Anm. 289, nachstehend e)).

285 Sog. Adäquanzverantwortungsbemessung, siehe oben V, 1 b) (1). *Beispiele*: Nagelfall, Boxerfall (Anm. 189).

- drittens, heute auch unstreitig, auf den Bereich der Haftung für Rechtsgutsschäden als Folge rechtsgutsgefährdendem Tuns in atypischen Grenzfällen[286].

e) Prinzip des Haftungsumfangs und Handlungsumfangs

Da nun die erstgenannte Haftung für Gebotsverstöße (a) ganz unstreitig *auch* eine Haftung für Verantwortungsbereiche des Schädigers ist, und zwar gerade für dessen primären Verantwortungsbereich[287], kann der derzeitig tatsächlich praktizierte Haftungsumfang in *allen* seinen Komponenten als „verantwortungsbezogener Haftungsumfang" aufgefaßt werden.

Entsprechend der dargelegten Deduktion vom Haftungsumfang auf den Rechtswidrigkeitsumfang und von diesem auf den Handlungsumfang[288] hat man hier den „*verantwortungsbezogenen Handlungsbegriff*" vor sich. Der Begriff der rechtswidrigen Handlung erstreckt sich demnach richtiger Ansicht nach:

- auf alle von gewillkürtem menschlichen Tun ausgehende Kausalprozesse, welche *Gebotsverstöße* darstellen;
- auf alle von gewillkürtem menschlichen Tun ausgehende rechtsgutsverletzende Kausalprozesse, welche darüber hin ausgehend im *Verantwortungsbereich* des Schädigers nach dem Adäquanzprinzip/Schutzzweckprinzip liegen[289].

---

[286] Sog. Schutzzweckverantwortungsbemessung, V, 1 b) (2). *Beispiele*: Krankenschwesterfall (Anm. 194); Grünstreifenfall (Anm. 208); Beurkundungsfall (Anm. 213).

[287] Statt vieler *H. Lange*, Gutachten zum 43. DJT, 1960, S. 10 f., S. 58 f.: Jeder Schädiger trägt die Verantwortung für vorsätzliche und fahrlässige Gebotsverletzungen. Diese liegen als *erste* und immer, wie der Kausalverlauf auch beschaffen sein mag, im Adäquanzbereich/Schutzzweckbereich (= Verantwortungsbereich) des Schädigers.

[288] Vorstehend V, 3 c).

[289] Der für die handlungsbezogene Rechtswidrigkeitslehre besonders mißliche Gesichtspunkt dieses Haftungs- u. Handlungsumfangs, über welchen diese nicht hinwegkommen dürfte, ist die Haftungsumfangsbemessung (Rechtswidrigkeitsbemessung, Handlungsbemessung) nach Verantwortungsbereichsgesichtspunkten im *Folgeschädenbereich* [vorstehend d), (4) (b) sowie IV, 5 a)]. Diese Haftungsbemessung im Folgeschädenbereich ist seit langem und völlig unbestritten, auch von Seiten der neuen Lehre. Dies bedeutet für die neue Lehre:

Es gibt eine Rechtswidrigkeit *ohne* Gebotsverstoß, welche lediglich nach Verantwortungsbereichsgesichtspunkten bemessen ist. Dies ist an sich das Ende für die handlungsbezogene Rechtswidrigkeitslehre.

Sie hilft sich in dieser Schwierigkeit wie folgt: Der Verantwortungsbereichsgedanke insbes. das Schutzzweckprinzip sei, so die Argumentation, relevant lediglich für den Haftungs*umfang* bei rechtswidrigen *Folgeschäden*. Dies sei der sog. „Erheblichkeitsumfang" der Rechtswidrigkeit im Folgenschädenbereich (so ausführlich *Münzberg*, Verhalten und Erfolg als Grundlage für Rechtswidrigkeit und Haftung, S. 123 f., insbes. S. 140 f.) Dieser Erheblichkeitsgedanke ist nach *Münzberg*

f) Kritik seitens der handlungsbezogenen Rechtswidrigkeitslehre

Es ist nunmehr darauf hinzuweisen, daß dieser „verantwortungsbezogene Handlungsbegriff" ausschließlich auf einer rechtsmethodischen Bewertung des derzeit praktizierten deliktischen Gesamthaftungsumfangs beruht. Die Annahme, dieser Handlungsbegriff könnte mit einer Akzeptierung als schadensersatzrechtlich richtiger Handlungsbegriff seitens der handlungsbezogenen Rechtswidrigkeitslehre rechnen, ginge mit Sicherheit fehl. Mit dem Gegenteil ist zu rechnen.

(1) Zwar können Einwände gegen diesen Handlungsbegriff nicht mehr aus der Imperativentheorie hergeleitet werden. Wie dargelegt, läßt die Imperativentheorie durchaus Raum für Rechtswidrigkeitsnormierungen von schadensstiftenden Abläufen und Umständen mit schadensersatzrechtlichen Konsequenzen (rechtswidrige Handlungen), welche über den Gebotsverstoßgedanken hinausgehen und ausschließlich auf den Verantwortungsbereichsgedanken des Adäquanzprinzips und des Schutzzweckprinzips rekurrieren. Sie läßt damit den pragmatischen „verantwortungsbezogenen Handlungsbegriff" zu. Dieser ist *normtheoretisch* nicht zu beanstanden.

(2) Dennoch muß dieser Handlungsbegriff mit Kritik seitens der neuen Lehre rechnen. Diese Kritik wird nicht mehr normtheoretisch, sondern

---

nicht relevant für die *begriffliche* Festlegung der *Rechtswidrigkeit* der Folgeschäden. Deren *Rechtswidrigkeit* wird vielmehr aus der Tatsache ihrer Herkunft aus rechtswidrigen Rechtsgutsverletzungen gefolgert. Diese Unterscheidung zwischen *Rechtswidrigkeit* der Folgeschäden einerseits und dem Erheblichkeitsumfang dieser rechtswidrigen Schäden nach dem Verantwortungsbereichsprinzip (Adäquanzprinzip/Schutzzweckprinzip) andererseits, ist unrichtig.

- „Rechtswidrigkeit" bedeutet unbestrittenermaßen (V, 3 b) stets soviel wie ein zum *Haftungsbefehl* erstarktes Mißbilligungsurteil;
- so weit die Haftungspflicht geht, liegt damit begrifflich das Merkmal der „*Rechtswidrigkeit*" vor (V, 3 c);
- soweit also nach dem *Verantwortungsbereichs*gedanken der Rechtswidrigkeitsumfang geht, geht auch der *Haftungsumfang*. Damit ist für ein „Erheblichkeitsurteil" dieser Rechtswidrigkeit kein Raum mehr.

Für den Bereich von *Rechtsgutsverletzungen* als Folge von - nicht gebotsverstoßendem - rechtsgutsgefährdendem Tun (vorstehend d) 4 (b), *zweitens* u. *drittens*, Anm. 285 und 286) bleibt der neuen Lehre nicht einmal diese *Erheblichkeits*argumentation: Die gen. Rechtsgutsverletzungen sind unstreitig rechtswidrig nur als *Folge* des *Verantwortungsbereichsgedankens* (hier des *Schutzzweckprinzips*, vgl. Anm. 286) und zwar *nur* als Folge dieses Gedankens. Sie können, auch nicht normwidrigkeits*theoretisch*, aufgrund eines *anderen* Gedankens nämlich als *Folge rechtswidrig vorangegangenen* Tuns wie im Folgeschädenbereich, als rechtswidrig bezeichnet werden. Damit fehlt schon die *Basis* für eine *Erheblichkeitsprüfung* eines aus *anderen* Gründen als *rechtswidrig* zu verurteilenden Schadens: rechtswidrig ist hier selbstverständlich gleichbedeutend mit verantwortungsbezogen-haftungswürdig, also rechtswidrigkeits*erheblich* im *Münzberg*'schen Sinn.

schadensersatzrechtlich begründet sein und, wie ziemlich sicher vorauszusehen ist[290], folgendermaßen lauten:

Schadensersatzansprüche i.S. einer Totalreparation und sogar einer Genugtuungsfunktion für den Geschädigten (§ 847 BGB) setzen, so wird man argumentieren, notwendigerweise eine spezifisch *schadensersatzrechtlichen* Begriff der Rechtswidrigkeit voraus. Rechtswidrigkeit in diesem Sinne sei notwendigerweise gleichzusetzen mit personaler Vorwerfbarkeit und sei identisch mit vorwerfbarem *Unrecht*. Unrecht in diesem Sinne könne aber nur als personales Unrecht aufgefaßt werden, und zwar dies nach den Grundsätzen der sog. personalen Unrechtslehre[291].

Voraussetzung für ein Unrechtsurteil nach dieser Lehre ist stets der „Verstoß gegen eine von der Rechtsordnung statuierte Verhaltenspflicht“[292]. Rechtswidrige Handlung ist damit nur ein solcher menschlicherseits verursachter Kausalablauf, welcher einen Verstoß gegen rechtliche Verhaltenspflichten darstellt. Alle anderen „Rechtswidrigkeits“- normierungen, die darüber hinausgehend nur auf den Verantwortungsbereichsgedanken Bezug nehmen, sind keine Normierungen „rechtswidriger Handlungen“, sondern anderweitig motivierte Normierungen von Wiedergutmachungspflichten[293].

Eine solche Kritik am „verantwortungsbezogenen Handlungsbegriff“ kann in der Tat noch an dieser Stelle der Deduktion vom „Rechtswidrigkeitshaftungsumfang“ zum Begriff der „Rechtswidrigkeit“ und hiervon zum Begriff der „rechtswidrigen Handlung“ angebracht werden. Sie ist möglich auch angesichts der Tatsache, daß die handlungsbezogene Rechtswidrigkeitslehre den derzeitigen deliktischen Rechtswidrigkeitsgesamthaftungsumfang nicht bestreitet und nicht bestreiten kann[294] *und* daß sie auch die prinzipielle Zulässigkeit der Deduktion vom Haftungsumfang auf den Rechtswidrigkeitsumfang und von diesem auf den Handlungsumfang nicht bestreitet und nicht bestreiten kann.

Eine solche schadensersatzrechtliche Kritik der neuen Lehre am verantwortungsbezogenen Handlungsbegriff ist deshalb noch möglich, weil nach dieser

---

290 Vgl. hierzu die Äußerungen von *Nipperdey* (NJW 1967, S. 1985, 1990 und 1991 m.w.N.), welche die Kritik an einer ähnlichen Konstellation betrifft - nämlich am Handlungsbegriff von *Larenz* (IV, 4) - und welche zunächst normtheoretisch und sodann schadensersatzrechtlich argumentiert.

291 Entwickelt von *Welzel*, Das neue Bild des Strafrechtssystems, 1959, S. 3 f.

292 So *Nipperdey* (Anm. 290), S. 1991.

293 So nach dieser Argumentation z.B. die Gefährdungshaftung, siehe oben V, 2 c), insbes. Anm. 242, 243.

294 V, 3 d), Anm. 282.

Lehre der deliktische Gesamthaftungsumfang in seinen *verantwortungsbezogenen* Komponenten[295] gerade nicht auf eine Rechtswidrigkeitsbeurteilung zurückgeht, sondern auf einer pragmatisch-typisierten *Schadenszurechnung* beruht. Wie oben [V, 1 c) (1) (bb)] formuliert, ist eine pragmatisch-typisierte *Schadenszurechnung* für die handlungsbezogene *Lehre* eine exzeptionelle *Haftungsbemessung* am Rechtswidrigkeitsbegriff (rechtswidrige Handlung) vorbei. Der enge Rechtswidrigkeitsbegriff der neuen Lehre bleibt von solchen Schadenszurechnungen eben gerade unberührt[296]. Die Deduktionskette: Haftungsumfang - Rechtswidrigkeitsumfang - Handlungsumfang läuft damit nach der neuen Lehre gar nicht über den *rechtswidrigkeits*bezogenen Haftungsbereich.

(3) Wenn damit eine schadensersatzrechtliche Kritik am verantwortungsbezogenen Handlungsbegriff vom Standpunkt der neuen Lehre aus logisch noch möglich ist, so ist sie hingegen sachlich nicht gerechtfertigt.

Auch der hier vertretene „verantwortungsbezogene Handlungsbegriff" berücksichtigt den personalen Charakter jeden Unrechts - bzw. Rechtswidrigkeitsurteils. Auch er berücksichtigt die Tatsache, daß der Begriff der „rechtswidrigen Handlung" *auch* in seinen *verantwortungsbereichsbezogenen* Komponenten stets auf den menschlichen Willen und dessen Verstöße gegen Gebote oder Verbote des Rechts Bezug nehmen muß. Er geht - genau wie die neue Lehre - davon aus, daß immer nur menschliche *Willensbetätigungen* zum Gegenstand von Rechtswidrigkeitsurteilen und zum Konstituens „rechtswidriger Handlungen" gemacht werden können. Dies resultiert aus folgendem rechtstheoretischen Prinzip, welches namentlich für den „verantwortungsbezogenen Handlungsbegriff" heranzuziehen ist:

Eine deliktisch begründete Haftung setzt nicht nur in Fällen von expliziten Gebotsverstößen ein, sondern immer schon dann, wenn eine vom Schädiger „willentlich begründetete Risikolage"[297] vorliegt *und* aus dieser haftungsrechtlich-relevante Rechtsgutsverletzungen[298] entspringen. Denn es entspricht einem verfeinerten, schadensersatzrechtlichen Verantwortungsbewußtsein, die Verantwortung auch für solche Schäden auf sich zu nehmen, die man zwar bei aller Sorgfalt nicht vermeiden konnte, die aber mit einer Gefahrenquelle, die man willentlich begründet hat, zusammenhängen. In einem entfernteren Sinn

---

[295] Siehe vorstehend d) (4), (b): Adäquanzprinzip/Schutzzweckprinzip.

[296] Vgl. hierzu die Ausführungen V, 1 c) (1) (bb) Anm. 215.

[297] Ausgeführt o. III, 4 c).

[298] Haftungsrechtlich relevant bedeutet hier so viel wie in *adäquater/schutzzweckorientierter* Weise eingetreten: IV, 5 a) (5) und (6).

haben nämlich auch diese Schäden in einer *Willensbetätigung* desjenigen, der die Gefahr verursacht oder wenigstens mitverursacht hat, den Grund ihrer Möglichkeit; sie sind von ihm, wenn auch nicht bewußt, so doch sinngemäß ihrer allgemeinen Möglichkeit nach, in Kauf genommen. Sie sind ihm deshalb zu Wiedergutmachung zuzurechnen[299]. Sie, so gut wie die Kausalabläufe, die zu ihnen führen, sind damit rechtswidrige *Handlung*. Sie weisen das unabdingbare Kennzeichen dessen auf, was schadensersatzrechtliche Handlung sinnvollerweise bedeuten kann, nämlich eine schadensersatzrechtlich-relevante Willensdeterminiertheit. Dies ist ein weiter Handlungsbegriff. Er entspricht jedoch:

- erstens den Grundzügen des dogmatischen Handlungsbegriffs der herrschenden Lehre;
- zweitens führt nur er dogmatisch einwandfrei zu dem tatsächlich praktizierten Rechtswidrigkeitshaftungsumfang der heutigen Rechtsprechung;
- drittens entspricht er einer rechtsphilosophisch richtigen Auffassung vom Begriff der „rechtswidrigen Handlung".

---

[299] So im Ergebnis schon *G.W.F. Hegel*, Grundlinien der Philosophie des Rechts, 1821 (Neudruck 1970, Suhrkamp Verlag) § 116.

B. Die Auswirkungen des verantwortungsbezogenen Rechtswidrigkeitsbegriffs auf das öffentliche und bürgerliche Recht (Begriffsanwendung)

I. Die Auswirkungen des verantwortungsbezogenen Rechtwidrigkeitsbegriffs auf die staatshaftungsrechtlichen Entschädigungs-, Beseitigungs- und Unterlassungsansprüche

1. Einleitende Übersicht

Der in den bisherigen Ausführungen dargelegte *„verantwortungsbezogene Rechtswidrigkeitsbegriff"* auf der Grundlage des Begriffs der *„verantwortungsbezogenen rechtswidrigen Handlung"* hat für das Staatshaftungsrecht als dem primären praxisbezogenen Ausgangspunkt der vorliegenden Untersuchung folgende Bedeutung[1]. Die dogmatische, tatbestandliche Haftungsreichweite der staatshaftungsrechtlichen Rechtswidrigkeitstatbestände des

- Folgenbeseitigungsanspruchs,
- des enteignungsgleichen Eingriffs,
- des Aufopferungsanspruchs i.e.S.

wird durch ihn wie folgt festgelegt:

Folgenbeseitigungsansprüche bzw. Entschädigungsansprüche der genannten Art sind nicht auf Fälle rechtswidrigen Verwaltungshandelns beschränkt. Sie bestehen jedoch auch nicht im vollen Umfang der ursächlichen Herbeiführung unerwünschter, z.B. rein zufälliger oder in Zusammenhang mit höherer

---

[1] Teil A, II, 2 b). Verweisungen *ohne* Angabe des Hauptteils (Begründungsteil / Anwendungsteil) beziehen sich auf den vorliegenden Anwendungsteil (Teil B).

Gewalt stehender Verletzungserfolge. Sie bestehen vielmehr nur insoweit, als ein Verletzungserfolg durch die öffentliche Hand in verantwortlicher Weise verursacht worden ist.

Der Umfang dieser Verantwortlichkeit bemißt sich nach den Grundsätzen der *Adäquanzlehre* und vor allem der schadensersatzrechtlichen *Schutzzwecklehre*.

2. Die Auswirkungen auf den „enteignungsgleichen Eingriff"[2]

a) Allgemeines

Die Bedeutung des verantwortungsbezogenen Rechtswidrigkeitsbegriffs für den Tatbestand des enteignungsgleichen Eingriffs[3] ist in erster Linie eine dogmatische. Sie besteht darin, daß der *dogmatische Haftungsumfang* für rechtswidrige Beeinträchtigungen fremden Eigentums durch schädigende Maßnahmen von hoher Hand, soweit dieser Umfang noch dogmatisch tatbestandsbegrifflich *variabel* ist[4] und nicht längst unbestrittenermaßen festliegt[5], durch den „verantwortungsbezogenen Rechtswidrigkeitsbegriff" bemessen werden wird[6]. *Er* wird *nicht* mehr wie bisher durch das „*Unmittelbarkeitserfordernis*" in Bezug auf die kausale Aufeinanderfolge von der schädigenden Handlung hin zum eigentumsrelevanten Schaden festgelegt werden[7]. Dieser Effekt ist insofern erwünscht, als das Unmittelbarkeitserfordernis ausschließlich kasuistisch entwickelt wurde und, wie erwähnt, *keineswegs* in seinen Konturen feststeht. Die Gründe hierfür werden sogleich dargelegt.

Die *Heranziehung* des „*verantwortungsbezogenen Rechtswidrigkeitsbegriffs*" für den tatbestandsbegrifflich variablen Teil des Rechtsinstituts des

---

[2] Zu der Bezeichnung „enteignungsgleicher Eingriff" vgl. unten Anm. 15.

[3] Siehe zu dessen Tatbestandsmerkmalen im einzelnen oben Teil A, II, 2 b) (2). Begrifflich *unterschiedlich* auslegbar ist von diesen nur noch das *Unmittelbarkeitserfordernis* und das *Rechtswidrigkeitserfordernis*, vgl. Einzelheiten in Anm. 4.

[4] Nur insoweit interessiert dieser Umfang dogmatisch. Der unbestrittenermaßen festliegende Tatbestandsteil des enteignungsgleichen Eingriffs (siehe Anm. 2 u. 4) interessiert vorliegend nicht.

[5] Zu den feststehenden Tatbestandsmerkmalen des enteignungsgleichen Eingriffs siehe oben Teil A (II, 2 b). Offen ist nur noch der nach den Ausführungen, Teil A, III u. IV variable Rechtswidrigkeitsbegriff sowie das Tatbestandsmerkmal der im *ständigen Fluß der Auslegung* befindlichen „*Unmittelbarkeit*"; siehe hierzu im folgenden.

[6] Hierzu sogleich g).

[7] Einzelheiten sogleich unter b); Stichwort ist das Kausalitätsorientierte Urteil, ob eine selbständige Zwischenursache zwischen Handlung und Schaden vorliegt oder nicht. Im ersteren Falle ist die Unmittelbarkeit im genannten Sinne sowie die Haftung gegeben.

enteignungsgleichen Eingriffs zielt damit auf die Herbeiführung der *Überflüssigkeit* des Merkmals der *Unmittelbarkeit.*

Sie legt den Blick frei für die Tatsache, daß der *Haftungsumfang* nach dem Rechtsinstitut des enteignungsgleichen Eingriffs in Bezug auf dessen genannten noch variablen Teil wesentlich durch den *„Verantwortungsbereichsgedanken"* gekennzeichnet wird. Dieser *haftungsrechtliche Verantwortungsbereichsgedanke* ist nun durchaus auch dem *bisherigen* kasuistischen Bild der Rechtsprechung zum Rechtsinstitut des „enteignungsgleichen Eingriffs" nicht völlig fremd. In dessen tatbestandsbegrifflichvariablen Teil taucht er der Sache nach in Form des „Unmittelbarkeitserfordernisses" auf. Er wird allerdings in *diesem* Erfordernis *nicht* ausdrücklich thematisiert. Er wird hier vielmehr in der Regel[8] lediglich in Form sogenannter *verdeckter Wertungen*[9] *hinter* den explizit angestellten Kausalerwägungen des Unmittelbarkeitserfordernisses verwendet. Eine wesensmäßige Ähnlichkeit jedoch mit der daraus folgenden Möglichkeit der *erwünschten* Ersetzung des Merkmals der *Unmittelbarkeit* durch die Verwendung des *verantwortungsbezogenen Rechtswidrigkeitsbegriffs*[10] besteht.

Unter „verdeckten Wertungen" im soeben gebrauchten Sinn versteht man vorargumentative oder außerargumentative Wertungen subjektiver Art, insbesondere vorargumentative oder außerargumentative Wertungsreaktionen auf die heterogenen Erscheinungen der Außenwelt. Vorliegend sind dies Interessenkonflikte in Fällen schädigender Handlungen der hoheitlichen Gewalt in Bezug auf das - meist -[11] individuelle Eigentum. Solche verdeckten Wertungen sind durchweg uneinheitlich, ungradlinig und nicht dogmatischer Natur und zwar deshalb, weil die sie verdeckenden *unmittelbarkeitsbegrifflich-kausalitätsorientierten* Erwägungen stets sachfremd auf diese Wertungen einwirken [vgl. sogleich d) und f)]. Diese beeinflussen sodann die zumindest in wichtigen Fällen durchweg *dogmatisch* begründeten Entscheidungen des Bundesgerichtshofs in undogmatischer Weise und sind ihrer Natur nach begrifflich unklar und ungeradlinig. Hieraus resultiert die erwähnte *Konturlosigkeit* des *Merkmals der „Unmittelbarkeit"*. Dieser Umstand führt ferner zur

---

[8] Siehe aber Ausnahmen unten f).

[9] Zu deren Definition sogleich in folgendem Absatz.

[10] Welcher als *Haftungsgrundbegriff* (Teil A, II, 2 b) allerdings eine *weitere* Funktion hat, als das Merkmal der *Unmittelbarkeit* (s. sogleich b) und c)), aber *dessen* Funktion hat er eben *auch.*

[11] Vgl. BVerfGE 61, 82 (108 f) sowie BVerfGE 52, 1 f. (30; in selten Fällen kommt *auch* Eigentum der öffentlichen Hand in Betracht, nämlich dann, wenn ein Hoheitsträger (zB eine *Gemeinde*) dem Staat in bestimmten Fallkonstellationen wie ein Privater gegenüber steht (vgl. hierzu *Ossenbühl*, Staatshaftungsrecht, 4. Aufl., § 17, 3 (S. 126 f.).

erwähnten *Wünschbarkeit* einer Ersetzung dieses Merkmals durch einen *klareren* Begriff.

b) Auswirkungen im einzelnen

Das Rechtsinstitut des enteignungsgleichen Eingriffs ist heute eine *Rechtswidrigkeitshaftung* der öffentlichen Hand in Fällen von unmittelbaren Beeinträchtigungen fremden Eigentums. Die ursprüngliche Tatbestandsstruktur einer Haftung für alle dem Bürger auferlegten eigentumsrelevanten Sonderopfer, welche nicht formell enteignungsrechtliche Qualität aufweisen, ist durch die Rechtsprechung *fast* völlig aufgegeben worden[12].

Diese Entwicklung zur *Rechtswidrigkeitshaftung* wurde *bestätigt* durch den sog. Nassauskiesungsbeschluß des Bundesverfassungsgerichts[13]. Durch diesen Beschluß wurde das Rechtsinstitut des enteignungsgleichen Eingriffs ausdrücklich bezogen auf

- *rechtswidrige*, aber für den Bürger *nicht vorhersehbare* und für ihn deshalb
- *nicht* im primären Rechtsschutz der verwaltungsrechtlichen Anfechtungsklage (§ 42 VwGO) bzw. der Folgenbeseitigungsklage[14] *abwehrbare* hoheitliche Beeinträchtigungen seines Eigentums[15].

Der tatbestandliche Haftungsumfang für diese *Rechtswidrigkeit*shaftung bemißt sich generelldogmatisch gesehen damit in erster Linie nach dem *Rechtswidrigkeitsbegriff*[16].

---

[12] Dies geschah insbesondere durch die sog. Indizierung des Sonderopfercharakters der hoheitlichen Eigentumsbeschädigung durch die Rechtswidrigkeit der schädigenden hoheitlichen Maßnahme, vgl. hierzu BGHZ 32, 208 f. Es gibt allerdings Ausnahmen von dieser Indizierung, welche die ursprüngliche Form des Rechtsinstituts des *enteignungsgleichen* Eingriffs noch erkennen lassen. Diese Ausnahmen sind:

- erstens Fälle von geringfügigen atypischen Beeinträchtigungen privaten Eigentums, welche keine Verletzung einer *Rechtsposition* (BGH, WM, 1979, 168, 169) *oder* keine vermögensmäßige Beeinträchtigungen (Opfer!) darstellen (*Kreft*, RGRK 12. Aufl., 40. Lieferung (1980) vor § 839 Rdnr. 87),
- sowie zweitens sind dies Fälle lediglich *formeller, verfahrensmäßiger* Rechtswidrigkeit, also Fälle, in welchen die hoheitliche Maßnahme bei *Rechtmäßigkeit* des Verwaltungsvorgehens unter dem Gesichtspunkt der Sozialbindung hätte geduldet werden müssen (z.B. ordnungsgemäßer Bebauungsplan).

[13] BVerfGE 58, 330f. insb. 333f.

[14] Siehe unten I, 4.

[15] Hierzu Einzelheiten bei *Ossenbühl*, JuS 1988, S. 193f., 194 sowie *B. Bender*, Baurecht, 1983, S. 6f.; *Schwerdtfeger*, JuS 1983, S. 104, 108; *Battis*, NVWZ 1982, S. 588f.

c) Der Rechtswidrigkeitsbegriff im Tatbestand des enteignungsgleichen Eingriffs

(1) Als maßgeblich zugrundelegt wird bei deren Auffassung dieses Rechtswidrigkeitsbegriffs heute nach ganz einhelliger Rechtsprechung die *erfolgsbezogene Rechtswidrigkeitslehre.* Dies bedeutet im vorliegenden Zusammenhang, daß jede von der öffentlichen Hand - adäquat - verursachte *Eigentumsverletzung* rechtswidrig und ersatzfähig ist, falls die anderen Tatbestandsvoraussetzungen des „enteignungsgleichen Eingriffs" auch vorliegen, nämlich

- die in der Regel unproblematische Gemeinwohlmotivation,
- das in der Regel ebenfalls unproblematische Fehlen einer gesetzlicher Eingriffsgrundlage,
- sowie neuerdings die *Unmöglichkeit* der Abwehrbarkeit der Eigentumsverletzung im *primären Rechtsschutz.*
- Das *Unmittelbarkeitserfordernis* in seiner geschilderten Form gab es ursprünglich *nicht.* Es wurde relativ spät eingefügt[17]. Es hatte jedoch, wie nicht verwunderlich, bereits *vor* diesem Zeitpunkt ein Tatbestandsmerkmal im Rechtsinstitut des enteignungsgleichen Eingriffs gegeben, welches - wie das Unmittelbarkeitserfordernis [s.o.a)] - die Funktion einer wertenden *Haftungsbemessung* und Haftungsbegrenzung aufwies. Es war dies das Merkmal der *Eingriffsintentionalität* des hoheitlichen Tuns in bezug auf das individuelle Eigentum. Dieses Merkmal bedeutete, daß die

---

[16] Wegen dieses Charakters einer *Rechtswidrigkeitshaftung* wird heute gelegentlich für den „enteignungsgleichen Eingriff" die Bezeichnung: „Anspruch wegen rechtswidriger Eigentumsverletzung" gewählt (z.B. von *Ossenbühl,* (Staatshaftungsrecht, 4. Aufl. 1991 1), 5. Teil § 22, S. 173).

Hier wird jedoch an der eingebürgerten Bezeichnung „enteignungsgleichen Eingriff" festgehalten, da sie dessen *rechtsgeschichtliche Herkunft* von der *Enteignung* (Aufopferungsenteignung) kennzeichnet, und zwar dies mit folgenden heute noch bedeutsamen Konsequenzen:

- erstens geht der Anspruch *nur* auf *Entschädigung, nicht* auf vollen Schadensersatz,

- zweitens gibt es Fälle, in welchen der ursprüngliche Charakter einer enteignungsähnlichen Sonderopferauferlegung noch relevant ist (vgl. Anm. 10 a.E.),

- drittens besteht der *Charakter* des Rechtsinstituts des „enteignungsgleichen Eingriffs" in einer Haftung für *versehentliche Nebenfolgen* (*atypischer* Abirrungen, vgl. sogleich f) hoheitlichen Tuns mit unmittelbar eigentumsbeeinträchtigender Wirkung. Dem wird die Bezeichnung „Anspruch aus Eigentumsverletzung" nicht voll gerecht. Sie assoziiert vielmehr, wie im Deliktsrecht (vgl. den Wortlaut des § 823 Abs. I BGB), eine *gebotsverstoßbezogene-schuldhafte „Verletzung".*

Die Bezeichnung „Enteignungsgleicher Eingriff" läßt andererseits hingegen durchaus den Charakter als *rechtswidrige* Eigentumsbeeinträchtigungh (BGHZ 6, 270, 273) erkennen.

[17] Durch BGHZ 37, 44; Einzelheiten siehe sogleich (3). Zu dessen begrifflichem Vorläufer, nämlich dem früher bestehenden Tatbestandsmerkmal der sog. *„Eingriffsintentionalität"* der hoheitlichen Maßnahme in Bezug auf das private Eigentum ist sogleich Stellung zu nehmen.

schädigende Maßnahme *gezielt* und gewollt auf Eigentumsbeeinträchtigungen im privaten Bereich gerichtet gewesen sein mußte[18].

Es besteht nun, und das ist vorliegend von Intgeresse, eine *zeitliche GrauzoBGHne* in den Jahren zwischen 1955 und 1959, in welcher das Tatbestandsmerkmal der *Eingriffsintentionalität nicht mehr* und dasjenige der „Unmittelbarkeit" *noch nicht* verwendet wurde. Dieses Merkmal der Eingriffsintentionalität der schädigen hoheitlichen Maßnahme wurde nämlich spätestens ab der Grundsatzentscheidung vom 28.1.1957[19] nicht mehr angewendet. Es gibt in der Folgezeit eine ganze Reihe weiterer Entscheidungen, in denen tatsächlich *kein* Eigentumseingriff im *intentionalen* Sinn vorlag und dennoch eine Haftung unter dem Gesichtspunkt des enteignungsgleichen Eingriffs angenommen wurde[20].

(2) Das *Ergebnis* dieser Tatbestandsanalyse ist für den erwähnten zeitlichen Bereich Rechtswidrigkeitsorientiert betrachtet folgender. Es kam in diesem Zeitraum ein tatbestandlicher Haftungsumfang zustande, welcher wesentlich zu *weit* war. Er erfaßte nämlich auch solche Eigentumsverletzungen und deren Folgeschäden, die bis zur Grenze des Zufalls gingen. Das Merkmal der Adäquanz ist keine Einschränkung dieser Feststellung[21].

(3) Die Rechtsprechung sah sich daher gezwungen, ein *Haftungseingrenzungskriterium* in den Tatbestand des enteignungsgleichen Eingriffs aufzunehmen.

Sie verlangte als Voraussetzung für eine Haftung nach dem Rechtsinstitut des enteignungsgleichen Eingriffs in Bezug auf die rechtswidrigen Verletzungsfolgen deren *Unmittelbarkeit*[22]. Dies bedeutete, daß die schädigende Handlung *unmittelbar* den Schadenserfolg herbeigeführt haben mußte. Dieses Tatbestandsmerkmal der „Unmittelbarkeit", so begrifflich unscheinbar es zunächst auftrat, ist im weiteren Verlauf der Rechtsprechung *das begriffliche Instrument* der eigentlich *verantwortungsfestlegenden* Zurechnungsentscheidung

---

[18] Im einzelnen hierzu *Forsthoff*, Verwaltungsrecht, 10. Auflage § 18 S. 357 f und § 17 S. 326 f.

[19] BGHZ 23, 157, 169.

[20] Insbesondere sind zu nennen BGHZ 28, 310, 311; BGHZ 30, 241, 243. Das Tatbestandsmerkmal der Unmittelbarkeit gibt es in diesen Entscheidungen noch nicht.

[21] Vgl. hierzu insbesondere BGHZ 3, 261, 263 nämlich die sog. objektiv-nachträgliche Prognose eines optimalen Beobachters mit *allen* Erfahrungswissen der Zeit *und* den Sachverhaltskenntnissen des Täters, welche fast jeden Schadenserfolg und dessen weitere Folgeschäden in diese Prognose einbezieht; vgl. hierzu auch die Adäquanzformeln von RGZ 78, 270 und RGZ 133, 126, hierzu Einzelheiten Teil A, IV, 2.

[22] Seit BGHZ 37, 44 ff (Granatenfallentscheidung); der Sache nach geschah dies sogar schon vereinzelt früher als in BGHZ 37, 44, vgl. die Fälle bei *Olivet*, NvWZ 1986, S. 437 Anm. 23, 24 und 25.

geworden, ob bei Vorliegen auch der übrigen, *unproblematischen* Tatbestandsmerkmale des enteignungsgleichen Eingriffs gehaftet wird oder nicht. Diese Entscheidung besteht, wie erwähnt, aus *wertenden* und zwar *verdeckt* wertenden Erwägungen.

d) Das Tatbestandsmerkmal der Unmittelbarkeit

Das Tatbestandsmerkmal der *Unmittelbarkeit* von Eigentumsverletzungen als (unmittelbare) Folge hoheitlicher eigentumsschädigender Maßnahmen bedeutet begrifflich, daß eine gewisse *Nähe aller* einzelner Kausalkettenglieder dieses Kausalverlaufs zueinander, d.h. eine homogene Zusammengehörigkeit *dieses* Kausalverlaufs insgesamt vorliegen muß *und* daß keine *eigenständige* Zwischenursache zwischen hoheitlichem *Tun* und *Schaden* liegen darf.

(1) Diese Formel ist begrifflich nicht aussagekräftig und deshalb nicht brauchbar in den im vorliegenden Zusammenhang dogmatisch gerade interessanten Fällen[23]. Diese sind nämlich durch wertungserfordernde Interessengegensätze im Verhältnis Bürger/ Staat gekennzeichnet und diese kann man, auch soweit nur die haftungsrechtlich-verantwortungsfestlegende Dimension im Spiel ist, mit Hilfe des Unmittelbarkeitsbegriffs des enteignungsgleichen Eingriffs (*Kausal*verhältnis Handlung/Schaden) *nicht* lösen. Das Tatbestandsmerkmal der *Unmittelbarkeit* des Kausalverlaufs *ist* eben für sich genommen und im Grunde nichts als eine *Kausalitätsfrage* und deren Beantwortung. Sie zwingt in den erwähnten *Wertungsfällen* zusätzlich zu ganz anderweitigen, nämlich interessenjuristischen Zurechnungsaspekten[24], welche sodann, zusammen mit den Unmittelbarkeitserwägungen (sogleich (2)), dazu führen, eine *Haftung* anzunehmen oder nicht, mit den Worten des „Unmittelbarkeitsbegriffs“: eine eigenständige Zwischenursache anzunehmen oder nicht. Wir haben hier die bereits dargelegten *verdeckten Zurechnungswertungen* vor uns, welche *hinter* der unmittelbarkeitsbegrifflichen Betrachtungsweise und hinter dem unmittelbarkeitsbegrifflichen Urteil stehen. Infolge dieser ihrer verdeckten Position ist aber eben festzustellen, daß sie durch *unmittelbarkeitsbegrifflich-kausalitätsorientierte* Erwägungen stets maßgeblich mitbeeinflußt werden [vgl. hierzu die Kasuistik sogleich unten f) und insbesondere hier die Fälle (2) und (6) sowie auch die sog. Tierfälle (4) und (5)].

[23] *Beispiele* sogleich unten e), sowie in der folgenden Anmerkung.

[24] Vgl. als anschauliches *Beispiel* BGHZ 37, 44, 47. Der Interessengegensatz zwischen dem öffentlichrechtlichen Handlungsbereich militärischer Art sowie dem privaten Eigentumsbereich ist allgemein-systemimmanenter Natur und kann *nur* durch allgemeine *Wertungen* entschieden werden.

(2) Die genannte Definition der *Unmittelbarkeit* hat einen tatbestandsprägenden Effekt nur in ganz bestimmten, und zwar im *wesentlichen*[25] in *einfach* gelagerten Fällen. Diese sind gekennzeichnet durch solche Fallkonstellationen, welche juristisch zu wertende Interessengegensätze der genannten Art *nicht* aufweisen und in welchen die leicht feststellbare *Struktur* des bloßen Kausalverlaufs[26] zur anschließenden Feststellung der haftungsrechtlich richtigen Konsequenzen genügt[27].

Diese Struktur ermöglicht es, von der homogenen Zusammengehörigkeit, Einheitlichkeit und „*Unmittelbarkeit*" des bloßen Kausalverlaufs welche von der schädigenden *Handlung hin* zum schädigenden *Erfolg* verläuft, auf Rechtswidrigkeit und Haftung zu schließen[28], und zwar *ohne* daß kausalitätsfremde *Wertungsgesichtspunkte* zusätzlich eingreifen. In Fällen der Unmittelbarkeitsbeurteilung im Bereich *dieser* Fälle geht es stets *nur* um die Frage, ob es sich bei den in Rede stehenden Teilereignissen des schadensstiftenden Kausalverlaufs, welche möglicherweise die Unmittelbarkeit ausschließen sollen, um eine bloße *Kettenursache* (= selbständiges Bindeglied im Kausalkonnex), oder aber um eine eigenständige Ursache (*Eckursache*) handelt[29]. Nach der *Verkehrsanschauung* ist aber immer, wenn in einem Kausalverlauf und dessen Rechtswidrigkeitsbeurteilung wertende Gesichtspunkte der oben (1) genannten Art *keine* Rolle spielen, ohne weiteres die Aussage möglich, was eine bloße *Kettenursache* und was eine *Eckursache* ist[30].

---

[25] Vgl. aber die Fälle unten f) (2), (3) folgende, in welchen zwischen *unmittelbarkeitsbegrifflicher* Struktur einerseits und wertungsorientierter Struktur andererseits *unterschieden* werden kann und unterschieden wird.

[26] Hierzu sogleich im folgenden Absatz.

[27] Scil. auf der Rechtswidrigkeitsebene, die hier allein von Interesse ist. Verschuldensgesichtspunkte spielen vorliegend keine Rolle, vgl. hierzu schon oben Teil A, V, 1 a).

[28] *Beispiel* (Treppenschußfall): Ein Polizeibeamter schießt im Rahmen eines Verbrecherverfolgungsfalls vom Treppenhaus durch eine Wohnungstür in eine Wohnung wegen irriger Annahme verdächtiger Geräusche in dieser; die Kugel durchschlägt die Tür; sie prallt schräg gegen die entgegengesetzt liegende Betonwand, wird reflektiert und schlägt in einen Spiegel ein. Der Verlauf vom *Schuß* zur *Spiegelbeschädigung* ist *einheitlich* = *unmittelbar* = *haftungsauslösend.*

[29] Etwa ein selbständiger Entschluß zu einer strafrechtlichen Handlung, welche einen anderen Kausalverlauf unterbricht; *Beispiel*: Entleihen eines LKW's, Begehen eines Fahrfehlers, Polizeikontrolle, Strafrechtlich relevante Reaktion in Form des Wegstoßens des Beamten und Überfahren des Beamten (vgl. BGH, NJW 1978, 1273).

[30] Bezogen auf den vorliegenden Bereich von Fällen des enteignungsgleichen Eingriffs liegt z.B. in den sog. Tierfällen (so im *Polizeihundfall*, BGHZ 57, 27 ff. sowie im *Krähenfall* (auch Mülldeponiefall genannt), BGH, NJW 1980, 537, 538) nach der allgemeinen Verkehrsanschauung eine eigenständige Zwischenursache, hier Eckursache genannt, in Form des unvorhergesehenen und unberechenbaren Tierverhaltens vor. Eine bloße *Kettenursachenreihe* liegt dagegen vor z.B. im sog. *Rohrbruchfall* (BGHZ 55, 229, 231): Rohrbruch, Wasseraustritt, Wasserherunterlaufen, Befeuchten der Edelholzstämme und der *Schaden* sind lediglich Bindeglieder in einem einheitlichen Kausalkonnex (*Kettenursachen)*, siehe hierzu sogleich f), (6).

Wegen der mangelnden Aussagekraft des Tatbestandsmerkmals der Unmittelbarkeit im Bereich der Fälle mit deutlich *wertungsinteressengegensätzlich* geprägtem Charakter (1) hingegen führt die Vorgehensweise der unmittelbarkeitsbegrifflichen Haftungseinschränkung unvermeidlich zu den erwähnten *verdeckten*[31], zurechnungsspezifischen Wertungen, welche *gekennzeichnet* sind durch folgende *Wertungsaspekte* bzw. Wertungsfragen:

(3) - Liegt eine haftungsrechtliche *Nähe* des hoheitlichen Tuns zum Schaden vor?

- Ist ein innerer *Zusammenhang* zwischen hoheitlichem Tun und Schaden anzunehmen?

- Liegt nach der Bemessung von *Verantwortungsbereichen* und Risikobereichen nach dem Adäquanzprinzip sowie dem Schutzzweckprinzip (oben Teil A, IV, 5) der Schaden noch im Verantwortungsbereich des Handelnden, hier: der öffentlichen Hand, oder liegt er im Bereich des allgemeinen Lebensrisikos[32]?

- Diese Wertungsaspekte werden häufig zusammengefaßt in der Frage nach der Eigenart der hoheitlichen Maßnahme in Bezug auf die Realisierung einer von dieser Maßnahme ausgehenden typischen Gefahr[33].

Dabei ist aber, wie erwähnt [a)] anzumerken, daß stets *unmittelbarkeitsbegrifflich-kausalitätsorientierte* Erwägungen auf diese Wertungen Einfluß nehmen [vgl. hierzu auch sogleich die Kasuistik unter f) insbesondere (2) und (6) und (4) sowie (5)].

e) Stellungnahme der Literatur

Die Entwicklung des Tatbestands des enteignungsgleichen Eingriffs zum Rechtswidrigkeitstatbestand auf der Grundlage des erfolgsbezogenen Rechtswidrigkeitsbegriffs wurde allgemein akzeptiert[34]. Dies geschah im wesentlichen wegen des tatbestandlichen Kunstgriffs der Schaffung des haftungsein-

---

[31] Teilweise werden sie auch *offen* ausgesprochen *neben* der primär angestellten unmittelbarkeitsbegrifflichen Prüfung; siehe Einzelheiten im folgenden f).

[32] Einzelheiten zu diesen *Wertungsaspekten* im Rechtsinstitut des enteignungsgleichen Eingriffs und ihrer Herkunft von der Rechtsprechung vgl. bei *Olivet*, NvWZ 1986, S. 431 ff (S. 436 r.Sp.).

[33] Vgl. hierzu die vorige Anm. sowie *Ossenbühl*, Staatshaftungsrecht, 4. Auflage 4. Teil § 18 und § 19 (S. 154 ff.).

[34] Statt vieler *Deutsch*, JuS 1961, 310 f.; *Kreft*, RGR-Kommentar, 12. Aufl., Vorb. vor § 839 Rdnr. 31.

grenzenden Kriteriums der *Unmittelbarkeit*. Man ließ es dabei allerdings nicht an Kritik in bezug auf die Unschärfe dieses Kriteriums und die hieraus resultierenden tatbestandsbegrifflichen Mängel hinsichtlich einer effektiven Haftungseinschränkung durch dieses Haftungskriteriums fehlen[35].

Diese Kritik ist berechtigt. Wie sich im folgenden zeigt, ist die Rechtsprechungskasuistik zum Rechtsinstitut des enteignungsgleichen Eingriffs wegen dessen Tatbestandsmerkmals der *Unmittelbarkeit* und dessen Angewiesenheit auf verdeckte Wertungen in schwierigen Fällen ungradlinig und angreifbar. Diese Rechtsprechung insbesondere des Bundesgerichtshofs, teilweise auch der Oberlandesgerichte sieht folgendermaßen aus.

f) Die Rechtsprechung zum Unmittelbarkeitsbegriff

(1) Der erste hier zu nennende Fall, in dem haftungsrechtliche, verdeckte Zurechnungswertungen der geschilderten Art[36] *unabhängig* vom Unmittelbarkeitsbegriff vorgenommen worden sind, ist die Grundsatzentscheidung des Bundesgerichtshofs vom 20.5.1955[37] (Unterhaltsfallentscheidung). Diese Entscheidung betraf einen Fall, in welchem ein unterhaltsberechtigter Minderjähriger Ansprüche wegen Tötung seines Vaters geltend machte. Dieser war durch einen hoheitlicherseits verursachten Unfall ums Leben gekommen. Der BGH prüfte und bejahte die Ursächlichkeit des hoheitlichen Tuns für den Unfall sowie für den Wegfall der Unterhaltsberechtigung[38]. Sodann stellte er *implizite* die *Rechtswidrigkeit* dieses *Geschehens* fest[39]. Dies genügte ihm jedoch

---

[35] Eine deutliche Kritik findet sich z.B. bei *Kreft* (aaO vorige Anm.). *Kreft* bemerkt am Ende des zitierten Abschnitts (Rdnr. 31), daß der Tatbestand des enteignungslgeichen Eingriffs wegen des haftungseingrenzenden Kriteriums der Unmittelbarkeit sehr dehnbar und unscharf sei. Weiter könne man nicht gehen, wenn das Rechtsinstitut des enteignungsgleichen Eingriffs ein juristisch faßbarer und definierbarer Tatbestand bleiben solle.

Kritik findet sich auch bei *Deutsch* (aaO Anm. 32, S. 319). *Deutsch* bemerkt, der enteignungsgleiche Eingriff sei in der Entwicklung der Rechtsprechung praktisch schon eine Gefährdungshaftung geworden ohne allerdings gefährdungshaftungsrechtliche Tatbestandsbegrenzungen zu verwenden. Der Begriff der Unmittelbarkeit sei eine solche nicht.

Sehr deutlich ist auch die Kritik bei *Ossenbühl* (Anm. 32) § 24, 3 (S. 208/209).

[36] Siehe oben d) (1) und (3).

[37] BGHZ 20, 81 ff.

[38] Also eine Beeinträchtigung eines absolut geschützten Rechts i.S. des § 823 Abs. 1 BGB (vgl. aaO, BGHZ 20, 81, 88) und damit des Eigentums im weiten, eigentumsrechtlichen Sinne des enteignungsgleichen Eingriffs.

[39] Ausdrücklich prüfte der BGH dessen Charakter als Sonderopfer. Die Entscheidung der Indizierung eines Sonderopfers durch das Vorliegen der Rechtswidrigkeit des hoheitlichen Tuns war noch nicht getroffen, siehe oben c). Der Sache nach wurde aber bereits damals *rechtswidrige* Eigentumsbeeinträchtigungen und Sonderopfer im Sinne der genannten Indizierungsentscheidung des BGH *gleichgestellt*.

für die Zusprechung eines Entschädigungsanspruches nicht. Er fügte vielmehr die Wertung des § 844 Abs. 2 BGB hinzu, welche er sich für diesen an sich anderen, völlig undeliktischen Fall zu eigen machte und welche darauf hinauslief, daß trotz mangelnder Unmittelbarkeit im Verhältnis hoheitlichem Tun / privatem Schaden[40] aus Verantwortungsbereichsgesichtspunkten heraus[41] eine Haftpflicht der beklagten öffentlichrechtlichen Körperschaft angenommen wurde.

Der Begriff der *Unmittelbarkeit* wurde nicht erwähnt. Die Entscheidung lag noch *vor* der diesen Begriff erstmals verwendenden Grundsatzentscheidung BGHZ 37, 44[42]. Der Sache nach verfuhr man aber bereits damals unmittelbarkeitsbegrifflich und nicht mehr eingriffsintentional[43].

(2) Spezielle Zurechnungswertungen wurden erstmals *neben* einer *ausdrücklichen* Erwähnung und Handhabung des Unmittelbarkeitsbegriffs verwendet in der bereits erwähnten Grundsatzentscheidung des BGH vom 20.3.1961 (Granatenfall)[44]. Der Entscheidung lag folgender Fall zugrunde. Die Klägerin hatte vom Beklagten Holz aus Waldungen gekauft, die sich in der Nähe eines Truppenübungsplatzes befanden. Im Verlauf von Schießübungen entstanden Waldbrände, durch welche ein Teil des gekauften Holzes ver nichtet wurde. Die Gefahr war bereits auf die Käuferin (Klägerin) übergegangen (§ 929 Abs. 2 BGB). Diese hatte also einen Schaden.

Die *Unmittelbarkeit* zwischen hoheitlicher *Maßnahme* und dem *Schaden* der Klägerin wurde im Rahmen der tatbestandlichen Prüfung des enteignungsgleichen Eingriffs bejaht. Dies geschah ohne Begründung. Eine solche war hier auch nicht erforderlich, da eine *Unmittelbarkeit* d.h. eine homogene *Zusammengehörigkeit* und *Einheitlichkeit* in Bezug auf die Aufeinanderfolge sämtlicher Einzelglieder des vorliegenden Kausalverlaufs ohne weiteres feststellbar war; es war lediglich die Zugrundelegung der rein unmittelbarkeitsbegrifflichen Vorgehensweise [d) (1), (2)][45] erforderlich.

---

[40] Es bestehen mehrere *eigenständige* Zwischenursachen zwischen diesem hoheitlichen Tun und dem Privatschaden des Klägers, die allerdings im Urteil nicht erwähnt werden.

[41] Der Verantwortungsbereich des Schädigers wird vom *BGB* in der vorliegenden Fallkonstellation so bemessen, daß er auch *indirekte* Schädigungen durch eine Verursachung des Wegfalls von Unterhaltspflichten erfaßt; vgl. hierzu *Palandt-Thomas*, Kommentar zum BGB, 50. Aufl. 1991, § 844 Abs. 2 A 1.

[42] Siehe oben Anm. 21.

[43] Ausführlich hierzu oben c) (1).

[44] BGHZ 37, 44 ff.

[45] Das Artellerieschießen, der darauffolgende Granateneinschlag, die Waldbrände durch die Granatenexplosion sowie das Verbrennen der Holzstöße der Klägerin lassen keine eigenständige Eckursache im erwähnten Sinn zwischen hoheitlichem Handeln und privatem Schaden erkennen.

Danach und *daneben* wurde ohne expliziten Zusammenhang mit der Prüfung des Unmittelbarkeitsmerkmals die Haftpflicht der öffentlichen Hand mit nunmehr spezifischen *Zurechnungswertungen* begründet. Dies geschah noch nicht in der *detaillierten* Form, die oben dargelegt wurde und die erst später von der Rechtsprechung entwickelt worden ist[46]. Es wurde jedoch immerhin die Frage gestellt, ob das Eigentum der Klägerin von vornherein mit der Gefahr, die sich später realisiert hatte, behaftet war oder nicht. Im letzteren Fall sollte eine Haftung der öffentlichen Hand gegeben sein. Die Frage wurde konkretisierend verengt und in der Weise gestellt, ob sich der Schaden im *Gefahrenbereich* der Klägerin oder in dem der Schädigerin ereignet habe. Dies ist der Sache nach nunmehr eindeutig eine *wertend*spezifische *Zurechnungsfrage*. Sie wurde im Sinne der Lokalisierung des Schadens in den Gefahrenbereich der Schädigerin beantwortet. Damit wurde ihre Haftung festgestellt (BGH, aaO S. 347 f.). Dies ist keineswegs zwingend. Man hätte den Schaden auch in den Bereich des allgemeinen *Lebensrisikos*, wozu Militäraktionen eben auch gehören, lokalisieren können. Man darf annehmen, daß die *unmittelbarkeitsbegrifflich eindeutige* Lage diese Verantwortungsbereichswertung maßgeblich beeinflußt hat.

(3) Verdeckte Verantwortungsbereichswertungen auf dem Hintergrund der Verwendung des Unmittelbarkeitsbegriffs und im Grunde *am* Unmittelbarkeitsbegriff *vorbei* werden noch sichtbarer in Fällen von Widersprüchen zwischen kausal *unmittelbarkeitsbegrifflicher* Betrachtungsweise einerseits und *tatsächlichem* Entscheidungsergebnis auf der Grundlage von *zurechnungsspezifischen Verantwortungsbereichserwägungen* andererseits.

Diese Erscheinung ist erstmals zu beobachten in der sog. „Ampelfallentscheidung“[47]. Sie weist folgende Fallkonstellation auf.

Infolge einer Ampelfehlschaltung, die nicht auf eine fehlerhafte Beschaffenheit oder Montage der Ampelanlage zurückging, kam es auf einer belebten Kreuzung zu einem Zusammenstoß zwischen zwei Kraftfahrzeugen. Keiner der Kraftfahrzeugführer hatte eine fehlerhafte Handlung begangen. Eine *Unmittelbarkeit*, und dies ist der erste Gesichtspunkt, zwischen dem technischen Umstand der Fehlschaltung *und* dem anschließenden Unfall liegt kausalitätsorientiert betrachtet vor. Es ist nämlich in diesem Kausalverlauf keine *eigenständige* Zwischenursache, in der oben gebrauchten Terminologie keine „Eckursache“ zu erkennen. Es liegen *weder* ein eigenständiger Entschluß oder

[46] Hierzu oben d) (3) sowie die *Beispielsfälle* im folgenden.
[47] BGHZ 54, 332, 334.

Fehler der Kraftfahrzeugführer *noch* sonstige als eigenständig zu bewertende Ereignisse vor. Der gesamte Kausalverlauf besteht vielmehr lediglich aus als „Kettenursachen" zu wertenden, *selbstverständlichen* Teilverhaltensweisen[48] (§ 12 StVO) der Beteiligten.

Das *tatsächliche* Entscheidungsergebnis des BGH entsprach jedoch *keineswegs* dieser kausalitätsorientiert-unmittelbarkeitsbegrifflichen Vorgehensweise. Aufgrund *verdeckter Wertungen* wurde vielmehr eine Haftung der öffentlichen Hand abgelehnt.

Rein *terminologisch* und als vordergründige Begründung wurde die *Unmittelbarkeit* zwischen hoheitlichem Tun und privatem Schaden *verneint*. Dies geschah aber *ohne sachliche Begründung* und in rein *apodiktischer* Weise. Es wurde nämlich auch nicht andeutungsweise gesagt, welche eigenständigen Zwischenursachen oder „Eckursachen" *unmittelbarkeitsunterbrechend* gewirkt haben sollten. Solche waren denn auch tatsächlich *nicht* vorhanden. Die Entscheidung des BGH wurde aus diesem Grunde auch so gut wie allgemein abgelehnt[49].

Die *sodann* als *eigentliche Begründung* nachgeschobene *verdeckte Wertung* bestand vorliegend darin, daß der Zufall des Ampelversagens dem Bereich des allgemeinen Risikos des für sich genommen schon gefährlichen Kraftfahrzeugverkehrs zugeschlagen wurde und *nicht* dem Verantwortungsbereich der an sich zweifellos verantwortungsspezifisch näher am schadensstiftenden Umstand befindlichen Straßenverkehrsbehörde.

Diese *Verantwortungsbereichsabgrenzung*[50] wurde im vorliegenden Fall in der Weise präzisiert, daß die fehlerhafte Ampelanlage nur eine allgemeine öffentlichrechtliche *Gefahrenlage* geschaffen habe und daß erst *weitere Umstände* in Form der kinetischen Energie der Kraftfahrzeuge und deren Betriebsgefahr zu dem Zusammenstoß und Schaden geführt habe. Es liegt nach Ansicht des BGH also die Konstellation einer öffentlichrechtlichen *Gefährdungshaftung* vor. Eine richterrechtliche Ausgestaltung des Rechtsinstituts des enteignungsgleichen Eingriffs zu einer allgemeinen, öffentlichrechtlichen Gefährdungshaftung lehnt der BGH aber seit jeher ab[51]. *Dies* ist die eigentliche

---

[48] Die sogar in Form des Anfahrens beim Zeichen „Grün" *geboten* waren, vgl. § 12 StVO.

[49] So von *Ossenbühl*, JuS 1971 S. 575, 578 sowie von *Wolff/Bachof*, Verwaltungsrecht I, 9. Aufl. 1974, § 61, II a 2 a.E. (m.w.N.).

[50] Sie überzeugt nicht und wurde vielfach angegriffen; auch aus diesem Grunde wurde die Entscheidung abgelehnt, vgl. die vorige Anmerkung.

[51] So auch die Literatur, vgl. oben e) (*Deutsch*, *Kreft*); diese Ausgestaltung wäre Sache eines Staatshaftungs*gesetzes*.

Wertung und gegen *sie* kann man kaum etwas einwenden. Die Entscheidung ist daher nach wie vor vom BGH aufrechterhalten worden.

(4) Sehr ähnlich wie der „Ampelfall" liegt in Bezug auf die hier vorliegende Konstellation eines Widerspruchs zwischen begrifflichen Unmittelbarkeitswertungen und verantwortungsbezogenen Zurechnungswertungen der sogenannte „Mülldeponiefall"[52].

In dieser Entscheidung wurde ein Fall behandelt, in welchem eine öffentliche Mülldeponie eine große Zahl von Krähen angelockt hatte, die nach und nach das Saatgut vom benachbarten Acker des Klägers wegpickten. Sie verursachten erhebliche Schäden auf diesem Acker. Die Eigentumsbeeinträchtigung in Form der Beschädigung der Aussaat des Klägers kann hier nach der kausalitätsorientiert betrachtet unmittelbarkeitsbegrifflichen Vorgehensweise *nicht* als *unmittelbar* angesehen werden. Das eigenständige Tierverhalten[53] tritt als selbständige *Eckursache* zwischen hoheitliches Tun (Schaffung und Unterhaltung der Mülldeponieanlage) und den privaten Schaden. So hatten es eindeutig die beiden Vorinstanzen[54] auch gesehen. Der BGH dagegen nahm eine Unmittelbarkeit der Eigentumsverletzung durch die hoheitlicherseits betriebene Anlage an. Er tat dies ohne Begründung. Stattdessen wurde *implizit* die - hier zutreffende - zurechnungsspezifische *Wertung* vorgenommen, daß die von der öffentlichen Hand als typische Folge einer potentiell gefährlichen Anlage verursachten Schäden in *deren* Verantwortungsbereich liegen.

(5) Noch deutlicher werden Schwierigkeiten und Ungradlinigkeiten der *unmittelbarkeitsbegrifflich*-orientierten Vorgehensweise auf dem Hintergrund ihres Verhältnis zu verdeckten *Wertungen* im sog. „Polizeihundfall"[55].

Die Entscheidung betraf folgenden Fall: Ein Spezialstreifenfahrzeug mit Polizeihund im Wagenfonds hatte einen Unfall verursacht. Der Polizeihund war aus dem hinteren Teil des Polizeifahrzeugs durch das Absperrgitter gesprungen und hatte den Fahrer gestört und abgelenkt. Der Unfall hatte Schäden am Kraftfahrzeug des Klägers verursacht.

Eine *Unmittelbarkeit* der Eigentumsbeeinträchtigung wurde vom BGH *ohne* Begründung abgelehnt. Offenbar sah er - zutreffenderweise - das als selbständig zu wertende Tierverhalten des Polizeihunds als *eigenständige* Zwischenursache (Eckursache) im Rahmen des von der schadensstiftenden Handlung aus-

---

[52] BGH, NJW 1980, 770 f.
[53] Siehe hierzu ausführlich vorstehend d), (2) Anm. 29.
[54] Landgericht Schleswig; Oberlandesgericht Schleswig (ZR 578/69).
[55] BGH, VersR 1972, 1047, 1048.

gehenden Kausalverlaufs an. Es ist dies aber zunächst schon einmal ein Gegensatz zum soeben erwähnten „Mülldeponiefall“, in welchem das Verhalten der Tiere gerade *nicht* als selbständige Zwischenursache gewertet worden war.

Spezifische Zurechnungswertungen, und dies ist im vorliegenden Zusammenhang das entscheidende, hätten zu einer Lokalisierung des Schadens in den Verantwortungsbereich der öffentlichen Hand führen müssen. Dies war im Mülldeponiefall auch geschehen, *nicht* aber im vorliegenden Polizeihundfall[56]. Man muß annehmen, daß die eigentlich zutreffende unmittelbarkeitsbegriffliche Wertung (vgl. oben d) 2 Anm. 29) die vorstehend dargelegte Verantwortungsbereichs*wertung* maßgebend mitbeeinflußt hat.

(6) Daß diese Erscheinung von Ungradlinigkeiten und Vermischungen einer vordergründig betrachtet *unmittelbarkeitsbegrifflichen*, tatsächlich dann aber *wertungsorientierten* Vorgehensweise nicht auf Einzelfälle beschränkt ist, kann heute als unbestritten gelten. Ein gleiches Bild bietet als typisches Beispiel der Gegensatz zwischen dem „Rohrbruchfall“[57] und dem „Kanalisationsfall“[58]. Die „Rohrbruchentscheidung“ betraf folgende Fallkonstellation: Durch

---

[56] Diese Wertung ist nach einheitlicher Ansicht nicht überzeugend. Die Polizei *mußte* in diesem Streifenfahrzeug einen Diensthund mitführen. Der Hund war ordnungsgemäß abgeschirmt. Ein *Zufall* im Zusammenhang mit ungeklärten Umständen führte zum Durchdringen des Gitters durch den Polizeihund. Dies liegt im Verantwortungsbereich der für den Einsatz hochspezialisierter Sonderfahrzeuge zuständigen Behörde. Die Entscheidung wurde daher von der Literatur mit Recht abgelehnt.

[57] BGHZ 55, 229, 231.

[58] BGHZ 57, 370, 371; weitere *Beispiele*, die *Widersprüche* zwischen unmittelbarkeitsbegrifflicher und wertungsorientierter Vorgehensweise deutlich machen, sind:

BGHZ 56, *40* (Mietpreisbindung):

Die Kläger waren Eigentümer eines Mietwohnhauses, das der Mietpreisbindung unterlag. Die Voraussetzungen für die Mietpreisbindung entfielen; die Bindung hätte aufgehoben werden müssen. Die Kl. machten Ersatz des Mietausfalls geltend.

BGHZ 56, 57 (Holzlager):

Die Klägerin war Erbin eines Kaufmanns, der eine Kistenfabrik betrieben hatte. Ein Teil des Betriebsgrundstücks diente zum Lagern des benötigten Holzes. Die Bauaufsichtsbehörde ordnete die Verlegung des Holzlagers aus feuersicherheitlichen Gründen an. Die Verfügung wurde später wieder aufgehoben. Die Kl. begehrt Entschädigung.

BGHZ *58, 124* (Bausperre):

Eine Veränderungssperre, die ohne den erforderlichen Beschluß der Gemeinde, einen Bebauungsplan aufzustellen, beschlossen worden ist, leidet an einem sachlichrechtlichen Mangel mit der Folge, daß der Eigentümer die Sperre nicht entschädigungslos hinnehmen muß. Ein Anspruch aus enteignungsgleichem Eingriff besteht.

BGHZ *72, 289* (Straßenbauarbeiten):

Der Kl. war Eigentümer eines Hauses. Die Stadt ließ eine Allee verbreitern, dabei wurden Kabel neu verlegt sowie Rohre und Gasleitungen verändert. Der Kl. behauptete, dabei sei es zu starken Erschütterungen und Stößen gekommen, die zusammen mit der Vertiefung vor dem Haus zu Schäden am Gebäude geführt hätten.

BGHZ *78, 41* (Werbefahrtenverbot):

Der Kl. vermietete Oldtimer zu Werbezwecken. Der Bundesminister für Verkehr fügte mit Zustimmung des Bundesrats neue Vorschriften in die STVO ein, die das Umherfahren und Parken zum Zwecke der Werbung verbot.

den Bruch einer ordnungsgemäß installierten gemeindlichen Wasserleitung war Wasser ausgetreten und hatte an dem in unmittelbarer Nähe *unterhalb* der Leitung befindlichen Warenlager des Klägers empfindliche Schäden verursacht. Der Kläger verlangte Entschädigung. Eine *Unmittelbarkeit* nach begrifflich-kausalitätsorientierter Betrachtungsweise[59] zwischen hoheitlichem Tun und privatem Schaden lag vor:

Der Bruch der Druckwasserleitung als erfahrungsgemäß immer wieder auftretende Folge des Anlegens und Betreibens einer solchen Anlage, das Auslaufen des Wassers, dessen Herunterlaufen sowie dann das Durchnässen und Beschädigen der Waren des Klägers sind alles lediglich *unselbständige Binde-* oder *Kettenursachen* eines *homogenen*, nicht durch eigenständige Zwischenursachen unterbrochenen Kausalverlaufs.

Der BGH sah den kausalitätsorientierten Zusammenhang zwischen öffentlichrechtlichem Tun und privatem Schaden dagegen anders. Er nahm eine *Unmittelbarkeit* zwischen beidem *nicht* an. Er argumentierte, daß insbesondere das Herunterlaufen des Wassers und der anschließende Durchnässungsvorgang erst die *eigentliche*, und zwar *eigenständige* Schadensursache eines vorher lediglich bestehenden *Schadensrisikos* gewesen sei[60].

Die erwähnte, parallel liegende Gegenentscheidung (Kanalisationsfallentscheidung) beruhte auf einem Fall, in welchem durch eine gemeindliche Kanalisationsanlage die Senkung des Grundwasserspiegels herbeigeführt worden

---

Das BVerfG erklärte dies für nichtig (Verstoß gegen Art. 12 GG).

BGH NJW 84, 2516 (nichtiger Bebauungsplan)

Dem Kl. gehörte ein landwirtschaftlicher Betrieb. Die Gemeinde beschloß einen Bebauungsplan. Der Kl. beantragte einen baurechtlichen Vorbescheid über Erweiterungen des Betriebs. Der Antrag wurde abgelehnt, da der Bebauungsplan Wohnbebauung vorsah. Der VGH Mannheim erklärte den Bebauungsplan für nichtig.

BGH DVBl. 71, 464 (Versagung einer BG)

Der Kl. stellte einen Bauantrag, den die Bekl. zunächst ablehnte; dann aber erteilte sie ohne ersichtliche Änderung der Sach- und Rechtslage eine BG. Der Kl. macht u.a. erhöhte Baukosten geltend.

59 Siehe d) (2) Anm. 29 am Ende.

60 Der für diese Unmittelbarkeitsbeurteilung *maßgebende Kausalverlauf*, den der BGH zugrunde legte, ist der folgende: *Anlage* und Betrieb der Wasserleitung, Bruch der Leitung, Austreten des Wassers, Herunterlaufen des Wassers und Verursachung des Schadens. Dieser Verlauf, insbesondere der Beginn bei der Anlage der Rohrleitung ist oft verkannt worden; der BGH legt gerade nicht den *Bruch* der Leitung als Beginn des Schadenskausalverlaufs zugrunde; im letzteren Fall wäre die Verneinung der Unmittelbarkeit nicht verständlich. Bei Zugrundelegen des *vorstehend* dargelegten Kausalverlaufs des BGH ist die Verneinung der Unmittelbarkeit jedoch *keineswegs* so *unverständlich* wie vielfach in den Entscheidungsrezisionen behauptet wird, insbesondere dann nicht, wenn man die enteignungsrechtliche Herkunft des Rechtsinstituts des enteignungsgleichen Eingriffs vor Augen hat (Ein Enteignungs*eingriff* bzw. ein enteignungsgleicher *Eingriff* liegt *nicht* ohne weiteres dann schon vor, wenn der Betrieb einer Druckleitung durch technische Störungen *nach* einem *verzweigten* Kausalverlauf zu einem Schaden Dritter führt).

war. Diese bewirkte nach einiger Zeit eine Austrocknung des Erdreichs und des Oberflächengesteins sowie als Folge hiervon eine Beeinträchtigung der Standfestigkeit des Hauses des Klägers.

Die Anlage und der Betrieb der gemeindlichen Kanalisation, die hieraus folgende Absenkung des Grundwasserspiegels, die Austrocknung des Erdreichs sowie die Standfestigkeitsbeeinträchtigungen des Hauses sind lediglich unselbständige Ketten- bzw. Bindeursachen eines homogenen, nicht durch eigenständige Zwischenursachen unterbrochenen Kausalverlaufs.

Der BGH nahm in diesem Fall denn auch eine *Unmittelbarkeit* der privaten Eigentumsbeeinträchtigungen an, ohne dabei allerdings auf den Widerspruch zur „Rohrbruchentscheidung" einzugehen[61].

Die *Gründe* dieser Widersprüchlichkeit in der *unmittelbarkeitsbegrifflichen Beurteilung* beider Fälle sind die zugrundeliegenden, und zwar *unterschiedlichen Zurechnungswertungen*. Im zitierten „Rohrbruchfall" fiel diese Wertung des BGH nämlich so aus, daß der Schaden *nicht* mehr als im Verantwortungsbereich der öffentlichen Hand liegend angesehen wurde. Dies geschah ungeachtet der Tatsache, daß der Schaden von einer gefährlichen Anlage ausgegangen war, welche von der öffentlichen Hand betrieben wurde. Der BGH legte bei dieser Wertung offensichtlich den Gedanken des § 2 HpflG a.F. vom 1.12.1985 (Enumerationsprinzip) zugrunde; in dieser Vorschrift wurden Wasserleitungen nicht aufgeführt[62]. Man darf ferner annehmen, daß diese Wertung maßgeblich auch durch die *unmittelbarkeitsbegriffliche* Situation beeinflußt wurde, welche (siehe Anm. 59) durchaus im Sinne einer *fehlenden* Unmittelbarkeit im Verhältnis des Tuns der öffentlichen Hand zum privaten Schaden aufgefaßt werden kann. Im *Kanalisationsfall* führten die entscheidungserheblichen Zurechnungswertungen dagegen zu dem Ergebnis, daß der Anleger und Betreiber einer Kanalisationsanlage stets als verantwortlich anzusehen ist für Schäden, die durch typische Kanalisationseffekte verursacht worden sind[63].

---

[61] Entsprechende Widersprüche sind in den Entscheidungen vorstehend Anm. 57 zu beobachten.

[62] Dies geschah aus Kostengründen wegen der Häufigkeit von Rohrbrüchen. Heute ist die Bewertung anders, vgl. § 2 HpflG n.F. vom 1.1.1978.

[63] In ähnlich gelagerten Fällen entschied der BGH nach genau denselben Wertungsgesichtspunkten, z.B. in: BGH, WM 1979, S. 1216, 1217 sowie in BGH, NJW 1978, 1051 f.

Es liegt auf der Hand, daß die geschilderten *verdeckten Zurechnungswertungen* im formellen Rahmen rein *unmittelbarkeitsbegrifflicher* Argumentationsweise

- weder eine einheitliche Begrifflichkeit in diese Argumentationsweisen bringen können,
- noch daß darüberhinaus die verdeckten Wertungen selbst einheitlich und geradlinig sein können.

Die Kasuistik zum Rechtsinstitut des enteignungsgleichen Eingriffs veranschaulicht denn auch deutlich die Uneinheitlichkeit der Judikatur des BGH in solchen Fällen und zwar sowohl

- in der *unmittelbarkeitsbegrifflichen* Vorgehensweise,
- als auch im Bereich der spezifischen *Zurechnungswertungsfragen*.

g) Der dogmatische Grund für die Ungradlinigkeiten in der Rechtsprechung zum Unmittelbarkeitsbegriff

Die *Ursachen* für die vorstehend dargelegten Mängel im Zusammenhang mit der Handhabung sowohl des *Unmittelbarkeitsbegriffs* als auch der *zurechnungsspezifischen Wertungen* gehen auf einen *dogmatischen Fehler* zurück. Er besteht darin, daß im Rahmen von *Kausalitätserwägungen*, nämlich nach dem oben Gesagten von Erwägungen in Bezug auf den *Kausalverlauf* von der schädigenden Handlung *her* in Richtung auf den privaten Schaden[64] *hin*, *rechtliche Wertungen* haftungseinschränkender Art angestellt werden, welche in den meisten Fällen (oben f) (2) folgende), ihre kausalitätsorientierte Herkunft nicht verleugnen können[65].

Der Sache nach gehören diese Wertungen aber nicht in den Bereich der naturwissenschaftlich festzustellenden Kausalität zwischen Handlung und Schaden, sondern in den des wertungsoffenen *Rechtswidrigkeitsbegriffs*. Dieser bedeutet nämlich, wie in Teil A ausgeführt wurde[66], daß *nur*, aber auch

[64] Mit Blick auf eventuelle, in diesem befindliche *eigenständige* Zwischenursachen, siehe oben d).

[65] Dies ist in den gen. Fällen also eine *Vermischung* von kausalitätsorientierter Betrachtungsweise einerseits und - vielfach verdeckter - wertungsorientierter Vorgehensweise anderseits [vgl. ausführlich schon oben d) (3) sowie Einzelheiten sogleich h) (3)]. Dies ist nicht mehr nur als semantisch verunglückte Etikettierung von an sich eindeutig vorgenommenen Wertungserwägungen zu bezeichnen (so aber *Ossenbühl* [Anm. 32] § 24, 3 S. 208), sondern es ist schlicht als Fehler zu kennzeichnen.

[66] Siehe oben ausführlich Teil A, V, 3 b) und *c)*.

alles, was eine stringente Haft*pflicht* auslöst[67] und rückgängig gemacht werden *muß* (§ 249 BGB), *rechtswidrig* ist. Dies gilt einschließlich *aller* verantwortungsbezogener Wertungsgesichtspunkte auch einschränkender Art, welche diese stringente Pflicht[68] begründen[69]. Durch diese Wertungserwägungen, d.h. durch die Bestimmung all dessen, was die Pflicht zur Rückgängigmachung ausmacht, wird der Bereich des Rechtswidrigkeitsbegriffs überhaupt erst bestimmt.

Hieraus folgt umgekehrt, daß diese juristischen Wertungserwägungen, zusammenfassend gesagt der Verantwortungsbereichsgedanke[70], in den *Rechtswidrigkeitsbegriff* gehören[71]. Der *Verantwortungsbereichsgedanke* kann nicht vom Rechtswidrigkeitsbegriff getrennt werden; ihn dogmatisch auf die *kausale* Begriffsdimension zu projizieren und zu verkürzen, ist unrichtig.

Dieser Gedanke hat allerdings zur Folge, daß man nunmehr nur einen solchen Rechtswidrigkeitsbegriff verwenden kann, welcher von der dogmatisierten *Erfolgsbezogenheit*[72] von Rechtswidrigkeitsurteilen abgeht, also die *Indizierung* der Rechtswidrigkeit einer Handlung allein aufgrund der *Tatbestandsverwirklichung* (§ 823 Abs. I) verabschiedet *und* sich *praxisbezogen* nur am *tatsächlichen*[73] von der Rechtsprechung festgelegten Pflichtenkreis (Wiedergutmachungspflicht) des Schädigers eines fremden Rechtsguts orientiert. Diese Orientierung zielt, wie in Teil A ausgeführt, auf den „*verantwortungsbezogenen Rechtswidrigkeitsbegriff*“[74].

Diese Vorgehensweise hat zunächst den Vorteil *dogmatischer* Konsequenz. Sie hat den *praktischen* Vorteil, daß sich die Eindeutigkeit der Konturen des „verantwortungsbezogenen Rechtswidrigkeitsbegriffs“ *auch* auf den Tatbestand des enteignungsgleichen Eingriffs in Bezug auf dessen *Haftungseinschränkungsteil* auswirkt. Die Folge ist, daß Uneinheitlichkeiten und Widersprüche, welche bisher durchaus bei der Handhabung des „Unmittelbarkeits-

---

[67] Von Verschuldensgesichtspunkten ist hier abstrahiert, siehe oben Teil A, V, 1 a).

[68] Auf der Rechtswidrigkeitsebene, vgl. die vorige Anmerkung.

[69] Der Verantwortungsbereichsgesichtspunkt des Adäquanzprinzips und vor allem interessenjuristische Wertungen im Rahmen der Lehre vom Schutzzweck der Norm (siehe oben Teil A, IV, 5 a) sind in diesem Zusammenhang zu nennen. Es gibt aber auch noch *andere* Wertungsgesichtspunkte, vgl. oben Teil A, V, 1 b) (2), Anm. 191 sowie sogleich III, 2, e).

[70] In bestimmten Fällen im Rahmen der Schutzzwecklehre (s. vorige Anm.).

[71] So ausführlich schon oben Teil A, V, 3 b) und c).

[72] Zur Rolle des Merkmals der Adäquanz in *diesem* Zusammenhang, siehe o. c) (2).

[73] Vgl. hierzu die Bemessung der Haftpflicht auf der Rechtswidrigkeitsebene aufgrund des *tatsächlichen* und unangefochten praktizierten Haftungsumfangs der Rechtsprechung der Obergerichte, oben Teil A, V, 3 c) und d).

[74] Hierzu ausführlich Teil A, V, 3.

begriffs" sowie der *verdeckten Verantwortungswertungen* häufig zu beobachten waren, nicht mehr auftreten.

Die praktische Bedeutung des verantwortungsbezogenen Rechtswidrigkeitsbegriffs ist zusammenfassend also folgendermaßen zu charakterisieren: Wenn die effektive Bemessung der tatbestandlichen *Haftungsreichweite* in Fällen des Rechtsinstituts des enteignungsgleichen Eingriffs[75] durch die *dogmatischen* Konturen des *Rechtswidrigkeitsbegriffs* geprägt ist, wenn man also den Rechtswidrigkeitsbegriff für die Haftungsbemessung und insbesondere auch die Haftungseinschränkung heranzieht, so fällt der „*Unmittelbarkeitsbegriff*" mit all seinen Mängeln[76] als überflüssig weg. Dies kann man nur als allseits erwünscht bezeichnen und wurde bereits oben (1, a) so bezeichnet.

h) Der Grundgedanke

(1) Dieser Gedanke einer Lokation *aller* haftungsrelevanten Zurechnungswertungen, und zwar *auch* und gerade der im Haftungseinschränkungsteil des Tatbestands der enteignungsgleichen Eingriffs befindlichen, *in* den Bereich des *verantwortungsbezogenen Rechtswidrigkeitsbegriffs* hinein ist, wenn man diesen Gedanken auf die historischen Grundlagen der schadensersatzrechtlichen Zurechnungslehre stellt, als unstreitig zu bezeichnen:

Seit *Hegel*[77] wird nämlich unterschieden zwischen kausalitätsbezogener Zurechnung, welche „imputatio facti" genannt wird einerseits *und* einer *wertenden* Zurechnung nach interessenjuristischen Gesichtspunkten andererseits, welche „imputatio juris" genannt wird[78].

---

[75] Soweit es hierbei *nicht* um die *unstreitig* feststehenden, unproblematischen Tatbestandsmerkmale geht, siehe oben 2 a), also soweit die Haftungseinschränkung des *Unmittelbarkeitsbegriffs* sowie die Funktion des Rechtswidrigkeitsbegriffs im Blickfeld stehen.

[76] *Z.B.* führen im Ampelfall (oben f) (3)) Wertungen nach dem Verantwortungsgesichtspunkt des richtig verstandenen *Rechtswidrigkeitsbegriffs* (verantwortungsbezogenen Rechtswidrigkeitsbegriff) zu einer Haftung der öffentlichen Hand. Denn die Verantwortung der öffentlichen Hand *erfaßt* Unfälle der fallrelevanten Art. Der BGH dagegen hatte aufgrund der geschilderten verdeckten Wertungen, nämlich der Heranziehung der Prinzipien des Haftpflichtgesetzes einschließlich dessen Enumerationsprinzips, eine Verantwortung der öffentlichen Hand abgelehnt.

Gleiches läßt sich beobachten bei der „Polizeihundentscheidung", (f) (5)); Wertungen nach dem Verantwortungsgesichtspunkt des verantwortungsbezogenen Rechtswidrigkeitsbegriffs führen zu einer Haftung der öffentlichen Hand. Der BGH hatte mit nicht überzeugender Begründung eine Haftung und Verantwortung der öffentlichen Hand abgelehnt und deren *Verantwortung* für das Versagen hochspezialisierter Polizeieinheiten *verneint*. Dies war die Folge verdeckter Wertungen auf dem Hintergrund unmittelbarkeitsbegrifflicher Vorgehensweise, also die Folge einer Vermischung beider Gesichtspunkte.

[77] *G.W.F. Hegel*, Grundlinien der Philosophie des Rechts (Neudruck im Suhrkamp-Verlag, 1970) S. 172 f. (§ 82, § 83 und § 84).

[78] Imputatio (neulat.) = Hinzufügung, Zurechnung.

(2) Die „imputatio facti" ist der *erste* Schritt einer Zurechnung deliktischer oder entschädigungsrechtlicher Schäden in den Bereich der Wiedergutmachungspflicht des Schädigers. Sie bedeutet, daß eine Zurechnung grundsätzlich nur in solchen Fällen eingreift, in welchen dieser Schädiger den Schaden wenigstens *verursacht* hat. Kausalität in diesem naturwissenschaftlichen Sinne muß grundsätzlich[79] immer vorliegen; es ist dies das mindeste für eine Haftung. Dies wird auch „rudimentäre" Zurechnung genannt[80].

Der *zweite* Schritt jeder Zurechnungsprüfung im Rahmen des Schadensersatzrechts wie auch des Entschädigungsrechts des Rechtsinstituts des enteignungsgleichen Eingriffs ist die Frage, ob der Schaden vom Ergebnis her gesehen nach *wertenden* Gesichtspunkten vom *Verursacher* wieder gutzumachen ist, oder ob er als dem allgemeinen Lebensrisiko zugehörend anzusehen ist. Im letzteren Fall verbleibt er beim Geschädigten[81]. Diese Wertungsgesichtspunkte gehören in den Bereich eines *Rechtsbegriffs*, und zwar in den des „verantwortungsbezogenen Rechtswidrigkeitsbegriffs".

(3) So klar diese Unterscheidung zwischen „imputatio facti" und „imputatio iuris" auch ist, so werden dennoch beide Bereiche *oft vermischt*. Dies gilt sowohl für dogmatische Erörterungen als auch für praktische Entscheidungen. Als anschauliches Beispiel ist die oben dargelegte Rechtsprechung des BGH zum Rechtsinstitut des enteignungsgleichen Eingriffs anzusehen.

Der *Grund* für diese Vermischung faktischer Kausalitätszurechnung und rechtlicher Wertungszurechnung ist naheliegend. Er besteht darin, daß die Heranziehung des *Verantwortungsgedankens* bei der Festlegung des Umfangs der Haftpflicht auf der Rechtswidrigkeitsebene[82] *Schwierigkeiten* macht. Er ist in den Tatbeständen des Schadensersatzrechts des BGB (§§ 823, 824, 825, 831) sowie des enteignungsgleichen Eingriffs nämlich gar nicht vorgesehen. In den *erfolgsbezogenen Rechtswidrigkeitsbegriff* als dem entscheidenden, nämlich noch variabelen[83], Tatbestandsmerkmal *beider* Haftungstatbestandsgruppen paßt der Verantwortungsbereichsgedanke auch nicht.

Man *muß* also *andere* begriffliche Möglichkeiten der tatbestandlichen Unterbringung zurechnungsspezifischer *Wertungen* aufsuchen. Es bleibt dafür nach *derzeitiger* Lage der Dinge nur der *Kausalitätsbegriff*. Es kommt damit

[79] Zu den seltenen Ausnahmen siehe oben Teil A, III, 1 (vor allem im Polizeirecht bei Fällen der Zustandshaftung in bestimmten Konstellationen einer Rechtsnachfolge).

[80] So insbesondere von *Deutsch*, Haftpflichtrecht, Band 1, Allgemeine Lehren, 1976, S. 124 f.

[81] Zusammenfassend auch bezeichnet als: „casus sentit dominus".

[82] Siehe oben g) Anm. 66.

[83] Hierzu oben 2 a), Anm. 2 u. 4.

zur hinlänglich bekannten[84], an sich vielfach *Wertungsgesichtspunkten* folgenden Fragestellung, ob gerade *dieser* Kausalverlauf und *dieses Ergebnis* (noch) geeignet ist, als tatbestandsgemäß und haftungsunlösend gerade in der vorliegenden Fall- und Interessenkonstellation zu gelten oder nicht. Dabei sind die genannten *Wertungsgesichtspunkte* vielfach ihrerseits wiederum *unmittelbarkeitsbegrifflich*-kausalitätsorientiert geprägt. Und gerade *dies* führt zu den geschilderten Ungradlinigkeiten in diesen Zurechnungswertungen und ihren Haftungsergebnissen.

Auch an dieser Stelle wird also sichtbar, daß die *Korrektur* des erfolgsbezogenen Rechtswidrigkeitsbegriffs im Sinne der Verwendung des *verantwortungsbezogenen* Rechtswidrigkeitsbegriffs notwendig ist. Man braucht diesen Rechtswidrigkeitsbegriff wegen dessen Fähigkeit der sachgerechten Aufnahme von *Zurechnungswertungen*.

(4) Da diese Korrektur jedoch bisher nicht vorgenommen wurde, ist die Vermischung von „imputatio iuris" und „imputatio facti" mit seiner eindeutigen *Kausalitätsaffinität* von *Wertungs*gesichtspunkten seit langem *auch* auf anderen Gebieten als auf dem des „enteignungsgleichen Eingriffs" zu beobachten. Insbesondere gilt dies für die *Festlegung* der Haftungsreichweite bei unerlaubten Handlungen in Bezug auf Folgeschäden von Rechtsgutsverletzungen[85]. Diese folgt zunächst dem Gesichtspunkt einer adäquat-kausalen *Verursachung* solcher Schäden. In schwierigen Fällen wird bei dieser Festlegung sodann aber der *wertende Verantwortungsbereichsgedanke* in Form des *Schutzzweckprinzips* überlagernd und mit Kausalitätserwägungen vermischt verwendet[86].

i) Schlußbemerkung

Man muß den vorliegenden Ausführungen über die Mängel der kausalitätsorientiert-unmittelbarkeitsbegrifflichen *Vorgehensweise* im Haftungszurechnungsteil des Rechtsinstituts des „enteignungsgleichen Eingriffs" hinzufügen, daß die überwiegende Zahl der Fälle aus diesem Rechtsinstitut trotz allem mit Hilfe des Tatbestandsmerkmals der „Unmittelbarkeit" zu lösen ist; es sind dies solche Fälle, welche keine wesentlichen Probleme *wertungserfor-*

---

84 Oben 2 d), e) und g) sowie die Rechtsprechungsbeispiele oben f).

85 Siehe hierzu oben Teil A, IV, 5 a).

86 Vgl. hierzu die Ausführungen oben Teil A, IV, 5 a (2) und (3), wo insbesondere auf die heutige Ergänzung des Adäquanzgesichtspunkts durch die *Schutzzwecklehre* hingewiesen ist sowie insbesondere auf die *rechtstechnische* Form der Schutzzwecklehre als *spezifische Kausalitätsbetrachtung* [IV, 5 a) (3) b)].

dernder Art[87] aufweisen[88]. Andernfalls hätte der BGH nicht fast drei Jahrzehnte am Tatbestandsmerkmal der „*Unmittelbarkeit*" festgehalten.

3. Die Auswirkungen des verantwortungsbezogenen Rechtswidrigkeitsbegriffs auf den Aufopferungsanspruch i.e.S.[89]

a) Allgemeines

Der Entschädigungsanspruch wegen Aufopferung i.e.S. ist der *Paralleltatbestand* zum Rechtsinstitut des enteignungsgleichen Eingriffs: Er bezieht sich auf die Entschädigung von Körperschäden, Gesundheitsschäden und Schäden an einigen anderen immateriellen Rechtsgütern.

b) Der Tatbestand

(1) Der Tatbestand des Aufopferungsanspruchs i.e.S. setzt voraus:

- eine hoheitliche Maßnahme,
- welche gemeinwohlmotiviert[90] und

---

[87] Siehe oben d) (1).

[88] Bekannte *Beispiele* sind u.a. [vgl. auch oben d) (2)] der sog. „Mauerfall": Der Kläger war Eigentümer eines Wohnhauses, in dessen unmittelbarer Nähe ein Weg kanalisiert wurde. Ein Jahr später stürzte die Einfriedungsmauer auf dem Grundstück des Klägers ein. In dem darauffolgendem Jahr entstanden Risse am Wohnhaus, da die Arbeiten an der Wegkanalisation zu einer Absenkung des Nachbargrundstücks des Klägers geführt hatten (Verstoß gegen § 909 BGB); ferner der „Fluglotsenfall" (BGHZ 76, 387, 390): aufgrund verschiedener Arbeitskampfmaßnahmen von Fluglotsen der großen Flughäfen und eines „Dienstes nach Vorschrift" kam es zu Störungen des zivilen Luftverkehrs. Die Klägerin, ein Luftfahrtunternehmen, behauptete, ihre Flugzeuge hätten den Flughafen nicht anfliegen oder nur verspätet anfliegen können. Sie machte die dadurch entstandenen Schäden geltend. Der Schaden war in beiden Fällen klare Folge eines Kausalverlaufs, welcher als Eckursache einzig eine Handlung der öffentlichen Hand aufwies, nämlich Baumaßnahmen bzw. Streikmaßnahmen, und welcher im weiteren Verlauf direkt und ohne sonstige eigenständige Schadensursachen aufgrund lediglich unselbständiger „Kettenursache" zum Vermögensschaden geführt hat.

Zu nennen sind in diesem Zusammenhang ferner die sog. Überschwemmungsfälle. Die neuesten Varianten dieser Fälle sind die Entscheidungen BGH, NVwZ, 1986, S. 76 ff. sowie BGH, LM Art. 14 (C c) GG Nr. 50 (Urteil vom 14.5.1987). Die erstgenannte Entscheidung betraf einen Fall, in welchem durch die Verlegung eines Gewässers und die Umgestaltung des Ufers in Vollziehung eines Planfeststellungsbeschlusses das Pachtgrundstück des Klägers überflutet worden war. Im zweitgenannten Fall ging es um die Haftung einer Gemeinde für Überschwemmungsschäden, welche dadurch entstanden waren, daß der Abfluß des Oberflächenwassers durch die Schaffung umfangreicher Baugebiete und die dadurch bewirkte „Bodenversiegelung" behindert worden war. Auch in diesen Fällen ist die „Unmittelbarkeit" im Sinne des Fehlens eigenständiger Zwischenursachen im Kausalverlauf: Handlung der öffentlichen Hand / privater Schaden unproblematisch.

Die Aufzählung derartiger Fälle unproblematischer Unmittelbarkeitsbewertungen läßt sich beliebig fortsetzen.

[89] Zur Bezeichnung Aufopferungsanspruch im engeren Sinn (i.e.S.) sogleich unten c).

- ohne spezialgesetzliche Eingriffsgrundlage[91],
- in *unmittelbarer*[92] Weise
- in die immateriellen Rechtsgüter Leben, Gesundheit, Freiheit, Ehre, und das allgemeine Persönlichkeitsrecht
- in der Weise eingreift, daß ein *Sonderopfer* für den Betroffenen eingetreten ist.
- Die Frage, ob in Bezug auf diese hoheitliche Maßnahme und ihre Folgen eine *Rechtmäßigkeit* oder aber deren *Rechtswidrigkeit* anzunehmen ist, läßt die Rechtsprechung vielfach offen[93].

(2) Der Tatbestand des Aufopferungsanspruchs i.e.S. ist demnach sehr ähnlich dem des „enteignungsgleichen Eingriffs". Es besteht ersichtlich lediglich der Unterschied, daß

- die durch den Anspruch erfaßten Eingriffsbereiche nicht in der Vermögenssphäre des Bürgers bestehen sondern in den genannten immateriellen Rechtsgütern,
- sowie daß zwischen Rechtswidrigkeit und Rechtmäßigkeit der hoheitlichen, schädigenden Maßnahme häufig *nicht* unterschieden wird. Die Rechtswidrigkeit ist grundsätzlich kein Tatbestandsmerkmal im Aufopfe-

[90] Die Gemeinwohlmotivation entscheidet. Gleichgültig ist, ob tatsächlich das Gemeinwohl erreicht wurde. Vgl. die Parallelsituation beim enteignungsgleichen Eingriff oben I, 2 c).

[91] Zu diesen Eingriffsgrundlagen vgl. ausführlich unten d).

[92] BGH, NJW 1966, 1859, 1860; BGHZ 28, 310 (313); der Unmittelbarkeitsbegriff spielt allerdings im Rechtsinstitut der Aufopferung i.e.S. keine *so erhebliche* Rolle, wie in dem des enteignungsgleichen Eingriffs, da vielfach bei den besonders gravierenden Aufopferungsfällen (Eingriffe in Körper, Gesundheit, Ehre etc. vgl. im folgenden) *gezielte* Eingriffe vorliegen. Die Folge ist, daß bei einer derartigen Eingriffsintentionalität eine ausreichende Haftungseinschränkung vorliegt, so daß ein haftungseinschränkendes Merkmal der „Unmittelbarkeit" *nicht* mehr erforderlich ist. Für den „enteignungsgleichen Eingriff" siehe zu dem Verhältnis beider haftungseinschränkender Merkmale oben I, 2 c) (1).

Vgl. hierzu auch *Ossenbühl* (Staatshaftungsrecht, 4. Aufl., 1991, § 13, 2. S. 112), der allerdings davon ausgeht, daß der Begriff der „Unmittelbarkeit" im Tatbestand des Aufopferungsanspruchs i.e.S. *völlig* entbehrlich sei, da *immer* eine Eingriffsintentionalität im oben genannten Sinne vorliege. Dies ist unzutreffend: Beispielsfälle für nichtgezielte Eingriffe, d.h. Fälle von unbeabsichtigten, versehentlichen schädlichen Folgen (atypischen Abirrungen) hoheitlichen Tuns im Bereich der genannten immateriellen Rechtsgüter werden sogleich f (4) geschildert.

[93] Vgl. hierzu unten f) sowie BGHZ 45, 58 (77); Dies ist aber streitig; Anderer Ansicht nämlich wie beim enteignungsgleichen Eingriff *für* eine Erheblichkeit des Rechtswidrigkeitsbegriffs im vorliegenden Tatbestand ist insbes. *B. Bender*, Staatshaftungsrecht, 2. Aufl. 1974, Rdnr. 114, sowie 3. Aufl. 1981 § 26 II, 780 f., ferner *Papier* in: Münchner Kommentar zum BGB, 2. Aufl., § 839 Rdnr. 53. Zustimmend zur Ansicht der Rechtsprechung dagegen *Rüfner* in: Erichsen/Martens, Allgemeines Verwaltungsrecht, 8. Aufl. 1988, § 52 IV 1 b; vgl. ausführlich zu dieser Frage im folgenden f).

rungsanspruch i.e.S. Vielmehr ist in der Regel[94] maßgebend, ob ein *Sonderopfer* vorliegt oder nicht.

c) Die Bezeichnung Aufopferungsanspruch im engeren Sinne (i.e.S.).

(1) Die Bezeichnung Aufopferungsanspruch i.e.S. ist historisch zu erklären. Sie wirft bereits ein deutliches Licht auf die dogmatische Natur und Herkunft des Anspruchs. Sie kennzeichnet darüber hinaus die Rolle, welche der *Rechtmäßigkeit* bzw. *Rechtswidrigkeit* der hoheitlichen schädigenden Maßnahme in diesem Anspruch zukommt. Auf diese Bezeichnung ist daher ausführlicher, als es der Umstand der Bezeichnung des Anspruchs an sich erfordern würde, einzugehen.

Der Aufopferungsanspruch i.e.S. hat seine Wurzel in dem sogenannten *allgemeinen Aufopferungsanspruch*. Dieser ist das historisch dem deutschen Staatshaftungsrecht - mit Ausnahme des deliktischen Amtshaftungsanspruchs - zugrunde liegende Prinzip, welches eine Regelung von *Kollisionen* zwischen *öffentlichem Interesse* an hoheitlichen Maßnahmen zum Wohl der Allgemeinheit mit schädigenden Auswirkungen für Private einerseits sowie dem *Einzelinteresse* an einer *ungeschmälerten Privatsphäre* andererseits zu treffen bestimmt ist.

Dieses Prinzip besteht darin, daß für den Fall der Heranziehung Einzelner zum Zwecke der Durchführung gemeinwohlerforderlicher Maßnahmen alle die hierdurch eintretenden vermögensmäßigen Belastungen solchermaßen Herangezogener auf die Allgemeinheit umgelegt werden („Lastengleichheitsprinzip").

(2) Entwickelt wurde dieses Prinzip im Naturrecht, und zwar erstmals von *Hugo Grotius*[95]. Dessen Gedanken wurden spezifiziert von *G. Achenwall* und in eine Form gebracht, welche für gesetzliche Regelungen geeignet war[96].

---

[94] Siehe aber unten f): *Auch* Fälle *rechtswidrigen* Charakters im Bezug auf die hoheitliche Maßnahme und deren Folgen finden sich, und zwar nicht selten, im Anwendungsbereich des Aufopferungsanspruchs i.e.S. In diesen Fällen greift sogar, wie beim *„enteignungsgleichen Eingriff"* eine Indizierung des Sonderopfers durch die genannte Rechtswidrigkeit ein (BGHZ 32, 64), so daß *wiederum* [siehe oben I, 2 b) und c)] eine *Rechtswidrigkeitshaftung* entsteht. Andernfalls würde die Frage des richtigen Rechtswidrigkeitsbegriffs vorliegend auch gar keine Rolle spielen. Einzelheiten hierzu sogleich im Text.

[95] *Hugo Grotius*, De iure delli ac pacis, Buch II, Kap. 14, § 7:

„Sed hoc quoque sciendum est: posse subtitis ius etiam quaesitum aufferi per regem dublico modo, aut in poenam, aut ex vi supereminentis dominii, sed ut id fiat ex vi supereminentis dominii, primum requiritur utilitas publica, deinde, ut, si fierie potest, compensatio fiat ei, qui suum amiset, ex communi." („Folgendes muß man jedoch wissen: Ein Ius Quaesitum kann den Untertanen nur entzogen

In Anlehnung an *Achenwall* wurde dieser Gedanke *gesetzlich* erstmals geregelt in den Vorschriften der §§ 74 und 75 der Einleitung zum Preußischen Allgemeinen Landrecht (ALR) von 1794. Diese Vorschriften lauten:

§ 74 „Einzelne Rechte und Vorteile der Mitglieder des Staates müssen den Rechten und Pflichten zur Beförderung des gemeinschaftlichen Wohls, wenn zwischen beiden ein wirklicher Widerspruch (Collision) eintritt, nachstehen."

§ 75 „Dagegen ist der Staat demjenigen, welcher seine besonderen Rechte und Vorteile dem Wohl des gemeinen Wesens aufzuopfern genötigt wird, zu entschädigen gehalten."

d) Ausgliederungen aus dem allgemeinen Aufopferungsanspruchstatbestand

(1) Dieses sehr allgemeine Prinzip des *Vorrangs* hoheitlicher Gemeinwohlmaßnahmen *vor* den subjektiven Rechten Dritter, allerdings verbunden mit einer Entschädigungspflicht gegenüber diesen wurde in der Folgezeit auf drei Gebieten *spezialgesetzlich* bzw. durch *richterrechtliche Regelungen* detailliert und es wurden diese Gebiete aus dem Bereich des *allgemeinen* Aufopferungsentschädigungsanspruchs [c) (2)] herausgenommen.

(a) Dies geschah zunächst in bezug auf Fälle von Grundstücksenteignungen[97], welche auf spezialgesetzlicher Grundlage landesgesetzlich geregelt wurden, so zum Beispiel durch das preussische Enteignungsgesetz vom 11.6.1874[98]. Diese Vorschriften gelten heute noch in Nordrhein-Westfalen.

(b) Ferner wurden ausgegliedert Fälle *nicht* formell korrekter, nämlich nicht*gesetzlich* geregelter „Enteignungen", in welchen eine „enteignungsglei-

---

werden... auf der Grundlage der Staatsgewalt. Wenn dies aber geschehen soll, so erfordert dies zunächst die Zweckmäßigkeit (der Rechtsentziehung) für das öffentliche Wohl sowie, wenn diese Voraussetzung vorliegt, eine Entschädigung ex communi für denjenigen, welcher sein Recht verlor.")

[96] *G. Achenwall*, Ius Naturae 1763, Lib. III, § 147:

„Da im Staate das Wohl aller Bürger gemeinsam gefördert werden muß, und *allen* die gemeinsame Verpflichtung zur Tragung der öffentlichen Lasten obliegt, so ist die Regierung des Gemeinwesens gehalten, denjenigen, denen im Fall der Not gemäß dem ius eminens eine besondere Last auferlegt wurde, nach Beendigung der öffentlichen Notlage durch eine Beihilfe einen Ausgleich zu geben, soweit das in ihren Kräften steht. Folglich steht ihr das Recht zu, das zu den Majestätsrechten gehört, die übrigen Bürger heranzuziehen, damit sie durch gemeinsame Beiträge an diejenigen einen Ausgleich gewähren, welche die besondere Last getragen haben und ihnen auch den Schaden zu ersetzen, den sie aus der Anwendung des ius eminens erfahren haben."

[97] Die Enteignung sonstiger Gegenstände ist im Bundesleistungsgesetz vom 6.7.1957 (BGBl 1 S. 387) geregelt; es hat in Friedenszeiten geringe Bedeutung.

[98] Preußische Gesetzessammlung (GS.) S. 221.

Vgl. ferner das Baden-Württembergische Enteignungsgesetz vom 6.4.1982 (i.d.Fassung v. 18.7.1983, GBl. S. 369), das im wesentlichen inhaltsgleich ist.

che", nämlich in die individuelle Eigentumssphäre über die Sozialbindungsgrenzen hinaus schädigend *wirkende* hoheitliche Maßnahme vorgenommen worden war[99]. Es ist dies erkennbar das Rechtsinstitut des enteignungsgleichen Eingriffs in seiner ursprünglichen Form einer *Sonderopferauferlegung*[100]. Der BGH faßte dessen Grundgedanken wie folgt zusammen[101] und schuf damit den ursprünglichen *Tatbestand* dieses Rechtsinstituts:

„Es ist aber geboten, unrechtmäßige Eingriffe der Staatsgewalt in die Rechtssphäre der Einzelnen dann wie eine Enteignung zu behandeln, wenn sie sich für den Fall ihrer Zulässigkeit sowohl nach ihrem Inhalt als auch nach ihrer Wirkung als Enteignung darstellen würden und wenn sie in ihrer tatsächlichen Wirkung den Betroffenen ein besonderes Opfer auferlegt haben."

Im Prinzip war dieser Gedanke bereits in der Weimarer Zeit durch eine Grundsatzentscheidung des Reichsgerichts[102] sowie durch die Schrift von *M. Wolff*, Festgabe für Kahl (1923) entwickelt worden.

Dieser Gedanke wurde von der folgenden Rechtsprechung des BGH weiterentwickelt und führte zu einem staatshaftungsrechtlichen Tatbestand einer *Rechtswidrigkeits*haftung[103].

(c) Schließlich wurden aus dem allgemeinen Aufopferungsentschädigungsanspruch eine ganze Reihe spezieller und für den Bürger besonders gravierender Fälle hoheitlicher Schädigungen immaterieller Rechtsgüter herausgenommen und in Spezialgesetzen detailliert geregelt. Dies geschah insbesondere in den Vorschriften der:

- §§ 51 ff. BSeuchGes. für Impfschäden;
- Art. 5 Abs. 5 der Europäischen Menschenrechtskonvention vom 4.5.1952[104];
- Gesetz über Entschädigungen von Strafverfolgungsmaßnahmen vom 8.3.1971[105];

---

[99] Es ist dies eine besonders häufig in sog. sozialgestaltenden Gesetzen (z.B. LandeswaldG, LandesnaturschutzG, WasserhaushaltsG, BodenabbauG etc. vgl. Einzelheiten bei *Olivet*, DÖV 1985, S. 537 f.) anzutreffende Erscheinung. Sie ist die neuerlich in zunehmendem Maße zu beobachtende sog. staatliche Ingerenz in den gesellschaftlichen Raum, vgl. BGHZ 6, 270 f. sowie ausführlich hierzu *Forsthoff*, Lehrbruch des Verwaltungsrechts, Allgemeiner Teil 9. Aufl. § 17 S. 297 f.

[100] Siehe o. I 2. a) und b).

[101] BGHZ 6, 270 (273).

[102] RGZ 109, 310 f. (319).

[103] Einzelheiten hierzu oben I, 2 c).

[104] Hierzu ausführlich BGHZ 45, 58 f. und 80 f.

[105] BGBl.I S. 157.

- Opferentschädigungsgesetz vom 11.5.1976[106], welches subsidiär Entschädigungsansprüche für Opfer von Gewaltverbrechen vorsieht;
- Gesetz über Unfallversicherung von Schülern, Studenten und Kindern in Kindergärten vom 18.3.1971[107];
- Vorschriften über die Entschädigung von Personenschäden bei der polizeilichen Inanspruchnahme von Nichtstörern, z.B. § 41 Baden Württembergisches PolG., § 34 Bundesgrenzschutzgesetz, § 30 Hessisches SOG, § 10 Hamburgisches SOG, § 39 Abs. 1 OBG von Nordrhein-Westfalen;
- §§ 49 des Verwaltungsverfahrensgesetzes.
- Ferner gehören hierher Regelungen von Personenschäden freiwilliger Polizeihelfer, z.B. in § 34 Abs. 3 Bundesgrenzschutzgesetz sowie § 10 Abs. 5 des Hamburgischen SOG.

Für die *wichtigsten* dieser Regelungen, und dies ist hier von besonderem Interesse, ist festzustellen, daß die Beeinträchtigung, welche zu einem Ersatzanspruch führen, in *rechtswidriger* Weise herbeigeführt worden sind *ohne* daß die *Rechtswidrigkeit* aber formelles Tatbestandsmerkmal ist [vgl. sogleich f)]. Diese soeben getroffene Rechtswidrigkeitsfeststellung gilt insbesondere

- für Fälle des Art. 5, Abs. 5 der Europäischen Menschenrechtskonvention,
- für Fälle des Gesetzes über die Entschädigung von Strafverfolgungsmaßnahmen,
- ferner für das Opferentschädigungsgesetz vom 11.5.1976.

Hier zeigt sich erneut [a) (2)] der *Ansatzpunkt* des *„verantwortungsbezogenen Rechtswidrigkeitsbegriffs"*[108]. Er wird sogleich [unten f)] weiter verfolgt werden.

(d) Um nunmehr auf den Bereich des *allgemeinen Aufopferungsanspruchs* (oben c) zurückzukommen, so ist folgendes festzustellen: Es *blieben* jetzt aus diesem Bereich *nach* den genannten Ausgliederungen nur noch solche Fälle *nichtspeziell geregelter* Art übrig, in welchen eine in die individuelle Sphäre der Rechtsgüter: Körper, Gesundheit, Freiheit, Ehre, des allgemeinen *Persönlichkeitsrechts* sowie der *Intimsphäre* unmittelbar eingreifende hoheitliche Maßnahme vorlag.

[106] BGBl. I S. 1181.
[107] SABl. 1971, S. 611.
[108] Im einzelnen ausgeführt im folgenden f) (4).

Die tatbestandliche *Ausformung* dieser Restfallkonstellationen wurde vorgenommen durch die Entscheidung BGHZ 9, 83. Sie legte fest, daß Körperschäden sowie die andern soeben genannten immateriellen Schäden *ebenso* wie *Vermögens*schäden bei im übrigen gleicher Tatbestandssituation wie bei der des „enteignungsgleichen Eingriffs" zu Entschädigungsansprüchen führen[109], *falls* keine der oben (3) genannten spezialgesetzlichen Regelungen vorliegt.

Es wurde keine besondere *Bezeichnung* für diesen Entschädigungsanspruch gewählt. Es wurde vielmehr die Bezeichnung „Aufopferung" beibehalten und mit dem Zusatz „im engeren Sinne" (i.e.S.) versehen.

Der Grund war der, daß der Anwendungsbereich dieses Anspruchs heute, nach den erwähnten Ausgliederungen sehr gering ist. Er hat ausschließlich noch die Funktion eines *Auffangtatbestandes* für den Gesetzgeber nicht vorausgesehene oder nicht für regelungswürdig erachtete Aufopferungsfälle.

e) Der Aufopferungsanspruch i.e.S. als Auffangtatbestand

Wenn der Aufopferungsanspruch i.e.S. durch die geschilderte Entwicklung ein *Auffangtatbestand* geworden ist, welcher ausschließlich als Anspruchsgrundlage für spezialgesetzlich *nicht* geregelte Aufopferungslagen in den oben [3, b) (1)] genannten Schadensbereichen dient, so ist nicht verwunderlich, daß *Beispielsfälle* selten sind. Anwendungsfälle finden sich überwiegend in der *früheren* Judikatur, und zwar aus den Bereichen des staatlichen Medizinalwesens, des Militärwesens, des Strafgefangenenbereichs sowie bestimmter Fallkonstellationen im Bereich von Zwangsuntergebrachten in Heil- und Pflegeanstalten[110].

---

[109] Diese Feststellung der Ersatzfähigkeit auch von Körperschäden etc. war notwendig, da diese Schäden ursprünglich *nicht* in den Anwendungsbereich des allgemeinen Aufopferungsanspruchs der §§ 74, 75 Einl.ALR fielen. Dies ergibt sich nicht aus dem Text der genannten Vorschriften selbst, sondern aus der „Allerhöchsten preußischen Kabinettsordre" vom 4.12.1831 (preußische Gesetzessammlung (GS, S. 255).

[110] Die bekanntesten Beispiele sind:
- BGHZ 17, 172 (Tötung eines Gefangenen durch einen geisteskranken Mitgefangenen);
- BGHZ 20, 61 (Thorotrastfall);
- BGHZ 25, 238 (Zwangsbehandlung Geschlechtskranker mittels des gefährlichen Präparats Salvarsan);
- BGHZ 36,379 (Zwangsterilisation);
- BGHZ 60,302 (Verletzung eines Untersuchungshäftlings durch einen Mithäftling);
- BGH NJW 1971, 1881 (Verletzung eines Patienten in einer geschlossenen Abteilung einer Heil- und Pflegeanstalt durch einen Mitpatienten);
- BGHZ 65, 196 (rechtswidrige Einberufung zum Wehrdienst);

In der *neueren* Rechtsprechung und auch Literatur sind Beispiele noch seltener und praktisch auch ohne Bedeutung[111].

f) Der Bezugspunkt der Rechtswidrigkeit.

(1) Das im vorliegenden Zusammenhang interessierende der rechtlichen Behandlung der genannten Beispielsfälle des Aufopferungsanspruchs i.e.S. sowie auch der ausgegliederten spezialgesetzlichen Fälle [d) (3)] ist der Umstand, daß formell-ausdrücklich *nicht* zwischen Rechtmäßigkeit und Rechtswidrigkeit der hoheitlicherseits verursachten Beeinträchtigungen unterschieden wird[112].

(2) Der Grund hierfür ist der, daß der *allgemeine Aufopferungsanspruch* der §§ 74, 75 der Einleitung zum Preußischen ALR ursprünglich *nur* rechtmäßige Fälle von staatlichen Zwangsmaßnahmen gegenüber Privaten erfaßte[113].

Erst später wurden *auch* rechtswidrige Fälle in den Anwendungsbereich des allgemeinen Aufopferungsanspruchs einbezogen[114]. Dies bedeutete jedoch keine Änderung in der Auffassung des dogmatischen Ausgangspunkts und Charakters des allgemeinen Aufopferungsanspruchs. Das Reichsgericht[115] formulierte seine neue Einstellung vielmehr lediglich dahin, daß der allgemeine

---

- BGHZ 66, 118 (verspätete Einberufung zum Wehrdienst; hier wurde allerdings kein Anspruch gewährt, da keine geschützte Individualrechtsposition, nämlich zur normalerweise vorgesehenen Zeit einberufen zu werden, erkannt wurde).

Weitere Beispiele finden sich bei *B. Bender*, Staatshaftungsrecht, 3. Aufl. § 26 (Enteignung und Aufopferung) RdNr. 78 f.

[111] Vgl. hierzu *Schwabe*, NJW 1983, 2370 f. Als *Beispiele* sind etwa zu nennen:

- Schäden infolge des Gurtzwangs (§ 21a StVO), hierzu *K. Müller*, NJW 1983, 593 f.

- Schäden infolge bestimmter staatlich geförderter Sportausübungen (hierzu *Burmeister*, NJW 1983, 2617 f.)

[112] Siehe hierzu den tatbestandlichen Kontext oben 3. b).

[113] Vgl. hierzu die Formulierung des § 74 EinlPreuß ALR: „Einzelne Rechte ... der Mitglieder des Staates müssen den Rechten ... zur Beförderung des gemeinschaftlichen Wohls, wenn zwischen beiden ein *wirklicher* Widerspruch (Collision) eintritt, nachstehen." (Hervorhebung vom Verfasser). Ein *wirklicher* Widerspruch besteht nach ganz allgemeiner Meinung nur dann, wenn eine *rechtmäßige* hoheitliche Maßnahme zur Beförderung des Gemeinen Wohls mit privaten Rechten kollidiert. Bei *fehlerhaften* Amtshandlungen besteht kein Widerspruch zwischen hoheitlicher Maßnahme und Privatbereich, sondern eine *deliktische* Einflußnahme (vgl. hierzu die heutige Vorschrift des § 839 Abs. 1 BGB).

Dies war auch die Auffassung der *frühen* Rechtsprechung des Reichsgerichts vgl. hierzu *Stödter*, Die öffentlichrechtliche Entschädigung, 1933, S. 19 sowie *Rüfner* in: *Erichsen/Martens*, Allgemeines Verwaltungsrecht, 8. Aufl. 1988, § 52 IV 1 b.

[114] Erstmals durch RGZ 109, 310 f. (319). Maßgeblich war der sog. „Erst recht-Schluß", des Reichsgerichts, nach welchem, wenn *schon rechtmäßige* Maßnahmen zu einem Aufopferungsanspruch führen sollen, *erst recht rechtswidrige* Maßnahmen und daraus resultierende Schäden Ersatzansprüche auslösen müssen.

[115] Siehe die vorige Anm.

Aufopferungsanspruch in seinem Anwendungsbereich aus *Zweckmäßigkeitsgründen* und wegen der allgemeinen gesellschaftlichen Entwicklung ausgedehnt werden müsse und zwar auf Fälle von Ersatzansprüchen *trotz* Rechtswidrigkeit der hoheitlichen Zwangsmaßnahme. Keineswegs sei dies eine Haftung *wegen* Rechtswidrigkeit dieser Zwangsmaßnahme. Nach wie vor haftet der Staat *wegen* des Vorliegens eines *Sonderopfers* für den Betroffenen.

Es bestand damit ein Zustand der *Ambivalenz* zwischen *rechtmäßigen* hoheitlichen Zwangsmaßnahmen und gleichberechtigt dazu *rechtswidrigen* hoheitlichen Maßnahmen als Voraussetzung eines Entschädigungsanspruchs.

(3) Allerdings ist bei genauer Betrachtung der Anwendungsfälle des Aufopferungsanspruchs i.e.S. sowie der spezialgesetzlichen Aufopferungsfälle [d) (3)] festzustellen, daß in den meisten und gerade den wichtigen der einschlägigen Entscheidungen *tatsächlich* eine *Rechtswidrigkeit* der hoheitlichen Zwangsmaßnahmen *vorlag*. Dies ist insofern nicht verwunderlich, als unmittelbare *Eingriffe* in *Körper*, Gesundheit, Freiheit und Ehre als der wichtigsten grundrechtlich geschützten Rechtsgüter *prinzipiell mißbilligt* und damit *rechtsBGHwidrig* sind[116], falls nicht ausnahmsweise ein Rechtfertigungsgrund vorliegt oder eine Notwendigkeit des Eingriffs aus polizeilichen Gründen anzunehmen ist[117].

In vielen und gerade in den bedeutenden dieser Fälle wird die Rechtswidrigkeit der hoheitlichen Zwangsmaßnahme sogar *ausdrücklich* von der *Rechtsprechung* festgestellt[118]. Es wird sodann von ihr auf das Vorliegen eines Sonderopfers geschlossen, welches anschließend in den Entscheidungen *nicht* mehr besonders *begründet* wird[119].

---

[116] Beispiele von Fällen *rechtswidrigen* Charakters der hoheitlichen Zwangsmaßnahme sind:
- BGHZ 25, 238: Zwangsbehandlung Geschlechtskranker;
- BGHZ 17, 172: Tötung eines Gefangenen durch einen geisteskranken Mitgefangenen;
- BGHZ 60, 302: Verletzung eines Untersuchungshäftlings durch einen Mitgefangenen;
- BGHZ 20, 81: Verletzung eines unbeteiligten Passanten bei einer Verbrecherjagd;
- BGHZ 45, 58f. (76f.): Freiheitsentzug aufgrund eines falschen Urteils;
- BGH NJW 1971, 1881: Verletzung eines untergebrachten in einer Heil- und Pflegeanstalt durch einen Mitpatienten;
- BGHZ 65, 196, 206: Rechtswidrige Einberufung zum Wehrdienst.

Die Rechtswidrigkeit der hoheitlichen Zwangsmaßnahme ergibt sich in allen vorgenannten Fällen aus dem Sachverhalt der Entscheidung; sie wird jedoch nicht immer ausdrücklich erwähnt, da sie eben nicht formales Tatbestandsmerkmal des Anspruchs aus Aufopferung i.e.S. ist.

[117] Siehe oben d) (3).

[118] BGHZ 36, 379, 391 (Zwangsstelirisation); BGHZ 45, 58 f. 81 (unschuldig erlittene Freiheitsstrafe aufgrund eines falschen Urteils).

[119] Für den enteignungsgleichen Eingriff vgl. die Indizierungsentscheidung BGHZ 32, 208.

Die *Konsequenz* dieses Umstands ist folgende: In den - relativ sehr zahlreichen[120] - und gerade den bedeutenden Fällen *rechtswidriger* Beeinträchtigungen immaterieller Rechtsgüter wird das Vorliegen eines Sonderopfers für den Betroffenen durch die *Rechtswidrigkeit* der hoheitlichen Zwangsmaßnahme *indiziert*. Damit ist die Situation Rechtswidrigkeitsmäßig betrachtet genau dieselbe wie beim Rechtsinstitut des enteignungsgleichen Eingriffs[121].

Es handelt sich damit genau wie bei diesem Rechtsinstitut praktisch um eine *Rechtswidrigkeitshaftung*.

Dies bedeutet, daß *im Ergebnis* die *Rechtswidrigkeit* in den genannten Fällen *doch Tatbestandsmerkmal* im Aufopferungsanspruch i.e.S. ist.

(4) Hierbei wird, genau wie beim Rechtsinstitut des „enteignungsgleichen Eingriffs" der *erfolgsbezogene Rechtswidrigkeitsbegriff* zugrunde gelegt[122]. Es entsteht dadurch ein zu *weiter* Haftungsumfang. Hieraus resultiert die Notwendigkeit einer Haftungseingrenzung, und zwar mangels eines anderen Merkmals und wegen der Parallelsituation zum Rechtsinstitut des enteignungsgleichen Eingriffs naheliegender Weise durch das Merkmal der „Unmittelbarkeit"[123]. Insbesondere besteht diese Notwendigkeit in solchen, durchaus häufigen, Fällen, in welchen die *Haftungseingrenzung* der öffentlichen Hand nach den Gesichtspunkten einer angemessenen *Verantwortungsbereichseingrenzung* deshalb *Schwierigkeiten* macht, weil *kein*

- intentionaler Eingriff in Körper, Gesundheit, Ehre etc. vorliegt,
- sondern eine versehentliche Nebenfolge („atypische Abirrung") hoheitlichen Tuns die Beeinträchtigung verursacht hat.
- In *diesen* Fällen also wird der *Unmittelbarkeitsbegriff* mit all seinen Mängeln *auch* im Aufopferungsanspruch i.e.S. als *Haftungseinschränkungsmerkmal* von der Rechtsprechung[124] verwendet[125].

---

[120] Wenn man von der Tatsache, daß die Zahl der Aufopferungsfälle insgesamt gering ist, vgl. oben e), einmal absieht.

[121] Die *Parallelsituation* beim Rechtsinstitut des enteignungsgleichen Eingriffs ist oben I 2 b) und c) (1) ausgeführt.

[122] Vgl. ausführlich hierzu oben I 2. c).

[123] Vgl. die Parallelsituation beim Rechtsinstitut des enteignungsgleichen Eingriff, oben 2, c); zu den Mängeln dieses Merkmals, vgl. oben 2 c) (3) und d), e) und f).

[124] Bekannte *Beispiele* sind: BGH, NJW 1971, 1881 („Pflegeanstaltfall") sowie BGHZ 20, 81 („Verbrecherjagdfall").

[125] Siehe zu dieser Rolle des *Unmittelbarkeitsbegriffs auch* im Aufopferungsanspruch i.e.S. schon oben 3 b) (1); beim Rechtsinstitut des enteignungsgleichen Eingriffs siehe zu dieser Rolle 2 c) (3).

Die *Folge* ist, daß eine dogmatisch konsequente und auf praktisch brauchbare Ergebnisse bedachte Vorgehensweise, ganz parallel zum Bereich des „enteignungsgleichen Eingriffs“, statt des erfolgsbezogenen Rechtswidrigkeitsbegriffs den *verantwortungsbezogenen Rechtswidrigkeitsbegriff* als Tatbestandsmerkmal verwenden muß: Dies geschieht in der *Absicht*, das Tatbestandsmerkmal der „Unmittelbarkeit“ mit dessen Unschärfe und dogmatischer Ungradlinigkeit als *überflüssig* zu eliminieren *und* sodann die *Haftungseingrenzung* nach *Verantwortungsbereichsgesichtspunkten* durch den Rechtswidrigkeitsbegriff vorzunehmen[126].

Wenn dies geschieht, und *nur* dann, ist eine eindeutige Tatbestandskontur durch eine klare *Verantwortungsbereichsabgrenzung* zwischen

- hoheitlichen *Maßnahmen* aus dem *Verantwortungsbereich* der öffentlichen Gewalt einerseits und
- einem im allgemeinen Lebensrisiko liegenden, hoheitlicherseits lediglich *verursachten* Schaden, welcher beim Betroffenen verbleibt, andererseits erreicht.

(5) Die seltenen Fälle aus dem Anwendungsbereich des Aufopferungsanspruchs i.e.S., in welchen *keine* Rechtswidrigkeit vorliegt[127] bzw. feststellbar ist und ein Anspruch lediglich aus dem Gesichtspunkt der Auferlegung eines Sonderopfers zugebilligt worden ist, sind vorliegend ohne Interessen und können die Rechtswidrigkeitsbegriffliche Behandlung der Hauptgruppe der *Rechtswidrigkeitsorientierten* Fälle nicht beeinflussen.

4. Die Konsequenzen des verantwortungsbezogenen Rechtswidrigkeitsbegriffs für den Folgenbeseitigungsanspruch

a) Allgemeines zum Folgenbeseitigungsanspruch

(1) Ein *Folgenbeseitigungsanspruch* besteht immer dann, wenn die öffentliche Gewalt jemanden in *seinem* Rechtskreis[128] *rechtswidrigerweise* durch eine tatsächliche, nachteilige Veränderung eines bestehenden Zustandes beein-

[126] Also genau wie beim Rechtsinstitut des „enteignungsgleichen Eingriff“, oben 2, a) und g).

[127] *Beispiele* hierzu bei *Ossenbühl* (aaO Anm. 91 § 12, 3, b (S. 110).

[128] Diese Betonung der *subjektiv-rechtlichen* Qualifizierung des Schutzbereichs des vorliegenden Anspruchs ist für die dogmatische Begründung desselben sowie die Funktion des Rechtswidrigkeitsbegriffs in diesem von besonderer Bedeutung (s.u. c); sie wird daher schon hier hervorgehoben.

trächtigt hat. Das gleiche gilt, wenn mit konkreter Wahrscheinlichkeit eine solche Beeinträchtigung zu befürchten ist[129].

Dieser Anspruch wird in Anlehnung an den Abwehranspruch des § 1004 BGB neuerdings auch „actio negatoria des öffentlichen Rechts“[130] genannt. Dies geschieht mit Blick auf die ebenfalls in neuerer Zeit erfolgte Einbeziehung der Abwehrmöglichkeit *auch* künftiger, *aber* konkret *drohender* Beeinträchtigungen in diesen Anspruch[131].

Diese *Bezeichnung „actio negatoria“* ist insofern zweckmäßig, als sie bereits auf den wesentlichen dogmatischen Begründungsgedanken des hier erörterten Anspruchs zielt, nämlich auf die *Beseitigung* bzw. vorbeugende *Unterlassung rechtswidriger*[132] Störungen des *„status negativus“*[133].

(2) Die eingebürgerte Bezeichnung „Folgenbeseitigungsanspruch“ ist trotz der Verwendung der Bezeichnung „actio negatoria“ keineswegs überholt und zwar deshalb nicht, weil die Bezeichnung „Beseitigung“ sowohl auf die Begründungsdimension dieses Anspruchs gerichtet ist, als auch auf die hier besonders interessierenden *Rechtsfolgenseite*[134] Bezug nimmt. Denn ein Anspruch auf *Beseitigung* einer Störung setzt im Kern einen Anspruch auf *Nichtstörung*, das heißt einen Anspruch auf einen ungestörten Freiheitsraum *voraus*. Und ein Anspruch auf *Beseitigung* mit Blick auf die *Rechtsfolgenseite* bedeutet darüber hinaus, daß „rechtswidrige“ *Störungen* dieses Raumes *ungeschehen* gemacht werden müssen. Dies hat bei bereits *eingetretenen* Störungen zu geschehen durch deren *Eliminierung* sowie darüberhinaus durch die *Herstellung* des „status quo ante“ vermittels der *Beseitigung auch* aller *unmittelbarer Folgen* der Erststörung[135]. Hilfsweise kann in bestimmten Fällen die

---

129 Hierzu im folgenden (2). Die Bezeichnung Folgenbeseitigungsanspruch trifft dann nicht mehr zu; man verwendet in diesem Fall die Bezeichnung entweder „Folgenbeseitigungsanspruch bzw.-unterlassungsanspruch“ oder „Grundrechtlicher Schutzanspruch“ oder auch „actio negatoria des öffentlichen Rechts“. Vgl. zum letzteren den folgenden Abschnitt.

130 BGH, NJW 1984, 1362, 1363; *Ossenbühl*, Staatshaftungsrecht, 4. Aufl. 1991 § 34 2 (S. 245 und 246).

131 Vgl. Einzelheiten sogleich d) und e); sowie *Ossenbühl* (vorige Anm.) § 36 1 (S. 254 f.).

132 Eine Unterlassungsklage setzt stets eine *Rechtswidrigkeit* der drohenden Beeinträchtigung voraus (§ 1004 BGB). Bereits *hier* wird der Ansatzpunkt der Einflußnahme des *„verantwortungsbezogenen Rechtswidrigkeitsbegriffs“* auf den vorliegenden Anspruch sichtbar.

133 Seit *Georg Jellinek* versteht man darunter den freiheitsverbürgenden Rechtsbereich des Bürgers, welcher vom Staat nicht tangiert werden darf; Einzelheiten sogleich e).

134 Die Rechts*folgen*seite betrifft den *Umfang* des Anspruchs. Dieser Umfang ist abhängig, wie gezeigt werden wird, vom *verantwortungsbezogenen Rechtswidrigkeitsbegriff* (sogleich f).

135 Die Wichtigkeit dieser *Rechtsfolgengesichtspunkte* des Folgenbeseitigungsanspruchs (actio negatoria des öffentlichen Rechts) zeigt sich bei der folgenden [d) und e)] Erörterung des verantwortungsbezogenen *Rechtswidrigkeitsbegriffs* in Bezug auf die *dogmatische Begründung* des Folgenbe-

Herstellung eines Zustandes verlangt werden, welcher seinem *Wesen* nach der Beseitigung der unmittelbaren Folgen *entspricht*[136]. Bei erst drohenden Beeinträchtigungen zielt der Anspruch auf Eliminierung der die Drohung begründenden tatsächlichen Umstände. Und in Fällen einer *Wiederholfungsgefahr* bei schon *eingetretenen* Beeinträchtigungen zielt er auf die Sanktionierung einer solchen Wiederholung durch Festsetzung eines Zwangsgeldes.

b) Das Wesen des Folgenbeseitigungsanspruchs (der actio negatoria des öffentlichen Rechts)[137]

Wenn der Folgenbeseitigungsanspruch vor allem von der Rechtsfolgenseite her betrachtet ein *Beseitigungsbegehren* in Bezug auf alle *Störungen* des individual*rechtlich* geschützten Rechtskreises der Bürger ist, so kann man sein Wesen wie folgt kennzeichnen: Er stellt die rechtliche Möglichkeit des Bürgers dar, alle *rechtswidrigen*, hoheitlichen Beeinträchtigungen der Individualrechtssphäre beseitigen bzw. *verhindern* zu lassen. *Rechtmäßige* Beeinträchtigungen sind nicht anspruchsauslösend, mögen sie auch noch so beeinträchtigend sein[138]. Ein Anspruch besteht deshalb z.B. nicht, wenn die Beeinträchtigung *nachträglich* legalisiert worden ist[139]. Maßgeblicher Zeitpunkt ist derjenige der letzten mündlichen Gerichtsverhandlung.

Der Begriff der *Rechtswidrigkeit* hat damit für den vorliegenden Anspruch wesentliche Bedeutung. Dies gilt sowohl *dogmatisch*anspruchscharakterisierend für die Begründung des Anspruchs als auch *praktisch-ergebnisbezogen* für dessen tatbestandliche Haftungsreichweite.

Die Situation ist insoweit also ganz die gleiche wie beim Rechtsinstitut des „enteignungsgleichen Eingriffs“ seit dessen Ausgestaltung zu einem Rechtswidrigkeitshaftungsinstitut[140]. Anders als beim „enteignungsgleichen Eingriff“ wird jedoch als tatbestandliche Voraussetzung des Folgenbeseitigungsanspruchs *nicht* unstreitig der erfolgsbezogene Rechtswidrigkeitsbegriff zugrunde gelegt. Welcher Rechtswidrigkeitsbegriff maßgeblich sein soll, ist vielmehr

---

seitigungsanspruchs. Sie erfolgt nämlich mit Blick auf diejenigen rechtlichen Ziele, die man mit diesem Anspruch erreichen will.

136 Hierzu im folgenden d), sowie *Ossenbühl*, 4. Aufl. § 36 (S. 253 f).

137 Im folgenden wird nur die Bezeichnung „Folgenbeseitigungsanspruch“ gebraucht.

138 Z.B. Enteignungen auf der Grundlage der Länderenteignungsgesetze.

139 Z.B. rechtswidrige Besitzeinweisung im Rahmen von Straßenbauarbeiten und sodann nachträgliche Festsetzung eines Besitzeinweisungsbeschlusses gemäß § 39 des Bad.Württemb. Enteignungsgesetzes.

140 Vgl. hierzu die Ausführungen oben 2 b) und c).

streitig. Streitig ist *insbesondere*, ob eine „Rechtswidrigkeit" des beeinträchtigenden *Erfolgs*[141] ausreicht, oder ob die Notwendigkeit eines *rechtswidrigen*, d.h. normwidrigen Verwaltungs*handelns* hinzukommen muß. Die Gewichte in diesem Streit sind sehr ungleich verteilt[142]. Es besteht jedoch keine klare *Präponderenz* der einen oder anderen Auffassung. Es zeichnet sich daher bereits hier die vermittelnde Bedeutung des *„verantwortungsbezogenen Rechtswidrigkeitsbegriffs* ab.

Nicht werden in diesem Streit der soziale Rechtswidrigkeitsbegriff und nicht die unmittelbarkeitsbegriffliche Rechtswidrigkeitsauffassung vertreten[143]. Sie sind als dogmatisch zu unkonturiert nicht für die tatbestandliche Festlegung eines Zurückdrängungsanspruchs in bezug auf hoheitliche Maßnahmen der öffentlichen Gewalt geeignet.

c) Rechtswidrigkeitsauffassungen im Bereich des Folgenbeseitigungsanspruchs

Der Meinungsstand im Streit um die richtige Auffassung dessen, was „Rechtswidrigkeit" im Tatbestand des Folgenbeseitigungsanspruchs zu bedeuten hat, ist in neuerer Zeit unübersichtlich geworden.

(1) Die in der Literatur überwiegende Meinung geht vom *erfolgsbezogenen* Rechtswidrigkeitsbegriff aus. So tut dies insbesondere *Bachof*[144] als Urheber des Folgenbeseitigungsanspruchs. Er charakterisiert mit Blick auf eine der *wichtigen* Fallgruppen des Folgenbeseitigungsanspruchs dessen Rechtswidrigkeitsbegriff in der Weise, daß er *nachträglich* rechtswidrig *gewordene* Erfolge[145] der *ursprünglichen* Rechtswidrigkeit belastender Verwaltungsakte und

[141] Hierzu oben Teil A, III, 1 und spezifisch für den öffentlichrechtlichen Bereich des Folgenbeseitigungsanspruchs Teil A, II, 2, b) sowie sogleich c), d) und e).

[142] Und zwar zugunsten der herrschenden Rechtswidrigkeitsauffassung; hierzu sogleich c).

[143] Hierzu Teil A IV, 3 und 4.

[144] Und zwar schon in seiner den Folgenbeseitigungsanspruch begründenden Monographie „Die verwaltungsgerichtliche Klage auf Vornahme einer Amtshandlung", 1. Aufl. 1951, S. 98 bis 100 sowie S. 126 bis 129; ferner in: *Wolff/Bachof*, Verwaltungsrecht I, 9. Aufl. 1974, § 54 II, b (S. 478, b) und in: „Verfassungsrecht, Verwaltungsrecht, Verfahrensrecht in der Rechtsprechung des Bundesverwaltungsgerichts", Bd II, 1965, S. 358, 359.

[145] Z.B. sind dies rechtmäßige Obdachloseneinweisungen gem. § 9 des Baden-Württembergischen Polizeigesetzes, welche vollzogen wurden *und* welche später wegen Zeitablaufs oder aus anderen Gründen *weggefallen* sind: Das beeinträchtigende *Verwaltungshandeln* ist nicht rechtswidrig. Da der Fall als anspruchsbegründend im Sinne des Folgenbeseitigungsanspruchs angesehen wird, ist also lediglich die belastende *nicht mehr rechtlich gedeckte* (Einzelheiten unten h) *Folge* einer Beeinträchtigung des Rechtskreises des Bürgers im oben genannten Sinne [oben a) 3. Absatz] als rechtswidrig beurteilt. Zur praktischen Bedeutung dieser und ähnlicher Fälle vgl. unten h).

deren Vollzugs*folgen gleichstellt*. Damit bezieht er Fälle in den Rechtswidrigkeitsbereich ein, in welchen das maßgebliche *Verwaltungshandeln* in Form des Verwaltungsakts bzw. Realakts *rechtmäßig* gewesen ist. Allein die *Tatsache* des beeinträchtigenden *Erfolges*, welcher nicht mehr durch eine Rechtsgrundlage gedeckt ist, *genügt* ihm für ein *Rechtswidrigkeitsurteil*. Die Zugrundelegung des *erfolgsbezogenen* Rechtswidrigkeitsbegriff wird bei *Bachof* ferner deutlich im Zusammenhang seiner dogmatischen *Begründung* des Folgenbeseitigungsanspruchs u.a. vermittels einer Analogie zu *§ 1004 BGB*[146]. Im Rahmen dieses Anspruchs wird nach ganz h.M. der *erfolgsbezogene* Rechtswidrigkeitsbegriff zugrundegelegt[147].

(2) Weitere Vertreter des erfolgsbezogenen Rechtswidrigkeitsbegriffs im Tatbestand des Folgenbeseitigungsanspruchs sind *Weyreuther*[148] und *Bender*. *Weyreuther* führt aus, es komme lediglich auf die „Rechtswidrigkeit" des verursachten *Zustandes* an; für die Folgenbeseitigungspflicht sei allein die „Rechtswidrigkeit"[149] der *Folgen* relevant. Ob die *Handlung* der Verwaltung als *rechtswidrig* qualifiziert werden könne oder nicht, sei gleichgültig.

Entsprechend ist die Auffassung *Benders*. Nach dessen Ausführungen[150] ist der Rechtswidrigkeitsbegriff als *Funktionsbegriff* zu deuten. Der Folgenbeseitigungsanspruch verlange seiner *Funktion* nach die Zugrundelegung des *erfolgsbezogenen* Rechtswidrigkeitsbegriffs[151].

Ähnliche Ausführungen zum Rechtswidrigkeitsbegriff im Rahmen des Folgenbeseitigungsanspruchs finden sich bei *Rupp*[152], *Ebsen*[153], *Steinberg*[154] sowie bei *Ossenbühl*[155].

Weitere Beispiele in bezug auf bloße beeinträchtigende *Realakte* vgl. bei *Wolff/Bachof*, aaO Anm. 143 S. 478, d) (2. Absatz).

[146] So in: *Wolff/Bachof*, Verwaltungsrecht I, 9. Auflage 1974, § 54 II b (S. 478) 2. Abs.

[147] *Palandt-Bassenge*, 50. Aufl. 1991, § 1004, Anm. 2 a, ee); ferner BGH, NJW 1976, 416, 417 sowie BGH, WPM, 1971, S. 278.

[148] *F. Weyreuther*, Gutachten zum 47. Deutschen Juristentag (DJT), Bd. 1, Teil B, Beck-Verlag, München, 1968, S. 67.

[149] D.h. die Beeinträchtigung der Rechtssphäre des Bürgers als solche, falls sie nicht rechtlich gedeckt ist, vgl. als *Beispiel* Anm. 144.

[150] B. *Bender*, Staatshaftungsrecht, 3. Aufl. 1981, S. 73 und 74.

[151] Ausführlich hierzu *Bender*, Staatshaftungsrecht, 2. Aufl., 1974, RdNr. 248 sowie *Bender*, Zum Recht der Folgenbeseitigung, VBlBW, 1985, S. 201 f. (202): Der Folgenbeseitigungsanspruch wird danach durch einen hoheitlichen Eingriff in Rechte in solchen Fällen ausgelöst, in welchen dieser Eingriff zu Real*folgen* im Sinne eines zum Nachteil des Betroffenen wirkenden *rechtswidrigen Zustandes* geführt hat. Noch deutlicher kommt der erfolgsbezogene Rechtswidrigkeitsbegriff zum Ausdruck ebda. S. 203, rechte Spalte. Hier wird ausgeführt, daß ein Folgenbeseitigungsanspruch auch in solchen Fällen besteht, in welchen ein durch die vollziehende Gewalt *rechtmäßig geschaffener* Zustand (rechtmäßige Handlung) nachträglich *rechtswidrig* geworden ist.

[152] JA 1979, S. 510 f., 512.

[153] DVBl 1987, S. 392 f. (394).

(3) Die gegenteilige Auffassung einer Postulierung des *handlungsbezogenen* Rechtswidrigkeitsbegriffs als Voraussetzung eines Folgenbeseitigungsanspruchs wird im Rahmen *rechtswidrigkeitsdogmatischer* Erwägungen insbesondere von *Münzberg* vertreten[156]. *Münzberg* faßt „Rechtswidrigkeit" *stets* als Rechtsnormwidrigkeit im Sinne von *Gebotswidrigkeit*[157] auf. Dies gilt nach *MünzBGHberg* auch im Rahmen der Tatbestandsvoraussetzungen des Folgenbeseitigungsanspruchs und zwar angesichts der ausschließlich zivilistischen Argumentationsweise *Münzbergs* allerdings speziell im Rahmen der bürgerlich-rechtlichen Parallelvorschrift des § 1004 BGB. In dieser bürgerlich-rechtlichen Parallelvorschrift umgeht er nun diese Konsequenz allerdings zunächst einmal, indem er entgegen der ganz herrschenden Meinung für diese Vorschrift des BGB *keine* Rechtswidrigkeit als Anspruchsvoraussetzung verlangt[158]. Jedoch gelangt er an späterer Stelle praktisch *doch* zum Erfordernis der Rechtswidrigkeit, und zwar der *handlungsbezogenen* Rechtswidrigkeit, im Rahmen eines Unterlassungsanspruchs gem. § 1004 BGB. Er tut dies in *der* Weise, daß er die *Duldungspflicht* des § 1004 Satz 2 heranzieht. Diese besteht nach *Münzberg* nur dann nicht, wenn ein *normwidriges* Verhalten rechtsgutsbeeinträchtigender Art vorliegt. Wenn dagegen nur ein unerwünschter *Erfolg ohne Normverletzung* vorliegt, ist nach der Auffassung *Münzbergs* eine *Duldungspflicht* eindeutig gegeben[159]; damit ist nach *Münzberg* eine besondere Art der *„Rechtfertigung"*[160] der genannten *Beeinträchtigung* anzunehmen. Dieser *Rechtfertigungsgedanke*, noch dazu formuliert in den bekannten Rechtswidrigkeitskategorien: *Normwidrigkeit*[161] einerseits und *Erfolgsbezogenheit*[162] andererseits statuiert den *Rechtswidrigkeitsbegriff*, und zwar den handlungsbezogenen Rechtswidrigkeitsbegriff in den Tatbestand des § 1004 BGB.

154 *Rudolf Steinberg*, Aufopferung, Enteignung und Staatshaftung, 1. Aufl. 1991, S. 382: „mit der wohl herrschenden Meinung ist beim Folgenbeseitigungsanspruch allein auf den rechtswidrigen Zustand abzustellen. Es genügt demnach die Rechtswidrigkeit der *Folgen* des administrativen Handelns".

155 Staatshaftungsrecht, 4. Aufl. 1991, § 37 1, S. 262: „Der Folgenbeseitigungsanspruch greift jedenfalls dann ein, wenn der geschaffene Zustand rechtswidrig ist, mag auch der den Zustand herbeiführende Hoheitsakt rechtmäßig sein."

156 *Wolfgang Münzberg*, Handlung und Erfolg als Grundlage von Rechtswidrigkeit und Haftung, 1966, S. 381 f.

157 In Kongruenz zu sog. Imperativentheorie, s. hierzu Teil A, V, 2.

158 AaO Anm. 155 S. 381.

159 Vgl. S. 382 (aaO Anm. 155).

160 So formuliert von *Münzberg* (aaO, Anm. 155), S. 382.

161 Vorliegend nach *Münzberg*: Keine Duldungspflicht im Rahmen des § 1004 = Abwehrmöglichkeit im Rahmen des § 1004 = *Rechtswidrigkeit* der Beeinträchtigung.

162 Vorliegend nach *Münzberg*: Duldungspflicht im Rahmen des § 1004 = keine Abwehrmöglichkeit im Rahmen des § 1004 = *Rechtmäßigkeit* der Beeinträchtigung.

Ferner folgt der handlungsbezogenen Rechtswidrigkeitsauffassung im Rahmen des Folgenbeseitigungsanspruchs *Obermeyer* in seiner Abhandlung „Zur Rechtsstellung des Nachbarn im Baurecht und zum Folgenbeseitigungsanspruch"[163]. Ähnliche Auffassung sind *Schäfer/Bonk*[164]. Sie führen aus, „zweifelsfrei" sei festzustellen, daß der Folgenbeseitigungsanspruch seiner Natur nach dem Handlungsunrecht und *nicht* dem Erfolgsunrecht zugerechnet werden müsse. Sie folgen dabei dem Gedanken, daß der handlungsbezogene Rechtswidrigkeitsbegriff in § 1 des Staatshaftungsgesetzes[165] verwendet werde und daß damit dieser Rechtswidrigkeitsbegriff auch in § 3 Staatshaftungsgesetz, der Normierung des *Folgenbeseitigungsanspruchs*, eingreife.

(4) Die *frühe*[166] *Rechtsprechung* zum Folgenbeseitigungsanspruch lag ebenfalls durchweg auf der Linie des *erfolgsbezogenen* Rechtswidrigkeitsbegriffs[167]. Der Grund war im *wesentlichen*[168] der, daß dieser damals noch weitgehend unproblematisiert war[169].

Die späteren, rechtswidrigkeitsbegrifflich gleichliegenden Entscheidungen des Oberverwaltungsgerichts *Münster* vom 13.5.1972[170] sowie des *BVerwG* vom 6.9.1984[171] *und* vom 6.10.1989[172] haben in den hier interessierenden Begründungspassagen „obiter dictum" Charakter und umgehen die Problematik.

---

[163] JuS 1963, S. 110 ff, S. 113.

[164] *Schäfer/Bonk*, Kommentar zum Staatshaftungsgesetz 1982 § 3 Abs. 1 Rdnr. 17.

[165] Vom 26. Juni 1981 (BGBl I, S. 553), aufgehoben vom BVerfG (durch Urteil vom 19.10.1982) wegen fehlender Kompetenz des *Bundes*gesetzgebers (DÖV 1982, 982).

[166] Ergangen unmittelbar nach Entwicklung des Folgenbeseitigungsanspruchs durch *Bachof* (Anm. 143).

[167] So z.B. VG Neustadt, NJW 1965, 833 f., 835: „Fällt der Verwaltungsakt durch Aufhebung, Rücknahme, Widerruf oder - wie hier - durch Zeitablauf weg, dann sind vom Zeitpunkt des Wegfalls an die Vollzugsfolgen nicht mehr durch Gesetz und Recht gedeckt." Es handelt sich im übrigen nur um ein *obiter dictum*, da nach den Urteilsausführungen ein rechtswidriges Verwaltungshandelns in Form des vorgehenden belastenden Verwaltungsakts auch vorlag.

[168] Siehe aber die Begründungen unten Anm. 170, 171 („obiter dictum" Charakter der Rechtswidrigkeitsbegründung, da die für den Rechtswidrigkeitsstreit *relevante Fallsituation nicht* vorlag).

[169] Hierzu ausführlich Teil A, II, 1. Die eigentliche *Problematisierung* setzte viel *später* ein als der erstmals dieses Problem aufgreifende Beschluß des BGH vom 4.3.1957 (oben Teil A, II, 1 Anm. 28), nämlich in den Jahren 1961/1962. Sie setzte allerdings zeitlich *uneinheitlich* ein, Einzelheiten sogleich (5).

[170] VerwRsp. 13, S. 690 f. (691), Nr. 202: „Voraussetzung eines Folgenbeseitigungsanspruchs ist, daß eine nachteilige *Wirkung* der ordnungsbehördlichen Maßnahmen fortbesteht".

[171] BVerwG, NJW 1984, S. 1178 f. (S. 1179 rechte Spalte), sog. „Bardepotentscheidung". Ein Folgenbeseitigungsanspruch ist nach dieser Entscheidung gerichtet auf die Beseitigung von *rechtswidrigen Folgen* eines Tuns oder Unterlassens der vollziehenden Gewalt. Hier handelt es sich jedoch lediglich um ein *obiter dictum*, da das Unterlassen der Bundesbank in Bezug auf die Vorschriften des Bardepotgesetzes unstreitig rechtswidrig war. Auf die Frage, ob eine Normwidrigkeit des Verwaltungshandelns- (unterlassens) als Voraussetzung eines Rechtswidrigkeitsurteils zum unerwünschten Erfolg noch hinzukommen müsse, kam es im vorliegenden Fall *nicht* an.

Schließlich geht in die erfolgsbezogene rechtswidrigkeitsbegriffliche Richtung die Äußerung des Bundesrichters *J. Böhmer*[173], *nunmehr mit* dogmatischer *Begründung*. Maßgeblich ist nach *Böhmer* die Rechtswidrigkeit bzw. Rechtmäßigkeit des zum Zeitpunkt der letzten mündlichen Gerichtsverhandlung bestehenden *Zustands*. Es komme im Rahmen des Folgenbeseitigungsanspruchs lediglich darauf an, rechtmäßige verfassungsgemäße Rechts*erfolge* zu gewährleisten, nicht darauf, ein ordnungsgemäßes Verwaltungs*funktionieren* zu erreichen.

(5) Das Bild der *Rechtsprechung* zum Problem der richtigen Auffassung des Rechtswidrigkeitsbegriffs im Rahmen des Folgenbeseitigungsanspruchs ist *uneinheitlich* geworden seit der zunehmenden Bedeutung einer grundsätzlichen Auseinandersetzung um den Rechtswidrigkeitsbegriff[174].

Der *handlungsbezogene* Rechtswidrigkeitsbegriff als Tatbestandsvoraussetzung des Folgenbeseitigungsanspruchs findet sich erstmals in allgemein beachteter Weise in der Entscheidung des *BVerwG* vom 12.10.1971 (Personalaktenauskunftsfall)[175].

Er lehnt sich an einen Fall an, welcher vom Baden-Württembergischen VGH entschieden worden war, und in welchem ebenfalls die Voraussetzung *rechtswidrigen* Verwaltungs*handelns* für die Auslösung eines Folgenbeseitigungsanspruchs gefordert wurde[176].

In der *Folgezeit* gibt es in *zunehmender Zahl* Entscheidungen, welche den *handlungsbezogenen* Rechtswidrigkeitsbegriff zugrunde legen[177]. *Parallel* dazu finden sich allerdings immer wieder Entscheidungen auf der Grundlage des *erfolgsbezogenen* Rechtswidrigkeitsbegriffs.

---

172 BVerwG NJW 1989 S. 2272, 2277; auch hier liegt nur ein *obiter dictum* vor. Die Frage des Hinzukommens normwidrigen Verhaltens zum unerwünschten nachteiligen Erfolg war nicht entscheidungserheblich. Ein normwidriger, dem unerwünschten Erfolg zugrundeliegender VA lag vor.

173 In: Zeitschrift für Agrarrecht, Beilage I, 1984 in Heft 4, S. 2 ff.

174 Siehe oben Anm. 168.

175 BVerwG E 38, 336 f. (346). Nach dieser Entscheidung besteht ein Folgenbeseitigungsanspruch, wenn es

- erstens um die Beseitigung der Folgen eines *rechtswidrigen* Verwaltungsaktes (rechtswidrige Handlung) geht,

- sowie zweitens dann, wenn die Folgen eines *rechtswidrigen* sonstigen *Verwaltungshandelns* Gegenstand der Beurteilung ist.

Die Entscheidung erging unter Bezugnahme auf die Entscheidung vom 25.8.1971 des BVerwG (V, C 23/69). Allerdings ist dieses Rechtswidrigkeitsurteil nur ein *obiter dictum*, da ein rechtswidriges Verwaltungshandeln im zur Entscheidung vorliegenden Fall unstreitig gegeben war.

176 VGH BW, VerwRspr. 12, 1001 f. (1005). Die *Rechtswidrigkeitsbegriffliche* Stellungnahme war auch in diesem Fall *nicht* entscheidungserheblich (obiter dictum).

177 Beispielsfälle bei *Obermayer* (Anm. 162) sowie bei *Ossenbühl*, Staatshaftungsrecht 4. Aufl., § 37, 1 c) (S. 261, 262).

(6) Diese *Unklarheit* und Uneinheitlichkeit der Rechtsprechung geht zunächst auf die sachlichen Schwierigkeiten einer zweckmäßigen Definition des Rechtswidrigkeitsbegriffs im Folgenbeseitigungsanspruch zurück. Sodann aber ist der Grund für diese Uneinheitlichkeit in der der Rechtsprechung günstigen Tatsache zu sehen, daß eine Entscheidung der Streitfrage zwischen bloßem Erfolgsunrechterfordernis einerseits *und* zusätzlichem Handlungsunrechtserfordernis andererseits, soweit ersichtlich, *nie* in *dogmatisch relevanter* Weise beantwortet werden mußte. Es lag entweder in den Entscheidungsfällen *auch* ein rechtswidriges *Verwaltungshandeln* vor oder aber es lagen die Fälle zeitlich *vor* der Problematisierung des Rechtswidrigkeitsbegriffs. So konnte stets ohne irgendwelche dogmatischen Erwägungen der seit jeher herrschende erfolgsbezogene Rechtswidrigkeitsbegriff zugrunde gelegt werden *oder* nach Belieben *auch* der handlungsbezogene Rechtswidrigkeitsbegriff verwendet werden.

(7) *Zusammenfassend* kann man zum heutigen Rechtszustand sagen, daß der überwiegende Teil der Rechtsprechung aus seiner traditionellen Hinneigung zum erfolgsbezogenen Rechtswidrigkeitsbegriff heraus[178] zur Anwendung dieses Begriffs auch im Rahmen des *Folgenbeseitigungsanspruchs* neigt[179].

d) Stellungnahme

(1) Angesichts dieser unterschiedlichen Auffassungen zum Rechtswidrigkeitsbegriff im Folgenbeseitigungsanspruch seitens der Literatur und Rechtsprechung kann man eine allgemein akzeptanzfähige Lösung nur in der Weise finden, daß man die *dogmatische* Rechtsgrundlage des Folgenbeseitigungsanspruchs aufsucht. Sodann ist auf diesem Hintergrund die Frage zu stellen, was mit dem *Folgenbeseitigungsanspruch* eigentlich *erreicht* werden soll. Die Frage lautet *speziell* bezogen auf die vorliegend erörterte Rechtswidrigkeitsproblematik anschließend, was im Rahmen einer solchen *dogmatischen* Zielbestimmung des Folgenbeseitigungsanspruchs der *Rechtswidrigkeitsbegriff* als dessen Tatbestandskern leisten muß und wie dieser Begriff demgemäß definiert sein muß.

---

[178] Sowie in Anlehnung an die Tendenz der Literatur zur Verwendung des *erfolgsbezogenen Rechtswidrigkeitsbegriffs im Rahmen des Folgenbeseitigungsanspruchs*, vgl. oben (1), (2).

[179] So ganz deutlich *Böhmer*, in: Zeitschrift für Agrarrecht, 1984, Heft 4, Beilage S. 2 f., (S. 3).

(2) Es ist an dieser Stelle der Hinweis erforderlich, daß eine solchermaßen ausführliche Erörterung des Rechtswidrigkeitsbegriffs im Tatbestandsrahmen des Folgenbeseitigungsanspruchs auf nunmehr auch noch *dogmatischer* Basis deshalb nötig ist, weil, wie eingangs (b) angedeutet, die Art und Weise des *Rechtswidrigkeitsbegriffs* nicht nur

- das Wesen des Folgenbeseitigungsanspruchs maßgeblich kennzeichnet, sondern
- weil dieser Begriff darüber hinaus eine erhebliche praktische Bedeutung hat. Je nach der Bestimmung seiner Reichweite entscheidet er in vielen Fällen, ob eine Beeinträchtigung des Bürgers durch die öffentliche Hand beseitigt werden muß oder ob sie hingenommen werden muß. Hierzu ist an Hand von Beispielen sogleich Stellung zu nehmen[180].

(3) Die *dogmatische Grundlage* des Folgenbeseitigungsanspruchs ist immer noch streitig. Zudem sind die Begründungsansätze, von welcher Seite sie auch herkommen (sogleich (a)) sämtlich inhomogen. Sie setzen sich stets aus mehreren Aspekten zusammen, welche sich allerdings im wesentlichen nicht widersprechen sondern ergänzen.

(a) Die *Rechtsgrundlage* des Folgenbeseitigungsanspruchs wird zunächst *objektivrechtlich* vielfach im Prinzip der Bindung der Verwaltung an *Gesetz* und *Recht* gesehen (Prinzip der *Gesetzmäßigkeit* der Verwaltung, Art. 20 Abs. GG). Dies bedeutet, daß gesetzwidrige (rechtswidrige) Zustände beseitigt werden müssen und daß drohende gesetzwidrige (rechtswidrige) Beeinträchtigungen unterlassen werden müssen. Dies gilt unstreitig

- erstens soweit ein *Verwaltungsakt* vollzogen wurde, dieser danach aufgehoben worden ist und es nunmehr um die Eleminierung der Vollzugsfolgen geht (§ 113 Abs. 1 Satz 2 VwGO)[181]
- es gilt zweitens, soweit die Rechtssphäre des Bürgers durch beeinträchtigende *Realakte* tangiert worden ist[182].

---

[180] Im folgenden h).

[181] Vgl. hierzu im folgenden e).

[182] Vgl. z.B.

- Rechtswidrige Folgen bei der Anlage öffentlicher Straßen (z.B. Gebäudeschäden aufgrund von Baumaßnahmen sowie *rechtswidrige* Überbauungen oder Grundstücksbeschädigungen aufgrund solcher Maßnahmen, z.B. Rutschgefahr von Böschungen);
- rechtswidrige Aufbewahrung von Akten zum Nachteil der Betroffenen
- rechtswidrige Verzögerungen oder sogar Nichtvornahme von fälligen Personalentscheidungen wie Ernennungen und Beförderungen.

Dieser objektivrechtliche Begründungsgesichtspunkt findet sich im überwiegenden Teil der Literatur[183] und der Rechtsprechung[184]. Dieser Gedanke ist allerdings nicht unstreitig[185].

(b) Dem objektiven Gesichtspunkt der Gesetzmäßigkeit der Verwaltung wird der subjektvrechtliche Gedanke einer „freiheitsverbürgenden Funktion der Grundrechte" (Art. 2 bis 17 GG) zur Seite gestellt. Dieser Gedanke zielt auf den Umstand, daß diese *freiheitverbürgenden* Rechte in Fällen ihrer Mißachtung durch die öffentliche Gewalt in Form von realen Beeinträchtigungen der Grundrechtssphäre des Bürgers in einen *Anspruch* auf Beseitigung bzw. Unterlassung dieser Beeinträchtigungen umschlagen[186]. Dieser Gedanke wurde bereits von *F. Naumann* entwickelt[187].

Daß es einen solchen subjektiv-rechtlichen Aspekt geben muß, folgt übrigens positivrechtlich schon aus § 113 Abs. 1 Satz 1 VwGO. Diese Vorschrift enthält die prozessuale, also subjektiv-rechtliche Möglichkeit, bereits vollstreckte *Folgen* eines aufgehobenen, belastenden Verwaltungsaktes wieder beseitigen zu lassen[188].

(c) Diesem subjektiv-rechtlichen Prinzip der freiheitsverbürgenden Funktion der Grundrechte als dogmatischem Begründungsaspekt des Folgenbeseitigungsanspruchs entspricht auf der *prozessualen* Seite der Gedanke der *GewährBGHleistung eines effektiven Rechtsschutzes* (Art. 19 Abs. 4 GG). Denn effektiv ist ein Rechtsschutz gegen Übergriffe der öffentlichen Gewalt nur dann, wenn ein Anspruch auf Unterlassung bzw. Beseitigung *aller* vorliegend in Frage kommenden Grundrechtsbeeinträchtigungen besteht, seien sie nun durch hoheitlicherseits vorgenommene, den Bürger rechtswidrigerweise beeinträchtigende *Verwaltungsakte* verursacht, oder seien sie lediglich durch noch

---

[183] Z.B. ausführlich bei *Bachof*, Die verwaltungsgerichtliche Klage auf Vornahme einer Amtshandlung, 1. Aufl. 1951 S. 128 (hier vor allem in Bezug auf einen Gelderstattungsanspruch im Falle fortwirkender, beeinträchtigender Vollzugsfolgen: heute geschieht dies vermittels des Rechtsinstituts des enteignungsgleichen Eingriffs (oben I, 2)), *aber* auch in Bezug auf eine *Rückgängigmachung* dieser Folgen (aaO, S. 106-114). Vgl. auch *Wolff/Bachof*, VerwR, Band I, 9. Aufl. 1974, § 54 II, b und c m.w.N.

[184] Statt vieler BVerwGE 69, 366 f. (370).

[185] Anders z.B. *Bettermann*, in DÖV 1955, 528 f. (529 und 530); sowie *Weyreuther*, Gutachten zum 47. Deutschen Juristentag (DJT), Teil B S. 28. Zu *deren* Auffassung vgl. den folgenden Text.

[186] So vor allem ausführlich *Weyreuther* (aaO vorige Anm.) S. 78 f. insbes. 79 und 80; *BVerwG* NJW 1972, S. 269 f. (270) = DÖV 1971, 857, 858. So auch der Sache nach *Wolff/Bachof*, Verwaltungsrecht Band I, § 54 II b (S. 478 3. Absatz m.w.N.).

[187] *F. Naumann*, Vom vorbeugenden Rechtsschutz im Verwaltungsprozeß, in: Gedächtnisschrift für *Walter Jellinek*, 1955 S. 391 f. (398f.).

[188] Im Zweifel *belastend* im Sinne von grundrechtsbeeinträchtigend, ausführlich zu diesem Begründungsaspekt *Rupp*, DVBl 1972, S. 232 f.

bestehende Vollzugs*folgen*[189] aufgehobener Verwaltungsakte oder auch schlicht durch hoheitliche beeinträchtigende *Realakte* (Anm. 181) herbeigeführt.

(d) Darüber hinaus zieht man zur Begründung des Folgenbeseitigungsanspruchs eine Analogie zu § 1004 BGB heran[190]. Daneben wird für den sog. Vollzugsfolgenbeseitigungsanspruch in der *ursprünglichen*[191] Konzeption des Folgenbeseitigungsanspruchs von *Bachof* eine Analogie zu den Vorschriften der §§ 717 Abs. 2 ZPO, 302 Abs. 4 ZPO, 600 Abs. 2 ZPO sowie 945 2. Alternative ZPO verwendet. Die letztgenannten Vorschriften enthalten den Gedanken, daß für den Fall des Vollzugs einer in *rechtmäßiger* Weise zustande gekommenen hoheitlichen Entscheidung alle auf dieser Entscheidung beruhenden *Vollstreckungsfolgen*[192] beseitigt[193] werden müssen, *falls* die betreffende Entscheidung später wieder aufgehoben oder abgeändert wird[194].

Vielfach allerdings bezeichnet man[195] diese Fälle - zutreffenderweise - als Ausdruck der Situation einer zivilprozessualen *Gefährdungshaftung*. Man folgert aus diesem Umstand, daß die wiedergutzumachenden Vollstreckungsschäden (§§ 717 II, 302 IV, 600 II, 945 ZPO) nicht rechtswidrig gewesen sein können, so daß die Situation des Folgenbeseitigungsanspruchs gar *nicht* vorliege[196]. Diese Folgerung ist unrichtig. Richtiger Ansicht nach sind sie rechtswidrig[197], so daß die Parallele zum Folgenbeseitigungsanspruch besteht.

---

[189] Hierzu *Bachof*, Die Klage auf Vornahme einer Verwaltungshandlung, 2. Aufl. 1968, Vorwort S. XIV.

[190] So *Bettermann*, DÖV 1955, S. 528 f. (530); sowie die Rechtsprechung, nämlich insbesondere BVerwE 79, 254f. (259) sowie BVerwE, NJW 1989, 1291 f.

[191] Vgl. *Bachof*, Die verwaltungsgerichtliche Klage auf Vornahme einer Amtshandlung, 1. Aufl. 1951 S. 126 bis 129, und zwar ebenfalls (wie Anm. 182) bezogen auf einen Folgenbeseitigungsanspruch als
- (a) Gelderstattungsanspruch, sowie
- (b) als Anspruch auf *Rückgängigmachung*;

Dieser Begründungsansatz ist aber streitig, vgl. *Bettermann* (Anm. 189, S. 530 und den folgenden Absatz im Text) und ist von *Bachof* fallengelassen worden - meines Erachtens *unnötigerweise*, vgl. im folgenden.

[192] Welche noch fortbestehen und nunmehr als rechtswidrig zu qualifizieren sind; die *Rechtswidrigkeit* folgt aus der Tatsache der *beeinträchtigenden Wirkung* subjektiver Rechte ohne Rechtsgrundlage (s. *Stein Jonas*, Komm. zur Zivilprozeßordnung 30. Auflage, § 717 Abs. 2 RN 27, 28), sowie aus dem Umstand, daß *voller Schadensersatz* zu leisten ist, welches Rechtswidrigkeit voraussetzt: vgl. hierzu Teil A, V 3 b) und c).

[193] Entweder *in natura* oder durch Leistung von *Geldersatz* (§ 249 BGB).

[194] Der Fall, daß sich die vollstreckte Maßnahme als von *Anfang* an ungerechtfertigt erwiesen hat (vgl. § 945 1. Alternative) ist *kein* Fall des Vollzugsfolgenbeseitigungsanspruchs, sondern ein Fall des Folgenbeseitigungsanspruchs in bezug auf belastende rechtswidrige Realakte *schlechthin* [oben (3), (a)].

[195] Z.B. *Bettermann* (aa0 Anm. 189).

[196] So *Bettermann* (aaO Anm. 189).

[197] Vgl. hierzu Anm. 191 sowie ausführlich Teil A, V, 2 c) (3).

e) Zusammenfassung

(1) Die *gemeinsamen* Gedanken der dogmatischen Begründungsaspekte des Folgenbeseitigungsanspruchs, nämlich die *Postulate*

- daß die Verwaltung durchgängig an Gesetz und Recht gebunden ist, so daß rechtswidrige Beeinträchtigungen der Rechtssphäre des Bürgers stets beseitigt werden müssen,
- ferner das Postulat der freiheitsverbürgenden Funktion der Grundrechte, welche eine Beseitigung von eventuell doch eingetretenen Beeinträchtigungen dieser Rechte subjektivrechtlich verlangt,
- der Gedanke eines effektiven Rechtsschutzes, welcher die prozessuale Möglichkeit einer Beseitigung *aller*, auch *tatsächlicher* Beeinträchtigungen der Rechtssphäre des Bürgers aufgrund von *Realakten* so gut wie aufgrund von Verwaltungsakten erfordert und schließlich
- die Analogien zu § 1004 BGB sowie zu den Vorschriften der Zivilprozeßordnung (§§ 717 Abs. 2, 302 Abs. 4, 600 Abs. 2, 945),

bedeuten, daß ein festumrissener (Art. 2 bis Art. 17 GG) Freiheitsraum der Bürger besteht, welcher durch Maßnahmen der hoheitlichen Gewalt untangierbar ist.

(2) Diese vier Postulate lassen sich hermeneutisch am prägnantesten durch einen Rückgriff auf die „*Statuslehre*" *Jellineks*[198] zusammenfassen. Maßgebend ist nach dieser Lehre die Festlegung eines sog. *status negativus* (status libertatis) des Bürgers als eines „Status", welcher dem Staat gegenüber als *Abwehrstatus* besteht,

- und zwar erstens deshalb, um in diesem Raum[199] alle auf Beeinträchtigungen desselben zielenden oder doch hinauslaufenden staatlicherseits vorgenommenen Akte verhindern zu können sowie
- mit dem weiteren Ziel der Schaffung eines rechtlich garantierten *Individualfreiheitsraums* für die Entfaltung des bürgerlichen Lebens im politischen, kulturellen und allgemein sozialen Raum.

---

[198] *Georg Jellinek*, System der subjektiven öffentlichen Rechte, 2. Aufl. 1905, S. 94 f.; vgl. dazu schon oben a).

[199] Zu diesem Raum vgl. i. einzelnen schon vorst. d), (3), (b) sowie G. *Jellinek* (aaO, Anm. 197) S. 96.

Dieser soll sich *grundsätzlich* deshalb frei von staatlichen Maßnahmen befinden, um Einflußnahmen auf die gesamtsoziale Entwicklung[200] durch eine *überproportional - staatlich* verstärkte Ingerenz zu *verhindern*[201].

Dieser Bereich ist damit als *prinzipiell* gegen jegliche Einflußnahmen staatlicher Gewalt tabu zu bezeichnen: *Ausnahmen* bestehen nur in solchen Fällen, in welchen eine der *stets* anerkannten, herkömmlichen Befugnisse einer staatlichen Ingerenz in den gesellschaftlichen Raum vorliegt, nämlich in Fällen

- formell-gesetzlicher Eigentumseingriffsrechte, z.B. in Form von Enteignungen nach den Landesenteignungsgesetzen;
- in Fällen polizeilicher Eingriffsrechte nach den Polizeigesetzen (z.B. § 9 Bad.-Württ.PolG) gegenüber Nichtstörern;
- in Fällen von rechtlich-relevanten Einwilligungen sowie den anderen anerkannten Rechtfertigungsgründe[202];

- schließlich in Fällen rechtlicher und tatsächlicher Maßnahmen der *Steuerpolitik*, sowie der allgemeinen *Wirtschafts-* u. *Sozialpolitik*; In den beiden letztgenannten Bereichen sind aber schon in Fällen einer *vermögensmäßigen Beeinträchtigung* über die Sozialbindungsgrenze hinaus *Entschädigungen* zu leisten (Art. 14 Abs. III Satz 2 GG), welche von vorneherein in den einschlägigen Gesetzen vorgesehen sein müssen.

(3) Dieser zusammenfassende Gedanke sämtlicher angeführter heute vertretener Einzelbegründungen des Folgenbeseitigungsanspruchs läßt nun ohne weiteres eine Definition des *Rechtswidrigkeitsbegriffs* zu, welche zu diesen dogmatischen Einzelaspekten des *Folgenbeseitigungsanspruchs* passt und welche die sich aus diesen Aspekten ergebenden *Zielsetzungen* des Folgenbeseitigungsanspruchs verwirklicht. Wenn nämlich der „status negativus" aus den genannten Gründen grundsätzlich tabu gegen staatliche Eingriffe jeglicher Art ist, so gilt dies völlig *unabhängig* von dem Umstand,

---

200 *Nicht* gemeint sind hier Einflußnahmen zur *Steuerung* und *Aufrechterhaltung* des gesamtgesellschaftlichen Gleichgewichts sowie der gesamtgesellschaftlichen Sicherheit, vgl. sogleich i. nächsten Absatz (Anm. 201), welche den gesamtgesellschaftlichen Raum überhaupt erst (mit)*konstituieren.*

201 Maßgebend ist der Gedanke, daß Einflußnahmen staatlicher Kräfte auf *diese* Gesamtentwicklung früher oder später immer mit apodiktischem und ideologischem Charakter und Anspruch auftreten. Da absolut gesetzte und allgemein anerkannte Ordnungsideen im Gegensatz zum Altertum und Mittelalter in der heutigen Gesellschaft aber nicht mehr bestehen und damit das einzig gebliebene „*absolute*" Prinzip das der *Toleranz* ist (von *Jellinek*, Anerkennung der natürlichen Freiheit" des Individuums genannt [aaO Anm. 197, S. 95]), passen solche apodiktischen Einflußnahmen nicht mehr in die Gesellschaft (vgl. *Jellinek* (aa0 Anm. 197) S. 95/96 und insbesondere S. 103).

202 Zu diesen Rechtfertigungsgründen vgl. vorst. b) sowie *Larenz*, Schuldrecht II, § 71 I c) (594 f.).

- (a) ob *normgemäß* oder
- (b) ob *normwidrig* seitens der staatlichen Gewalt

gehandelt worden ist.

Denn daß der Umstand, ob *normgemäß* oder aber ob *normwidrig* beeinträchtigt worden ist, *gleichgültig* für den Bürger und seine Abwehrtendenzen ist, liegt zunächst für den Fall *gesetzwidrigen* (verordnungswidrigen) Handelns und Beeinträchtigens ohne weiteres auf der Hand. Dies tut es aber *auch* und *gerade* für den Fall *nichtgesetzwidrigen* (verordnungswidrigen) Handelns der Verwaltung, welches dennoch zu Beeinträchtigungen der Rechtssphäre des Bürgers geführt hat, und welches

- (aa) entweder aus dem sog. *normfreien* Raum heraus[203] erfolgt,
- (bb) oder aber, hier besonders interessierend, aus dem an sich sehr wohl nämlich mittels verkehrsanschauungsmäßiger Verhaltensstandards durchnormierten[204] Bereich menschlicher Tätigkeiten stammt, in welchem *gebotsgemäß* (= *verhaltensstandardsgemäß*)[205] gehandelt worden ist unter Verursachung jedoch von *Beeinträchtigungen* der Rechtssphäre des Bürgers durch staatliche Maßnahmen.

Ein instruktives *Beispiel* ist der oben erwähnte „Nagelfall"[206] in seiner öffentlichrechtlichen Variante:

Im Verlauf der Restauration eines in Privatbesitz befindlichen alten Militärakademiegebäudes durch ein Pionierbatallion der Bundeswehr schlägt ein Pionier einen Spezialnagel in die Holztäfelung des Versammlungssaals dieser Akademie. Allen Verhaltensstandards für den Bereich holzverarbeitender handwerkliche Tätigkeiten nämlich den DIN- Normen der holzverarbeitenden Industrie sowie den Vorschriften der Berufsgenossenschaft „Holz und Keramik" ist Genüge getan.

---

[203] *Beispiel*: eine Militärische Maßnahme wird im Rahmen von Manövern mit *neuartigem* Gerät durchgeführt für welche es noch keinerlei Normen gibt und in deren Verlauf es zu Eigentumsbeeinträchtigungen Privater komme ist. (Z.B. Brückenbau mit neuartigen Plastikpontons : durch die Reibungsvorgänge bei der Montage der Pontons entsteht eine Temperatur von über 220 Grad C. Ein Ponton entzündet sich. Die Flammen greifen auf ein am Ufer befindliches Getreidelager über).

[204] Hierzu Teil A, III, 4, a): *durchnormiert* also hier im Sinne von „verhaltensstandardorientiert", *nicht* im Sinne von *gesetzlich* durchnormiert (wie in der Entscheidung BGHZ, 24, 21 ebenfalls vorausgesetzt: oben Teil A III, 4 a) Anm. 64); *beide* Bereiche sind im *vorliegenden* Zusammenhang völlig *gleich* zu bewerten.

[205] Bei *verhaltensstandardswidrigen* Beeinträchtigung ist man wieder völlig unproblematisch im Bereich *normwidriger* Beeinträchtigungen seitens der öffentlichen Verwaltung (siehe oben im Text, vorstehender Absatz, Satz 1), welche selbstverständlich zu einem Folgenbeseitigungsanspruch führen.

[206] Teil A, III, 4 a) Anm. 70 und 73.

So ist die Auswahl der Leiter, deren Höheneinstellung, das Anlegen der Leiter, die Auswahl des Spezialhammers, der sonstigen Werkzeuge, die Auswahl des Nagels sowie die eigentliche handwerkliche Tätigkeit wie das Anklopfen und Festklopfen des Nagels ordnungsgemäß vorgenommen wurden.

Trotzdem tritt folgender Umstand ein. Der Handwerker schlägt acht mal zu und trifft den Nagel ordnungsgemäß. Beim neunten mal verfehlt er ihn *ohne* ersichtlichen Grund. Insbesondere liegt *kein* personenbedingten Fehler, etwa eine Unsicherheitsreaktion oder ähnliches vor. Der Handwerker schlägt den Nagel schräg an, der Hammer gleitet ab, berührt die Täfelung und *beschädigt* sie. Es handelt sich um eine *atypische Abirrung* der völlig verhaltensstandardsgemäßen Verhaltungsweise des Handelnden. *Diese Abirrung* wird nicht mehr von den Imperativen der Verhaltensstandards *erreicht*. Es handelt sich um einen *nicht* mehr von *Verbotsimperativen* mit *Sanktionen* belegten Kausalverlauf. Dieser ist dennoch zu kennzeichnen als eine *erfahrungsgemäß* immer wieder *mögliche* Abirrung *menschlichen* Tuns vom gewünschten Handlungsverlauf und -ergebnis und zwar eben auch bei *Einhaltung* aller Verhaltensstandards.

Das entscheidende dieses Gedankens ist, daß diese atypische Abirrung mit den genannten Folgen *generell* nach der Lebenserfahrung *vorhersehbar* ist und damit aufgrund dieser generellen *Vorhersehbarkeit* im *Verantwortungsbereich*[207] des Handelnden[208] liegt. Die Konsequenz dieses Umstands für die vor-

---

[207] So schon oben Teil A, III, 4 u. Anm. 73.

[208] Dies gilt nur dann nicht, wenn der atypische Kausalverlauf, welcher zur beeinträchtigenden Abirrung geführt hat, so ungewöhnlich ist, daß es sich *nicht mehr nur* um:

- *erstens* eine immer wieder erfahrungsgemäß vorkommende *atypische Abirrung* des tatsächlichen Handlungsablaufs vom *gewünschten, verhaltensstandardgemäßen Normalverlauf* im oben genannten Sinne [(bb) Anm. 205: Nagelfall)] mit dessen schädigenden Folgen handelt, also

- *zweitens* es sich *nicht* mehr nur um einen vom Verbotsimperativ mit seinen *Verhaltensstandards* nicht mehr erreichten Handlungsablauf *atypischer* Art handelt (s. oben bb) Anm. 205 Nagelfall),

- *sondern* darüber hinaus *so* beschaffen ist, daß dieser Umstand auch *nicht mehr* generell voraussehbar ist und damit auch *nicht* mehr im *Verantwortungsbereich* des Handelnden liegt. Er ist in der nun anvisierten Fallkonstellation vielmehr als ganz anomaler *Abweichungskausalverlauf* und damit als *(Grenz)zufall* bzw. *unbeherrschbarer Kausalverlauf* zu kennzeichnen, welcher als *Fremdkörper* zum *normalen* Kausalverlauf (verhaltensstandardsgemäße Handwerksausübung) hinzukommt und auf *diese* Weise die Schadensfolge schafft. Als *Beispiel* ist der „Erdbebenfall" zu nennen:

- Die Ausgangssituation ist die gleiche wie im öffentlichrechtlichen Nagelfall nämlich:
- der Zimmermann schlägt den Holznagel wiederum in die Holztäfelung;
- alle Verhaltensstandards sind eingehalten;
- der Handwerker trifft stets, es liegt *keine*, nicht einmal eine der oben geschilderte atypischen Abweichungen seines Tuns vor;
- jedoch tritt plötzlich ein tektonisches Beben ein, wodurch der Hammer kurzzeitig aber massiv beeinflußt wird, den Spezialnagel lediglich schräg neben dem Nagelkopf trifft, abrutscht und die Holztäfelung berührt.

liegende Frage der richtigen Definition der *Rechtswidrigkeit* im Rahmen des Folgenbeseitigungsanspruchs ist folgende:

- Wenn die Beeinträchtigung der Rechtssphäre des Bürgers im Verantwortungsbereich des Handelndens (öffentlichen Gewalt) liegt und
- wenn der *status negativus* schlechthin tabu ist und in ihn grundsätzlich[209] nicht eingegriffen werden darf,
- so *muß* die Beeinträchtigung *unterbleiben*. Falls sie bereits eingetreten ist, muß sie *beseitigt* werden.
- Dies bedeutet für den vorliegenden Zusammenhang, daß die genannte Beeinträchtigung *rechtswidrig* ist. Denn *alles*, was rechtlich-stringent von einer bestimmten, verantwortlichen Person beseitigt werden muß, ist *rechtswidrig*[210].

Hieraus ergibt sich, was „*rechtswidrig*" im vorliegenden Zusammenhang zunächst *nicht* bedeuten kann: Da auch *nicht gebotswidrig gehandelte* Beeinträchtigungen *eleminiert* werden müssen und *rechtswidrig* sind, kann das Prinzip des *Handlungsunrechts* für die Definition der Rechtswidrigkeit im Folgenbeseitigungsanspruch nicht zutreffend sein[211].

(4) Sehr deutlich wird dieser Umstand, daß *Rechtswidrigkeit* im Rahmen des Tatbestands des Folgenbeseitigungsanspruchs *auch* in Fällen *rechtmäßiger Handlungen* vorliegt, welche im Ergebnis sodann aber zu Beeinträchtigungen der Individualrechtsphäre Einzelner geführt haben, in dem Augenblick, in welchem man sich die Analogien der genannten Vorschriften der *Zivilprozeßord BGHnung* vor Augen führt. Diese Vorschriften der §§ 717 Abs. 2, 302

- Dies ist ein *völlig* unvorhersehbarer und anormaler Kausalabweichungsverlauf, welcher als, *Fremdkörper* zum normalen, verhaltensstandardgeprägten Kausalverlauf hinzukommt und die Schadensfolge schafft. *Dieser* liegt *nicht mehr* im *Verantwortungsbereich* des Handelnden und *dieser* ist damit in seinen Folgen *nicht* mehr zu beseitigen. Die entscheidende Konsequenz ist, daß dieser samt seines schädigenden Erfolgs *nicht* mehr rechtswidrig ist.

Dieser Kausalverlauf ist auch nicht mehr eine *Handlung* (s. oben Teil A, V, 3), da keinerlei generelle *Vorhersehbarkeit* und *Willensdeterminiertheit* mehr vorliegt.

Wenigstens eine *Handlung* (pflichtwidrige Unterlassung oben Teil A, I, 2) seitens der öffentlichen Hand ist aber unbestrittenermaßen Voraussetzung für einen Folgenbeseitigungsanspruch.

[209] Zu den Ausnahmen siehe vorstehend e) (2).

[210] Hierzu Teil A, V, 3 c). Vgl. ferner auch die Aufnahme des zivilrechtlichen „Nagelfalls" in den Sektor der nach heutiger Rechtsauffassung *schadensersatzlich relevanten* Bereiche (= Haftungsbereich u. Rechtswidrigkeitsbereich): oben Teil A, V, 3 d) (4) bb).

[211] Die Funktion des Folgenbeseitigungsanspruchs ist also, wie bereits erwähnt (s.o. *Böhmer*, vorstehend c) (4) Anm. 172) nicht, ein rechtmäßiges *Handeln* und Funktionieren der Verwaltung zu sichern. Hierfür stehen *andere* Mittel zur Verfügung, nämlich die Vorschriften des Bundesbeamtengesetzes (§§ 55, 56) der Verordnungen über die Beamtenausbildung (zB die Justizausbildungs u. - prüfungsordnungen) sowie die Vorschriften der Bundesdisziplinarordnung (§§ 5 - 14).

Abs. 4, 600 Abs. 2 und 945 betreffen die Fallkonstellation, daß gerichtliche *Handlungen* völlig *rechtmäßig* zustande gekommen sind und anschließend aber dennoch aufgehoben wurden, weil sie sich im Nachverfahren bzw. in der Folgeinstanz als *rechtswidrig* herausgestellt haben. Auch ihre möglicherweise bereits erfolgten *Vollstreckung* mitsamt deren beeinträchtigenden *Folgen* für den Betroffenen sind *rechtswidrig*. Denn diese müssen nach den erwähnten Zivilprozeßvorschriften in *natura* oder aber durch Geldersatz (§ 249 BGB) *voll rückgängig* gemacht werden[212].

f) Der erfolgsbezogene Rechtswidrigkeitsbegriff im Folgenbeseitigungsanspruch

Es bleibt nach diesen Ausführungen zunächst *nur* der *erfolgsbezogene Rechtswidrigkeitsbegriff*[213] als Tatbestandsvoraussetzung eines Folgenbeseitigungsanspruchs.

Dieser Begriff hat aber den bereits erwähnten Nachteil, daß auch Grenzzufälle[214] bzw. ganz unbeherrschbare Schadenskausalverläufe in seinen Anwendungsbereich fallen können und man muß sagen: in der Regel *fallen*. Auch solche müßten also bei dessen Zugrundelegung gemäß der 'actio negatoria des öffentlichen Rechts' *unterlassen* werden. Dies ist aber begrifflich unmöglich. Bereits *eingetretene* ganz unbeherrschbare Umstände und deren Folgen müßten beseitigt werden. Auch dies kann nicht richtig sein[215].

g) Der verantwortungsbezogene Rechtswidrigkeitsbegriff

Damit kommt nur noch der „verantwortungsbezogene Rechtswidrigkeitsbegriff" in Frage. Denn nach diesem ist zunächst und grundsätzlich jeder beeinträchtigende *Erfolg rechtswidrig* und damit zu entschädigen bzw. zu *beseitigen* oder zu *unterlassen*. Und die Erreichung *dieses* Ergebnisses ist nach den vorstehend[216] dargelegten Argumenten in bezug auf den *Zweck* des Folgenbeseitigungsanspruchs in erster Linie einmal unerläßlich.

---

[212] Ausführlich zur Rechtswidrigkeit in diesem Fall vorstehend d), (3) Anm. 191 und 196.

[213] Zur Alternativität von handlungsbezogener Rechtswidrigkeit und erfolgsbezogene Rechtswidrigkeit im Folgenbeseitigungsanspruch siehe vorstehend b).

[214] Zu diesem Begriff Teil A, IV, 2 hier auch Beispiele.

[215] Siehe das obige „Erdbebenbeispiel", vorstehend e) (3).

[216] Siehe e) (2) und (3).

Diese Erfolgsbezogenheit ist allerdings sinnvoll nur bis zu einer gewissen Grenze. Sie ist sinnvoll nur insoweit, als es sich nicht um Fälle handelt, welche als

- völlig *atypisch* und als völlig unbeherrschbar in ihrem Kausalverlauf und ihren Folgen[217] anzusehen sind,
- und damit in diesen ihren schädlichen Folgen als *generell nicht* mehr *vorhersehbar* und nicht mehr verantwortbar zu gelten haben: und gerade diese Falleinschränkung und Haftungseinschränkung erfordert die dogmatische Natur und der zu erreichende Zweck des Folgenbeseitigungsanspruchs nach den vorstehenden Ausführungen e) (3) *auch*.
- Der *verantwortungsbezogene Rechtswidrigkeitsbegriff*, der von der Erfolgsbezogenheit herkommend gerade auf diese Rechtswidrigkeitseingrenzung zielt, paßt damit genau in die *Funktion* des Folgenbeseitigungsanspruchs.

h) Praktische Konsequenzen des verantwortungsbezogenen Rechtswidrigkeitsbegriffs im Folgenbeseitigungsanspruch

Die bereits eingangs ins Auge gefaßte *praktische* Bedeutung der Verwendung des verantwortungsbezogenen Rechtswidrigkeitsbegriffs im Tatbestand des *Folgenbeseitigungsanspruchs* ist durch zwei Gesichtspunkte zu kennzeichnen.

(1) Erstens kann der im *Vordringen* befindliche *handlungsbezogene Rechtswidrigkeitsbegriff*[218] abgewehrt werden, ohne daß man hierfür den erfolgsbezogenen Rechtswidrigkeitsbegriff benötigt. Man muß also *nicht jeden* Erfolg und alle *(Grenz)zufälle* bzw. ganz unbeherrschbaren Kausalverläufe und deren Folgen[219] in die Unterlassungspflicht bzw. Beseitigungspflicht einbeziehen. *Es kann* damit der Folgenbeseitigungsanspruch in seiner dogmatischen Natur und dogmatischen Zweck gewahrt werden.

(2) Dies bedeutet darüber hinaus für die praktische *Haftungsreichweite* des Anspruchs, daß alle heute wieder sehr aktuellen Fälle belastender, *rechtmäßi-*

---

[217] Siehe das vorstehende *Beispiel* e) (3), Anm. 207.

[218] Hierzu sogleich im Abschnitt III, 1. Vgl. ferner BGHZ 74, 9 (14 f). Schon aus den Ausführungen dieser Entscheidung ergibt sich die *zunehmende* Neigung *auch* der Rechtsprechung zum handlungsbezogenen Rechtswidrigkeitsbegriff.

[219] Siehe vorstehend Anm. 213 (Hinweis auf *Beispiele* in Teil A, IV, 2).

gerweise erlassener Verfügungen, deren beeinträchtigende Rechtsfolgen im nachhinein aber durch Zeitablauf oder durch Verfügungswiderruf nicht mehr verwaltungsaktlich gedeckt sind[220], als *rechtswidrig und anspruchsbegründend* behandelt werden können.

Zum *Beispiel* gilt dies für *befristete* Obdachloseneinweisungen sowie für Obdachloseneinweisungen, welche wegen Veränderungen im Personenstand der antragstellenden Wohnungslosen widerrufen worden sind. Diese Fälle sind heute sehr häufig.

Weitere *Beispiele* sind Fälle, in welchen von der Staatsanwaltschaft *rechtmäßigerweise* beschlagnahmte Gegenstände[221] *nach* Einstellung der Ermittlungen nicht herausgegeben werden können[222] oder nicht herausgegeben werden.

Ferner gehören hierher rechtmäßige Besitzeinweisungen durch Besitzeinweisungsbeschlüsse gemäß z.B. § 37 des Baden-Württembergischen Landesen teignungsgesetzes[223] und eines *nachträglichen* Wegfalles dieses Beschlusses aufgrund eines verwaltungsgerichtlichen Urteils oder Vergleichs. Die *tatsächliche Besitzverwendung* (meist Straßenbauarbeiten), hat in Fällen dieser Art bereits vielfach begonnen. Die Straßenbaubehörde weigert sich nunmehr in der Regel, die bereits erfolgten Maßnahmen (Baumaßnahmen) wieder rückgängig zu machen. Ein Folgenbeseitigungsanspruch *muß* gegeben sein. Der Gedanke des Handlungsunrechts als Voraussetzung dieses Anspruchs ist nicht praktikabel.

Schließlich sind hier Fälle aus dem erwähnten Bereich solcher Tätigkeiten[224] zu nennen, in welchen eine normgemäße Handlungsweise *ohne* ersichtlichen Grund und ohne subjektiven Fehler des Handelnden *lediglich* aufgrund einer *untypischen Handlungsabweichung* zu Beeinträchtigungen Dritter führt oder geführt hat. Auch hier erfordert das Prinzip des „status negativus" eine Abwehrmöglichkeit bzw. Beseitigungsmöglichkeit.

---

[220] Dies gilt allerdings nur insoweit, als kein so langwährender Zeitraum *zwischen* dem Wegfall der rechtmäßigen Verfügung und dem aktuellen Zeitpunkt (letzte mündliche Gerichtsverhandlung) vorliegt, daß längst eine rechtliche *Pflicht* der Behörde zur *Beseitigung* der beeinträchtigenden Folgen des Klägers anzunehmen ist. Es wäre in einem solchen Fall eine Rechtswidrigkeit durch Unterlassen anzunehmen, *auch* nach dem *handlungsbezogenen* Rechtswidrigkeitsbegriff. Siehe zum Folgenbeseitigungsanspruch aufgrund hoheitlichen Unterlassens *Ossenbühl* (aaO Anm. 134) § 37 1 b S. 260, 261.

[221] Gemäß § 111 b StPO in Fällen der begründeten Annahme einer zukünftigen *Einziehung* dieser Gegenstände sowie gemäß § 94 StPO in Fällen der Benötigung der Gegenstände als *Beweismittel*.

[222] Der Grund ist meist, daß sie nicht ohne weiteres auffindbar sind. Es ist dies ein heute wegen Überlastungen der Behörde nicht seltener Fall.

[223] Vom 6.4.1982 in der Fassung vom 18.7.1983 (Gbl. S. 369).

[224] Vgl. als Beispiel auch oben Teil A, II 2 b Anm. 53 und ferner das Nagelfallbeispiel, siehe vorstehend e), (3).

II. Verantwortungsbezogener Rechtswidrigkeitsbegriff und Polizeirecht

1. Polizeiwidrigkeit und Rechtswidrigkeit

Jede grundsätzliche Erörterung des Rechtswidrigkeitsbegriffs im Polizeirecht hat von folgender Feststellung auszugehen: „Polizeiwidrigkeit" und „Rechtswidrigkeit"[225] sind im *wesentlichen* inhaltsgleiche Begriffe: Die jeweiligen Merkmale derselben können prinzipiell für die Bestimmung des jeweils anderen Begriffs herangezogen werden. Dies gilt insoweit, als keine der - nur geringfügigen - Begriffsabweichungen vorliegen.

(1) *Abweichungen* beider Begriffsinhalte voneinander bestehen, jedoch nur in seltenen Fallkonstellationen. Es sind dies zunächst Fälle *rechtswidriger* Handlungen, welche auf den allgemeinen zwischenmenschlichen Bereich und damit das Gemeinwesen (Politeia)[226] keinerlei Auswirkungen haben können[227]. Ein oft zitiertes Beispiel für Abweichungen dieser Art ist der „Ehevertragsfall":

In einem Ehevertrag wird im Rahmen der Vereinbarung von Gütergemeinschaft die Verfügungsbefugnis über eine wertvolle Stradivari-Geige geregelt. Der Rechtsweg wird für diesen Teil des Ehevertrags ausgeschlossen. Es kommt durch Verkettung ungewöhnlicher Umstände zu einem Verstoß seitens eines der Vertragspartner gegen diese vertragliche Abmachung. *Rechtswidrigkeit* in Form einer Verletzung der lex contractus liegt vor. Da aber keinerlei Wirkungen nach außen, auch nicht einmal potentieller Natur, eintreten können, ist *keine* Polizeiwidrigkeit erkennbar[228].

Ganz selten wird der vorliegend geschilderte Sachverhalt abweichend gewürdigt: Wegen eines Verstoßes gegen das *Recht* als solches (lex contractus,

---

[225] Und zwar nach der herrschenden Rechtswidrigkeitsauffassung (Teil A, III, 1; vgl. Einzelheiten sogleich 2, a) und b) sowie nach der Auffassung des verantwortungsbezogenen Rechtswidrigkeitsbegriffs (unten 3.).

[226] Im Polizeirecht auch gekennzeichnet als „öffentliche Sicherheit und Ordnung", vgl. Einzelheiten im folgenden 2.

[227] Polizeirechtlich ausgedrückt also keinerlei Bedrohung oder Störung der öffentlichen Sicherheit und Ordnung darstellen können, vgl. so die Generalklausel des § 1 Baden-Württembergisches PolG, sowie des § 14 Preuß.PVG.

[228] Insbesondere liegt auch keine Bedrohung oder Störung individueller Rechtsgüter vor (= Bestandteil der öffentlichen „Sicherheit", nämlich der Rechtsordnung, vgl. sogleich 2), da die genannte vertragliche Vereinbarung *kein* individuelles Rechtsgut begründet. Ebensowenig ist eine Bedrohung oder Störung der sog. öffentlichen *Ordnung* anzunehmen, vgl. ausführlich (3).

§§ 305, 276 BGB), welches die Grundlage des geregelten Gemeinwesens schlechthin (Politeia) darstellt, wird gelegentlich eine Polizeiwidrigkeit angenommen. Jedoch wird anschließend sogleich die *Ermessensausübung* der Polizei in bezug auf eventuelle Gegenmaßnahmen in der Weise vorgezeichnet, daß praktisch immer ein Ausschluß jeglicher polizeilicher Tätigkeit das Ergebnis dieser Ermessenseinschätzung ist. Das Resultat ist damit dasselbe, wie das vorstehend nach der h.M. skizzierte. Der terminologische Begründungsunterschied ist geringfügig.

(2) Bedeutendere *Abweichungen* gibt es von der anderen Seite her, nämlich von Seiten des Begriffs der Polizeiwidrigkeit. Sie bestehen in solchen Fällen, in welchen eine Gefährdung oder Störung der öffentlichen Sicherheit und Ordnung durch *Zufälle*, *Naturereignisse* oder *Katastrophen* verursacht worden sind[229].

Eine *Polizeiwidrigkeit* besteht in solchen Fällen nämlich. Eine materiell-polizeiliche Pflicht zur Ergreifung aller erforderlichen und verhältnismäßigen Gegenmaßnahmen nach pflichtgemäßen Ermessen ist gegeben[230]. Jedoch ist dies *kein* Fall von *Rechtswidrigkeit*. Es liegt keine rechtswidrige Handlung eines Rechtssubjekts vor. Der Bereich der stringentnormativen Regelung zwischenmenschlicher Beziehungen und Verhaltensweisen (Recht)[231] ist *nicht* betroffen.

Dieser Abweichungsbereich ist wegen der erwähnten[232] gesetzlich vorgesehenen *Subsidiarität* vollzugspolizeilichen Tätigwerdens in solchen Fällen praktisch gesehen aber auch nicht sehr groß. Er betrifft keineswegs eine inguine Aufgabe der -formellen- Polizei und er ist nicht der inguine Bereich der *Polizeiwidrigkeit*.

Die Polizeigesetze[233] gehen denn auch durchweg von einer „Polizeiwidrigkeit" im Sinne von *Rechtswidrigkeit* im oben (1) genannten Eingrenzungsbe-

---

229 *Beispiel*: Teil A, V, 1 c) (3): „Dachziegelfall" (Anm. 222).

230 Meist aber seitens *anderer* Organisationen als derjenigen der formellen *Polizei* (Vollzugspolizei), nämlich insbesondere seitens der Feuerwehren sowie der öffentlichen und privaten Katastrophenschutzeinheiten (vgl. das Baden-Württemb. Landeskatastrophenschutzgesetz vom 19.5.1987, GBl. S. 213). Daß vorrangig die genannten speziellen Katastrophenschutzeinheiten tätig zu werden haben, folgt aus § 24 dieses Gesetzes: die Vollzugspolizei wird in Fällen der genannten Art nur dann tätig, wenn die Mittel der Feuerwehren und der genannten Katastrophenschutzeinheiten nicht ausreichen oder nicht nach den Grundsatz der Verhältnismäßigkeit eingesetzt werden können.

Vgl. zu diesem Komplex auch das „Gesetz über die Erweiterung des Katastrophenschutzes vom 9. Juli 1968 (BGBl. I S. 767) in der Fassung des BGBl. III, 215-9.

231 Ausführlich Teil A, I, 2 c) und Einzelheiten, Teil A, III, 4 a) folgende.

232 Siehe Anm. 229, 2. Satz.

233 Z.B. das Baden-Württemb.Pol.G. vom. 16.1.1968 (GBl. S. 61, ber. S. 322).

reich aus. Sie setzen als selbstverständlich voraus, daß für sie relevante Störungen der öffentlichen Sicherheit und Ordnung durch *Handlungen* (= rechtswidrige Handlungen) oder durch einen *Zustand* von Sachen, für welche der Eigentümer bzw. Inhaber der tatsächlichen Gewalt verantwortlich ist[234], verursacht worden sind.

Diese Einstellung der Polizeigesetze folgt auch daraus, daß *unbeteiligte* Personen[235] nur subsidiär heranzuziehen sind, und zwar dann, wenn Maßnahmen gegen *Handlungsstörer* oder *Zustandsstörer* nicht ausreichen oder unverhältnismäßig sind. Die Polizeigesetze haben damit stets nur Störungen der öffentlichen Sicherheit und Ordnung seitens bestimmter Personen, seien es störend Handelnder oder sogenannter Zustandsstörer, im Auge[236].

(3) Störungen lediglich der *öffentlichen Ordnung*[237], die Mißachtung also lediglich *moralischer* Vorstellungen *ohne* die Fähigkeit ein *Rechtswidrigkeitsurteil* begründen zu können, sind ein weiterer Abweichungsbereich des Polizeiwidrigkeitsbegriffs vom Rechtswidrigkeitsbegriff. Er ist jedoch gleichfalls [oben (1) und (2)] gering:

Polizeiwidrigkeit aufgrund von Störungen lediglich der öffentlichen „*Ordnung*" ist zunächst schon einmal überhaupt umstritten[238]. Der Begriff der „öffentlichen Ordnung" als Voraussetzung eines Polizeiwidrigkeitsurteils ist z.B. bereits *eliminiert* in den Polizeigesetzen von Bremen und Schleswig-Holstein.

---

[234] Ebenfalls ein Fall der *Rechtswidrigkeit* (*rechtswidrige Handlung* oder Unterlassung), vgl. Teil A, III, 1; dieser Bereich ist nach der oben Teil A, III, 4 d) dargelegten Argumentation sogar ausdrücklich als *rechtswidrige Handlung* ausgewiesen.

[235] Also weder Handlungsstörer noch Zustandsstörer, vgl. § 9 Baden-Württemb.Pol.G.

[236] Anders nur die erwähnte spezialgesetzlich-polizeiliche Betrachtungsweise des § 24 LandeskatastrophenschutzG (Anm. 229).

[237] Dies ist nach überkommener Auffassung die Gesamtheit derjenigen von Strafbarkeitsvorstellungen unabhängigen Moralvorstellungen, welche als Mindestvoraussetzung für ein geordnetes Zusammenleben zu gelten haben, und welche sich beim ganz überwiegenden Teil der Bevölkerung durchgesetzt haben, vgl.Einzelheiten bei *Götz*, Allgemeines Polizei- und Ordnungsrecht, 10. Aufl., 1991, RdNr. 96 f.

[238] Gegen die Verwendung dieses Begriffs als Voraussetzung der Begründung eines Polizeiwidrigkeitsurteils sind insbes. *Denninger*, JZ, 1970, 145, *Götz* (Anm. 236) RdNr. 98; *Thiele*, ZRP 1979, S. 7 und *Hill*, DVBl. 1985, S. 88 f. Die Begründung ist im wesentlichen die, daß selbst Mindestmoralvorstellungen, welche über *Strafbarkeits*vorstellungen oder sonstige Sanktionierungsvorstellungen (z.B. §§ 51 und 143 ff. GewO) hinausgehen und welche als allgemein noch bestehend angesehen werden können, kaum mehr nachweisbar sind, und zwar selbst nicht einmal im demoskopischen (hierzu *Denninger*, JZ, 1970, 145) Sinne. In krassen Fällen von Ordnungsverstößen, welche vom überwiegenden Teil der Bevölkerung als *untragbar* angesehen werden, liegt nach heutiger Lage der Dinge stets auch ein *Rechts*verstoß (insbes. Strafrechtsverstoß) vor, so daß es schon aus diesem Grund auf die Heranziehung des Begriffs „öffentliche Ordnung" nicht ankommt. Man nennt dies die „Schrumpfung der Moralvorstellungen auf das *Pönalisierungs-* bzw. sonstige *Sanktionierungs*niveau", vgl. hierzu auch den folgenden Text.

Die ganz überwiegende Meinung im Polizeirecht hält allerdings derzeit noch am Begriff der „öffentlichen Ordnung" fest. Dies geschieht, um ein flexibles Instrument der präventiven Polizei in einer sich ständig wandelnden Gesellschaft zur Verfügung zu haben.

Jedoch ist festzustellen, daß in allen Fällen, in welchen von der Rechtsprechung ein Polizeiwidrigkeitsurteil aufgrund von Störungen lediglich der „öffentlichen Ordnung" gefällt worden ist, *auch* ein Verstoß gegen *Rechts*vorschriften (Gefährdung oder Störung der öffentlichen *Sicherheit*) vorgelegen hat[239].

Damit ist davon auszugehen, daß in aller Regel eine Gleichsetzung der Begriffe Polizeiwidrigkeit einerseits und Rechtswidrigkeit andererseits gerechtfertigt ist.

2. Der Begriff der Polizeiwidrigkeit

Was „Polizeiwidrigkeit" im einzelnen bedeutet, ist wegen der weiten Fassung sowohl des Handlungsstörerbegriffs als auch des Zustandsstörerbegriffs streitig. Beide Begriffe nehmen nämlich lediglich auf die sehr weite und juristisch unscharfe Tatbestandsvoraussetzung der *Verursachung* einer Gefährdung bzw. Störung der öffentlichen Sicherheit und Ordnung Bezug (z.B. §§ 6 und 7 Baden-Württemb.Pol.G).

Insbesondere folgende Theorien werden zur Konkretisierung des Verursachungsbegriffs als Tatbestandsvoraussetzung im genannten Sinne vertreten:

---

[239] Bekannte *Beispiele* sind: Ausübung der Prostitution in Sperrgebieten (BverwE, GewArch. 1974, 201; 1975, 388; *Loose/Schwägerl*, BayVBl. 1992, 228): in Fällen dieser Art liegt in der Regel ein Verstoß gegen Rechtsverordnungen betreffend die Festsetzung von Sperrgebieten für die Ausübung der Prostitution vor *und* i.d.R. *auch* sowie ein Verstoß gegen § 184a StGB;

Ein weiteres *Beispiel* ist die Durchführung von Tanzveranstaltungen an Staatstrauertagen (BverwG DVBl. 1970, 504): dies ist stets *auch* ein Verstoß gegen die Landesgesetze „zum Schutz von Sonn und Feiertagen";

Beispiele aus neuerer Zeit sind sog. Damenschlammcatchs „oben ohne" (BayVGH, BayVBl. 1984, 152): in *diesen* Fällen liegt ein Verstoß gegen § 183a StGB vor. In die gleiche Richtung gehen die *Beispiele* der sog. Peep-Shows (BverwGE 64, 274; *BverwG* JZ 1990, S. 382; VGH BW, NVwZ 1988, S. 640): auch in diesen Fällen ist häufig ein Verstoß gegen § 183a StGB anzunehmen sowie i. aller Regel gegen § 33 a Abs. 2 Nr. 2 GewO.

Diese Auffassung einer praktischen *Überflüssigkeit* des Begriffs der „öffentlichen Ordnung" im Polizeirecht wird bestätigt durch Urteile, die solche Fälle betreffen, in welchen von extremen Randgruppen, z.B. von sog. Punkern, die Bevölkerung massiv gestört wurde *ohne* daß aber Rechtsvorschriften verletzt worden waren. Eine Polizeiwidrigkeit wurde in solchen Fällen stets verneint, vgl. insbes. das instruktive Urteil des VGH BW, NJW 1984, S. 507 (509).

a) Die Unmittelbarkeitstheorie der herrschenden Meinung

„Polizeiwidrigkeit" liegt nach h.M. vor in Fällen *unmittelbarer Verursachungen* von Bedrohungen bzw. Störungen der öffentlichen Sicherheit[240] und Ordnung[241]. Dabei ist es gleichgültig, ob diese durch störende Handlungen oder durch den störenden Zustand einer Sache eingetreten sind[242]. *Mittelbare* Verursachungen der genannten Art reichen dagegen für ein Polizeiwidrigkeitsurteil grundsätzlich nicht aus[243].

Gegen diese Auffassung von „Polizeiwidrigkeit" ist einzuwenden, daß der Begriff der „Unmittelbarkeit", hier bezogen auf *unmittelbare* Verursachungen von Störungen der öffentlichen Sicherheit und Ordnung, unklar und nicht hinreichend aussagekräftig ist[244].Es ist dies nämlich die hinlänglich bekannte begriffliche Erscheinung,daß *kausalitätsorientiert-unmittelbarkeitsbegriffliche* Betrachtungsweisen zu einer *Haftungsentscheidung* führen sollen (hier: *Polizeipflichtigkeit* als Folge *polizeiwidriger* Handlungen oder Sachzustände). Eine derartige Haftungsentscheidung folgt nun aber der *Sache* nach im Polizeirecht, genau wie im Bereich des repressiven Schadensersatz- bzw. Entschädigungsrechts[245] im Prinzip[246] dem Gedanken einer angemessenen und pragmatischen Festlegung des *Verantwortungsbereichs* des potentiell Haftpflichtigen (Polizeipflichtigen)[247]. Eine solche *Verantwortungsbereichsbemessung* im Rahmen kausalitäts*begrifflicher* Betrachtungsweisen vorzunehmen ist, wie bereits oben I, 2, g) dargelegt, nicht sachgerecht und sogar als dogmatischer Fehler zu bezeichnen. Sie führt zu unklaren und uneinheitlichen Entscheidungsergebnissen[248]. Dies ist auf dem Gebiet des Polizeirechts genauso deutlich zu beobachten[249] wie auf dem des Rechtsinstituts des enteignungsglei-

---

240 Insbesondere sind dies Bedrohungen der Funktionsfähigkeit bzw. bereits Störungen staatlicher Einrichtungen und Tätigkeiten sowie - in der Praxis besonders bedeutsam - Verletzungen oder drohende Verletzungen von Rechtsvorschriften (=Rechtswidrigkeit); hierbei wird nach ganz h.M. der *herrschende* Rechtswidrigkeitsbegriff zugrunde gelegt.

241 Zu diesem Begriff 1 (3).

242 Diese Unmittelbarkeitstheorie ist ganz h.M., vgl. insbes. *Götz*, Allgemeines Polizei- und Ordnungsrecht, 10. Aufl. 1991, Rdnr. 192; *Drews/Wacke/Vogel/Martens*, Gefahrenabwehr, 9. Aufl. 1986, S. 313 und 314; *Frieauf*, in: v.Münch/Schmidt/Assmann, Besonderes Vewaltungsrecht, 9. Aufl. 1992, Rdnr. 76.

243 Siehe aber sogleich c).

244 Ausführlich hierzu bereits oben I, 2 d).

245 Hierzu oben I, 2 insbes. c) und d) sowie sogleich im Abschnitt III, 2.

246 Vgl. aber die nächste Anm. (2. Halbsatz).

247 Diesem Verantwortungsprinzip folgen die Polizeiwidrigkeitsfestlegungen heute ganz ersichtlich, allerdings unter Vermischung mit *kausalitätsbegrifflichen-unmittelbarkeitsbegrifflichen* Betrachtungsweisen [hierzu oben I, 2, d) und f)]; vgl. ausführlich hierzu *Götz* (Anm. 241) Rdnr. 196 sowie *Drews/Wacke* (Anm. 241) § 20, 3.

248 Oben I, 2, e) und f).

249 Vgl. die Kasuistik bei *Götz* (Anm. 241) Rdnr. 193 f.

chen Eingriffs. Die herrschende polizeirechtliche Unmittelbarkeitstheorie kann daher nicht als richtig angesehen werden.

b) Die Rechtswidrigkeitstheorie

Wegen der dargelegten Mängel der polizeirechtlichen „Unmittelbarkeitstheorie" haben sich andere Polizeiwidrigkeitstheorien gebildet. Insbesondere ist in diesem Zusammenhang die sog. *Rechtswidrigkeitstheorie* zu nennen.

Nach der Theorie der *rechtswidrigen* Verursachung einer Bedrohung bzw. Störung der öffentlichen Sicherheit und Ordnung als Voraussetzung eines Polizeiwidrigkeitsurteils liegt eine Polizeiwidrigkeit stets nur dann vor, wenn der Störer seinen „Rechtskreis" überschritten hat und *dadurch* die Bedrohung oder Störung verursacht hat. Dies läuft praktisch darauf hinaus, daß Voraussetzung eines Polizeiwidrigkeitsurteils stets ein Verhalten ist, durch welches *Rechtsvorschriften objektiv „verletzt"* worden ist[250].

Auch gegen diese Theorie sind Bedenken angebracht. Sie bestehen darin, daß diese Theorie einen Zirkelschluß enthält, indem nämlich argumentiert wird, daß Polizeiwidrigkeit vorliegt,wenn Rechtsvorschriften"*verletzt*"[251] worden sind und d.h. zunächst einmal nur, wenn Rechtsverletzungsvorgänge *verursacht* worden sind. Verletzungen bzw. drohende Verletzungen von *Rechtsnormen* d.h.*verursachte* Rechtsverletzungsvorgänge (=Hauptfall von Störungen der öffentlichen *Sicherheit*) sind aber der *ergebnisbezogene* Hauptfall gerade auch der Polizeiwidrigkeit und können nicht auch noch zur kausalbegrifflichen *Voraussetzung des Eintritts* einer solchen Polizeiwidrigkeit erklärt werden.

Es muß vielmehr im einzelnen gesagt werden, in *welcher Weise* die kausalbegriffliche Voraussetzung des *Eintritts* einer Polizeiwidrigkeit (=Verletzung der öffentlichen Sicherheit = *Rechtsverletzungsvorgang*) gegeben sein muß, ob etwa *mittelbar/unmittelbar*, *vorsätzlich/fahrlässig* (*gebotsverstoßend)*, in *so-*

---

250 So insbesondere *R. Schnur*, DVBl. 1962, S. 1 und 3; *Henning*, DVBl. 1968, S. 740; *Herrmann*, DÖV, 1987, S. 666.

251 Eine Festlegung auf eine bestimmte rechtswidrig-theoretische Bedeutung des Begriffs „*Rechtsverletzung*" enthält die vorliegend erörterte Rechtswidrigkeitstheorie *nicht* insbesondere nicht eine normwidrigkeitstheoretische Festlegung. „*Verletzt*" heißt damit zunächst nur daß ein *Verletzungsvorgang verursacht* worden ist, vgl. hierzu die vorige Anm. und den folgenden Text.

zialrevanter Weise verursacht, im eigenen *Risikobereich* handelnd und verursacht oder lediglich in *adäquater* Weise handelnd und verursacht[252].

Wegen der Gefahr dieses Zirkelschlußes ist der eigentliche Kern dieser Theorie denn auch *nicht* in der dargelegten „Rechtsverletzungsargumentation" und „Rechtswidrigkeits"argumentations zu sehen. Er besteht darin, daß stets in unterschiedlichen Formen, inhaltlich jedoch im wesentlichen gleichermaßen die *Wertungsfrage* gestellt wird, ob Pflichtenbestimmungen in Bezug auf das Verhalten des Störers und ob *Risikozuweisungen*[253] in Bezug auf das Verhältnis: Störer / Allgemeinheit für eine Polizeiwidrigkeit sprechen oder nicht.

Man ist damit im Ergebnis bei der Auffassung der h.M. in Bezug auf eine *Verantwortungsbereichsbemessung* bei Beurteilung eines potentiellen Störertuns angelangt. Der Unterschied ist lediglich der, daß die in der Rechtswidrigkeitstheorie gestellten Wertungsfragen nicht im Rahmen von *Kausalitätserwägungen* formuliert werden, sondern als Hinzufügung zum - völlig unklar gelassenen - *Rechtswidrigkeitsbegriff* angewendet werden. Zu den Konsequenzen ist sogleich (3) Stellung zu nehmen.

c) Die Gefahrerhöhungstheorie der h.M. bei mittelbaren Verursachungen einer Bedrohung bzw. Störung der öffentlichen Sicherheit und Ordnung

Wegen der offensichtlichen Schwierigkeiten der polizeiwidrigkeitsbegrifflichen Erfassung mittelbarer und lediglich als Folge eines längeren und verzweigten Kausalverlaufs eingetretener Störungen der öffentlichen Sicherheit und Ordnung hat die h.M. eine Ergänzung ihrer Unmittelbarkeitstheorie [vorstehend a)] vorgenommen.

Nach der Theorie der unmittelbaren Veursachung ist auch eine *mittelbare* Ursache ausnahmsweise polizeirechtlich relevant, nämlich dann, wenn sie von Anfang an eine erhöhte *Gefahrentendenz* polizeirechtlich relevanter Art aufgewiesen hat[254].

Als Beispiel ist hier der sog. *Zweckveranlasser* zu nennen. Zweckveranlasser ist, wer eine Störung lediglich mittelbar, aufgrund eines längeren und ver-

---

[252] Ersichtlich sind dies die gängigen Rechtswidrigkeitsspezifizierungen (oben Teil A, III), welche die polizeirechtliche „Rechtswidrigkeitstheorie" in jeglicher Form vermissen läßt; vgl. auch *Herrmann*, DÖV 1987, S. 667 f, vgl. hierzu auch den folgenden Text.

[253] Insbesondere Einzelheiten hierzu *Herrmann* aa0 (Anm. 236) S. 666 und 667.

[254] *Drews/Wacke/Vogel/Martens* § 20, 3, *Götz* (Anm. 238) Rdnr. 193; *Wolff/Bachof*, VerwR III, § 127 Rdnr. 10; OVG Münster, NVwZ 1985, S. 355, 356; Hess.VGH, DÖV 1986, S. 441.

zweigten Kausalverlaufs und *hinter* dem eigentlichen direkten Rechtsverletzer („Letztverletzer") stehend, in *verantwortlicher Weise* verursacht[255] hat, und zwar dadurch,daß er durch sein Verhalten eine *erhöhte* polizeirechtlich relevante *Gefahrenlage* geschaffen hatte, welche sodann durch das Tun des „Letztverletzers" konkretisiert wurde. Als anschauliches *Beispiel* ist der „Borkumliedfall" zu nennen:

Eine Kurkapelle spielte ständig das sog. Borkumlied („Und wer da naht auf platten Füßen, die Nase krumm, die Haare kraus..."). Hierzu sang eine große Zahl von Kurgästen weitere antisemitische Verse. Polizeirechtlich relevanter *Störer* ist in erster Linie die Kapelle, welche die Kurgäste (Letztstörer) zu dem polizeiwidrigen Verhalten überhaupt erst veranlaßt hat. Der *Letztstörer* ist selbstverständlich *auch* Störer [vgl. oben a)].

Ferner gehört hierher der sog. „latentgefährdende" Störer. Latentstörer ist, wer eine *Störung* der öffentlichen Sicherheit und Ordnung *mittelbar*, und zeitlich vor dem eigentlichen Rechtsverletzer stehend in latenter Weise *vorbereitet* hat, wobei zum Zeitpunkt der Vorbereitung mit dem Fall des tatsächlichen *Eintritts* der Störung nach der allgemeinen Lebenserfahrung gerechnet werden mußte. Die Störung muß sodann dadurch realisiert worden sein, daß die latent erhöhte polizeirechtlich relevante Gefahrenlage durch das Tun des „eigentlichen" Rechtsverletzer (Letztverletzer) konkretisiert wurde[256].

Maßgeblich sind nach diesen letztgenannten Auffassungen ersichtlich wiederum *Wertungen*, nämlich dahingehend, ob vom mittelbaren „Störer" gefahrerhöhende, typische Polizeiwidrigkeitsrisiken in verantwortlicher Weise geschaffen worden sind, welche zur Störung geführt haben, oder ob es sich um Erscheinungen aus dem Bereich des allgemeinen Lebensrisikos handelt[257]. Dies ist nun aber keine Frage mehr der *kausalen* Veranlassung, und keine Frage der latenten mittelbaren *Verursachung* einer polizeirechtlich relevanten Letztstörung, sondern dies ist eine *Wertung* der Verantwortlichkeit eines mit-

---

[255] Nicht notwendig *bewußt* (vorsätzlich) *veranlaßt* hat (wie es die früher herrschende Ansicht verlangt hatte zB PrOVGE 80, 176; es reicht eine noch im Verantwortungsbereich des Verursachers befindliche Kausalität (vgl. *Götz* (Anm. 241), Rdnr. 196 m.w.N), sowie den vorliegenden Text.

[256] Vgl. hierzu den *„Ahnenbrühefall"*, OVG Münster, in: *Münch/Vogel*, Gerichtsentscheidungen zum Polizeirecht, S. 123. Diesem Fall lag folgender Sachverhalt zugrunde: Neben einem bereits längere Zeit vorhandenen in Stadtrandnähe befindlichen Friedhof wurde ein Wasserwerk errichtet, welches Wasser mit Verwesungsgiften produzierte. Bei Einrichtung des Friedhofs wurden alle gesetzlichen und verordnungsrechtlichen Anforderungen beachtet. Der Friedhof lag unmittelbar *neben* einem für ein Wasserwerk besonders günstigen und als Folge der fortschreitenden Bebauungstätigkeit einzig in Frage kommenden Gelände. Der von Anfang an latent störende Friedhofsträger ist polizeipflichtig. Dies ist, jedoch nicht unstreitig, vgl. *Götz* (Anm. 241) Rdnr. 220.

[257] Ausführlich hierzu *Götz* (Anm. 241) Rdnr. 116 sowie *Drews/Wacke*, Anm. 241 § 20, 3.

telbaren „Störers" nach ganz ähnlichen Gesichtspunkten, wie sie der *verantwortungsbezogene Rechtswidrigkeitsbegriff* verwendet[258].

Damit zeigt die h.M. in Form insbesonderer der sog. Gefahrerhöhungstheorie bereits die klare Tendenz einer Abkehr von Kausalitätserwägungen und einer Betonung verantwortungsbezogener Verantwortungsbereichswertungen[259]. Allerdings tut sie dies bislang nach wie vor auf dem Hintergrund kausalitätsorientierter Erwägungen und lediglich in Form einer sporadischen Kasuistik. Sie stellt kein geschlossenes System zur Verfügung, welches mit für den Rechtsanwender wünschenswerter Sicherheit die richtige Wertungsentscheidung vorzeichnet.

3. Der verantwortungsbezogene Rechtswidrigkeitsbegriff im Polizeirecht

Wenn diese vorstehend geschilderten wertungsbezogenen und *verantwortungsspezifischen* und Festlegungen des Bereichs von Polizeiwidrigkeitsurteilen in Abgrenzung zur Bemessung des Bereichs des allgemeinen Lebensrisikos und des Bereichs von Zufällen

- nicht in Form einer kausalitätsorientierten Vorgehensweise erfolgen soll, welche lediglich unterstützt ist von einer nicht systematisierten Kasuistik,
- sondern wenn diese in Form eines klaren Begriffs vorgenommen werden soll, welcher aufgrund einer umfangreichen und systematisierten Kasuistik zustande gekommen ist,

so kommt nur der *verantwortungsbezogene Rechtswidrigkeitsbegriff* in Frage, und zwar bezogen auf den eingangs geschilderten Identitätsbereich von *Polizeiwidrigkeit* und *Rechtswidrigkeit*. Dieser verantwortungsbezogene Rechtswidrigkeitsbegriff ist sodann als „verantwortungsbezogener Polizeiwidrigkeitsbegriff" zu kennzeichnen. Er legt den Bereich von Polizeiwidrigkeitsurteilen auch und gerade in Fällen nur entfernter, sog. „*mittelbarer*" Störer nach den in Teil A dargelegten Gesichtspunkten eines angemessenen Verantwortungsbereichsbestimmung[260] fest.

---

[258] Ausführlich Teil A, IV, 5 a) (6), insbes. ist hier der Wertungsgesichtspunkt [(4)] zu nennen.

[259] Wie oben b) ewähnt, gilt dies, wenn auch im geringeren Maße, *auch* für die Rechtswidrigkeitstheorie, vgl. insbes. Anm. 247.

[260] Oben Teil A, IV, 5 a) (6).

III. Die Auswirkungen des verantwortungsbezogenen Rechswidrigkeitsbegriffs auf das Zivilrecht

1. Die Auswirkungen auf die Dogmatik des zivilrechtlichen Schadensersatzrechts

a) Allgemeines

Daß der *erfolgsbezogene Rechtswidrigkeitsbegriff* von der Rechtsprechung und dem überwiegenden Teil der Literatur[261] vertreten wird, ist alles andere als zufällig. Er liegt als maßgeblicher Begriff[262] dem Konzept des zivilrechtlichen Schadensersatzrechts des bürgerlichen Gesetzbuchs zugrunde.

Obwohl dieses Konzept als bekannt bezeichnet werden kann, ist es dennoch erneut vor Augen zu führen, da Dank den Bemühungen der im Vordringen befindlichen[263] verbotsorientierten Rechtswidrigkeitslehre dem Schadensersatzrecht des BGB zunehmend *deren* Rechtswidrigkeitsbegriff untergeschoben wird. Dies ist zunächst,

- wenn auch mit einiger argumentativer Mühe, möglich[264];
- dabei wird aber das Bild der Rechtswidrigkeitsbegrifflichen Konzeption des bürgerlichrechtlichen Schadensersatzrechts verwischt.

b) Das Rechtswidrigkeitskonzept des bürgerlichen Gesetzbuchs

(1) Rechtswidrige Handlungen, und dies bedeutet nach den obigen Ausführungen (Teil A) *Rechtswidrigkeit* liegt nach Auffassung des BGB vor in vier Fallkonstellationen, nämlich:

---

[261] Insbesondere von der Kommentarliteratur, vgl. Teil A, IV, 2; zur Haltung der wissenschaftlichen Literatur vgl. die folgenden Anmerkungen.

[262] Zusammen mit dem Verschuldenserfordernis; hier ist dies allerdings nicht von Interesse, siehe Teil A, V, 1 a) m.w.N. Einzelheiten in Bezug auf die Praxis des Verschuldenserfordernisses im zivilrechtlichen Schadensersatzrecht sogleich b).

[263] Sogar schon bei *Staudinger-Löwisch*, Kommentar zum BGB, § 276 (RdNr. 5 und 6) ausgeführt sowie insbesondere in dem überwiegenden Teil der wissenschaftlichen Literatur, vgl. *Münzberg*, Verhalten und Erfolg als Grundlage von Rechtswidrigkeit und Haftung, 1966, S. 215 f. Vgl. ferner die Teil A, III, 2 Anm. 61 genannte Literatur. Dieses Vordringen ist auch im Bereich der Rechtsprechung festzustellen, vgl. die Entscheidung BGHZ, 74, 9 (14 f.) m.w.N.

[264] Vgl. ausführlich sogleich c).

- in Fällen von adäquat verursachten Rechtsgutsverletzungen bzw. Verletzungen absolut geschützter Rechtsgüter im Sinne des § 823 Abs. 1 BGB;
- in Fällen von Normverstößen, insbesondere in Fällen der Vorschriften der §§ 823 Abs. 2, 824 und 825 BGB,
- in Fällen sittenwidriger Schädigung Dritter (§ 826 BGB),
- in Fällen von Vertragspflichtverletzungen (§§ 276 und 305 BGB)[265].

(2) Der wichtigste dieser Bereiche ist der Bereich adäquat[266] *verursachter* Rechtsgutverletzungen i.S. des § 823 Abs. 1 BGB. Er ist hier *allein* von Interesse[267]. *Rechtswidrig* ist in diesem Bereich jede adäquate Verletzung, welche nicht durch einen herkömmlichen und anerkannten Rechtfertigungsgrund gedeckt ist. Ein Normverstoß ist für ein Rechtswidrigkeitsurteil *nicht* erforderlich. Das Tatbestandsmerkmal „widerrechtlich" in der Vorschrift des § 823 Abs. 1 BGB hat lediglich klarstellende Funktion, nämlich diejenige, darauf hinzuweisen, daß einer der genannten Rechtfertigungsgründe nicht vorliegen darf *und* daß dies stets besonders geprüft werden muß[268]. Das gleiche gilt für das Merkmal der Widerrechtlichkeit in der Vorschrift des § 831 Abs. 1 Satz 1[269].

c) Verschulden im Zivilrecht

Hinzu kommen muß für eine deliktische Haftung prinzipiell[270] ein *Verschulden* des Schadensverursachers.

Dies bedeutet neben dem unproblematischen Vorsatzerfordernis in Bezug auf Fahrlässigkeitsurteile folgendes: Ein Verschulden im letztgenannten Sinne liegt immer dann vor, wenn der Täter die im Verkehr erforderliche Sorgfalt außer acht gelassen hat (§ 276 Abs. 2 BGB), praxisbezogen formuliert: wenn er die von der Verkehrsanschauung festgelegten Verhaltenstandards, welche

---

265 Vgl. ausführlich zu diesem Konzept die Motive zum BGB, Band I, Seite 726 ff.

266 Seit BGHZ 58, 162 ff. (168); vgl. hierzu oben V, 1 b) Anm. 185. Früher verwendete man das Merkmal der Adäquanz lediglich im haftungsausfüllenden Bereich, Teil A, IV, 5 a).

267 Siehe oben Teil A, II, 2 a): „Rechtswidrigkeit" im Bereich von Rechtsnormverstößen, Sittenwidrigkeit sowie im Bereich von Vertragsnormverletzungen ist unproblematisch.

268 Motive zum BGB, Band I, S. 730, 731.

269 H.M. vgl. *Staudinger-Schäfer* § 831 RdNr. 30; siehe hierzu schon Teil A, II, 2.

270 Ausgenommen sind hier aber die Fälle des § 831 Abs. 1 Satz 1 und 2, siehe hierzu Teil A, II, 2 a) sowie die Fälle der sog. *schadensersatzrechtlichen Zurehcnungsrechtsprechung* des BGH; hierzu sogleich III, 2.

i.d.R. personengruppenbezogen[271] festgelegt sind, verletzt hat. Diese Objektivierung ist heute unstreitig[272].

Trotz dieser Objektivierung des Verschuldenserfordernisses besteht ein eindeutiger *Gegensatz* zum Tatbestandserfordernis der *Rechtswidrigkeit* nach herrschender Auffassung (adäquate *Verletzung*).

Dieser *Gegensatz* besteht *auch* angesichts der Tatsache, daß der Schutzzweckgedanke mit seinem Verantwortungsbereichsprinzip in die Festlegung des Rechtswidrigkeitsbereichs haftungsbegründender Vorgänge für *bestimmte* Fälle einbezogen worden ist[273]. Schutzzweckorientiert, also *rechtswidrig* in dieser Spezialvariante bedeutet nämlich nach der hier maßgeblichen Konzeption von *Rabel*[274] stets einen Verstoß gegen den objektiv *typisierten* Vertragszweck bzw. *Deliktsnormzweck* und damit gegen die aus diesem folgende *typisiert*-vertragszweckorientierten und *deliktsnormzweckorientierten* Verhaltensstandards (=Vorhersehbarkeitsstandards / Vermeidbarkeitsstandards) - aber *eben nicht* einen Verstoß gegen *personengruppenbezogene* Verhaltensstandards[275].

Wegen dieses klaren Gegensatzes zwischen Rechtswidrigkeit und Fahrlässigkeit ist die Vorschrift des § 823 Abs. 1 auch folgendermaßen gefaßt: „Wer ... *fahrlässig* das Leben, den Körper, die Gesundheit, die Freiheit, das Eigentum oder ein sonstiges Recht eines anderen *widerrechtlich* verletzt, ist dem anderen zum Ersatz des daraus entstehenden Schadens verpflichtet[276].

---

[271] Personengruppenbezogen bedeutet
- entweder *berufsgruppenbezogen* oder,
- falls im Zuge der allgemeinen gesellschaftlichen Mobilität Berufsgruppen oder Berufsbilder unscharf geworden sind, einen Bezug auf *Personengruppen*, welche nach anthropologischen Gesichtspunkten bestimmt sind, vgl. hierzu die folgende Anm. sowie ausführlich Teil A, V, 1 b) Anm. 192.

[272] Vgl. ausführlich *Palandt-Heinrichs*, § 276, Abs. 2 aa sowie den obigen *Nagelfall*, Teil A, III, 4 a) Anm. 70, 73; Zur Objektivierung des Verschuldensbegriffs; auch ausführlich Teil A, II, 2, Anm. 35.

[273] Ausführlich hierzu Teil A, V, 1 b) und c) insbes. Anm. 194 (Krankenschwesternfall) und Anm. 208 (Grünstreifenfall).

[274] Teil A, IV, 5 a) (2) folgende.

[275] Und dies erst ist der *objektivierte Fahrlässigkeits*begriff, unstreitig, siehe hierzu Anm. 270. Ausführlich zu diesem *Gegensatz* siehe Teil A, V, 1 b) (2) Anm. 192.

[276] Hervorhebung von Verfasser.

d) Die neue handlungsbezogene Rechtswidrigkeitslehre in der Dogmatik des Zivilrechts

Die neue, verbotsorientierte Rechtswidrigkeitslehre greift dieses Konzept an, indem sie behauptet, *widerrechtlich* in der Vorschrift des § 823 Abs. 1 BGB heiße soviel wie „gebotsverstoßend" oder „*normwidrig*". Es bedeute nicht, daß lediglich Rechtfertigungsgrunde ausgeschlossen werden müssen, wenn ein Rechtswidrigkeitsurteil gefällt werden soll. Die neue Lehre folgert diesen Gedanken aus allgemein-dogmatischen Rechtswidrigkeitsüberlegungen[277]. Sie tut dies auf der Grundlage der *Imperativentheorie*, nach welcher Rechtswidrigkeit stets gleichzusetzen ist mit Normwidrigkeit, d.h. mit einem Verstoß gegen Imperative des Rechts, die sich auf dem menschlichen Willen beziehen[278].

Kann man zunächst schon dieses dogmatische Postulat der *Imperativentheorie* nicht billigen[279], so paßt jedenfalls diese Behauptung der neuen Lehre *nicht* in das de lege lata nun einmal zu beachtende Rechtswidrigkeitskonzept des BGB:

(1) Die Einteilung in Rechtswidrigkeitsgruppen zum Zwecke der Definition dessen, was Rechtswidrigkeit bedeutet, wird durch die Auffassung des Tatbestandsmerkmals der „Widerrechtlichkeit" in der Vorschrift des § 823 Abs. 1 als „Gebotswidrigkeit" durcheinandergebracht. Die Fallkonstellationen (1) und (2)[280] wird nämlich schlicht zusammengezogen: jede schadensersatzrechtlich relevante Rechtsgutsverletzung wird damit als normwidrigkeitsabhängig bezeichnet und die Vorschrift des *§ 823 Abs. 2* BGB überlagert und erfaßt damit die des *§ 823 Abs. 1*: Diese Generalnorm wäre damit *überflüssig*.

(2) Ferner ist eine Unterscheidung zwischen *Rechtswidrigkeit* im handlungsbezogen-verbotsorientierten Sinne[281] einerseits sowie dem Tatbestandserfordernis des *Verschuldens* in seiner objektivierten Fahrlässigkeitsform[282] andererseits nicht möglich.

---

[277] Dargelegt Teil A, III, 4 a), b) und c).

[278] Hierzu die Ausführungen von *E. Wolf*, AcP, 170, 152 ff. sowie Teil A V, 2 a) und b).

[279] Vgl. die kontroverse Diskussion um die Imperativentheorie o. Teil A, V, 2 c).

[280] Oben b) (1).

[281] Voraussetzend also stets einen Verstoß gegen *personengruppenbezogene* (s. Anm. 270) Verhaltensstandards (Gebote!) siehe hierzu oben Teil A, II, 2 a) Anm. 35; ferner den „*Nagelfall*" (Teil A, III, 4 a) Anm. 70 u. 73) sowie Teil A V, 1 b) (2) Anm. 192, sowie auch *Münzberg*, Verhalten und Erfolg als Grundlage für Rechtswidrigkeit und Haftung, 1966, S. 361 ff.

[282] D.h. ebenfalls ein Verstoß gegen typisierte, personengruppenbezogene Verhaltenstandards im Sinne der vorigen Anmerkung; vgl. hierzu ausführlich vorst. c) Anm. 270 und 271.

(3) Diese Einwände gegen die verbotsorientierte Rechtswidrigkeitslehre werden von dieser folgendermaßen gekontert:

- Zunächst wird die Störung der Fallgruppenaufteilungen zum Zwecke der Definition der Rechtswidrigkeit ignoriert. Die neue verbotsorientierte Rechtswidrigkeitslehre hält sich an die Ausführungen in den Motiven des Gesetzgebers zum Bürgerlichen Gesetzbuch nicht gebunden.

- Darüberhinaus wird versucht, zwischen den Tatbestandsmerkmalen der *Fahrlässigkeit* und dem der *Rechtswidrigkeit* mit allen Mitteln und *trotz* der oben dargelegten Ununterscheidbarkeit bei Zugrundelegung der verbotsorientierten Rechtswidrigkeitslehre doch noch zu unterscheiden[283]. Nach *Nipperdey* ist das Verschuldenserfordernis zwar, wie nicht bestritten werden kann, prinzipiell gleichbedeutend mit dem Erfordernis einer objektiven Verhaltensstandardsverletzung (Rechtswidrigkeitsstandardsverletzung). Jedoch sind nach *Nipperdey* folgende Unterschiede zwischen Verschuldenserfordernis und Rechtswidrigkeitserfordernis festzustellen:

- § 827 BGB legt bestimmte und zwar nach *Nipperdey gesonderte* vom Rechtswidrigkeitsbegriff unterscheidbare *Verschuldensstandards* fest. *Bewußtlosigkeit* des Täters (a) sowie *Störungen* seiner *Geistestätigkeit* (b) schließen nach dieser Vorschrift lediglich sein *Verschulden* aus und lassen nach *Nipperdey* die - normwidrigkeitsbezogene - Rechtswidrigkeit unberührt. Diese *Nipperdey*'sche Argumentation wird allgemein akzeptiert; sie wird lediglich als in ihren Auswirkungen *minimal* bezeichnet.Richtigerweise kann man diese Argumentation selbst aber nicht einmal für zutreffend halten:

- Die genannten Fälle scheiden nämlich bereits, soweit es sich um den Sektor (a) handelt,

- aus dem Bereich *gewillkürten* Tuns und damit *auch* dem der Rechtswidrigkeit aus (Teil A, IV, - 2) und ferner scheiden die Fälle von Störungen der Geistestätigkeit (b) aus dem Bereich der *objektivierten* Verhaltensstandards nämlich der *anthropologisch-personengruppenbezogenen*[284] Verhaltensstandards aus. Sie scheiden damit ebenfalls aus dem Bereich der verbotswidrigkeitsbezogenen *Rechtswidrigkeit* aus.

---

[283] Insbesondere ist dies bei *Nipperdey* zu beobachten, vgl. hierzu *Nipperdey*, NJW 1957, 1777, 1778.

[284] Siehe vorstehend Anm. 270 und Teil A, V, 2 b) (2) Anm. 192.

- § 828 BGB nimmt einen *Verschuldens*ausschluß im Bereich der Personengruppen von Minderjährigen und Taubstummen vor. Dieser angebliche Unterschiedsbereich im Vergleich zum *Rechtswidrigkeits*begriff ist ebenfalls entgegen anderslautenden Ansichten in der Literatur nicht anzuerkennen und zwar wegen der völlig gleichen Relevanz dieser Personengruppenqualifizierung für die *anthropologisch*-personengruppenbezogenen Verhaltensstandards der verbotswidrigkeitsbezogenen *Rechtswidrigkeit* einerseits und des *objektivierten* (Anm. 270) *Verschuldens* andererseits.

Daher geht der BGH, allerdings *ohne* von den dargelegten Argumentationen *Nipperdey*'s Notiz zu nehmen, ganz unumwunden von einer *Identität* des *Verschuldenserfordernisses* einerseits sowie das *Rechtswidrigkeitserfordernisses* nach *neuer* Lehre[285] andererseits im Rahmen des § 823 Abs. 1 aus. Er formuliert dies folgendermaßen[286]:

„Daß die nämliche Frage des „verkehrsrichtigen" Verhaltens (Einhaltung der objektiviert-*personengruppenbezogenen* Verhaltensstandards)[287] auf dem Gebiet der Rechtswidrigkeit *und* dem Gebiet der Schuld Bedeutung hat, ist bedingt durch die rechtliche Fassung ... des Fahrlässigkeitsbegriffs ..."

Diese Auffassung des BGH kann nicht als zutreffend angesehen werden. Die genannte Identität ist bedingt durch die *neue* verbotsorientierte, und damit *verhaltensstandardsorientierte*[288] Auffassung des *Rechtswidrigkeitsbegriffs*. Diese Identität ist *nicht* bedingt durch die objektive Fassung des *Verschuldenserfordernisses*, welche dem deutschen Zivilrecht seit nunmehr bereits über einem Jahrhundert zugrunde liegt.

Die Entscheidung BGHZ 24, 21 ist denn auch ohne Bedeutung geblieben[289]. Sie wird allgemein als mißglückter Versuch einer Rechtsfortbildung bezeichnet[290].

---

[285] Die er hier ausnahmsweise vertritt, siehe zum Schicksal dieser Entscheidung sogleich Anm. 288 und 289.

[286] BGHZ 24, 21 ff. (28).

[287] Hinzufügung vom Verfasser.

[288] Siehe vorstehend d) (2) Anm. 280 und d) (3) Anm. 283.

[289] So statt vieler von *Wussow*, Unfallrecht 12. Aufl., Rz 15 m.w.N. sowie von *Erman/Drees*, Kommentar zum BGB, 7. Aufl. Vorb. 46 und 47 zu § 823; ausführlich hierzu auch *Deutsch* in: JuS 1967, S. 156 ff.

[290] So ausdrücklich von *Dunz*, LM, § 836 Nr. 18 sowie *Dunz* in: 25 Jahre Karlsruhe Forum, Beiheft 1 zur Zeitschrift „Versicherungsrecht", 1983 S. 97 ff.

Vgl. ferner die ablehnende Stellungnahme zu BGHZ 24, 21 von *Larenz* in: FS für Dölle, S. 172 ff.

(4) Das *Fazit* dieser Überlegungen ist, daß die Aufnahme des verbotsorientierten Rechtswidrigkeitserfordernisses in die Vorschrift des allgemeinen Schadensersatzrechts des § 823 Abs. 1 BGB *nicht* vereinbar ist mit dem *System* des zivilrechtlichen Schadensersatzrechts. Zudem widerspricht eine Verwendung des verbotsorientierten Rechtswidrigkeitserfordernisses dem *Willen* des Gesetzgebers des Bürgerlichen Gesetzbuches[291].

Daher ist denn auch zu beobachten, daß einige Vertreter der verbotsorientierten Rechtswidrigkeitslehren und zwar vorwiegend diejenigen aus dem Bereich der Praxis[292], sich stets eine Verbindung zu dem im Bürgerlichen Gesetzbuch verankerten erfolgsbezogenen Rechtswidrigkeitsbegriff erhalten. Sie tun dies insbesondere, um die praktischen Haftungsergebnissen der Rechtsprechung des BGH[293] decken zu können[294].

e) Rechtspolitische Gesichtspunkte

(1) Man kann nun *rechtspolitisch* und rein theoretisch sehr wohl den *verbotsorientierten* Rechtswidrigkeitsbegriff in das Fallgruppensystem des zivilrechtlichen Rechtswidrigkeitskonzepts[295] einpassen *und* die Fallgruppen (1) sowie (2) zusammenlegen. Praktisch wäre damit allerdings die Generalvorschrift des § 823 Abs. I BGB gestrichen, da dann *jedes* Rechtswidrigkeitsurteil einen Verstoß gegen eine deliktsch sanktionierte Verhaltenspflicht (*§ 823 Abs. II*) voraussetzen würde. Man müßte sodann auch den Verschuldensbegriff anders definieren, nämlich so, daß die aufgetauchte Schwierigkeit der Nichtunterscheidbarkeit von Verschulden und Rechtswidrigkeit wegfielen. Man könnte dies etwa tun, indem man den *Verschuldensbegriff* auf die Grundlage rein *individuell* bemessener Verhaltensstandards stellte.

(2) *Gegen* ein solches rechtspolitisches Vorgehen spricht jedoch der *Sinn* des schadensersatzrechtlichen Güterschutzes des BGB. Insbesondere die de-

---

[291] Vgl. die Ausführungen in den Motiven, Anm. 264.

[292] Nämlich die Kommentatoren der zivilrechtlichen Standardkommentare.

[293] Ausführlich zu dieser sog. schadensersatzrechtlichen Zurechnungsrechtsprechung des BGH sogleich III, 2.

[294] Insbesondere ist dies zu beobachten bei *Staudinger-Löwisch*, § 276 RdNr. 5 i.V.m. Rdnr. 8; ferner bei *Staudinger-Medicus*, 11. Aufl., § 249 Rndr. 48 sowie bei *Palandt- Thomas*, § 823 Anm. 7 A a). Der Rechtswidrigkeitsbegriff wird bei diesen Autoren als reiner *Funktionalbegriff* aufgefaßt, welcher dem Verantwortungsbereichsgedanken und dessen verantwortungsbezogenen *Erfolgsbezug* [vgl. Teil A, V, 3 f) und schon V, 1 b) (1) und (2) sowie c)] im *Rechtswidrigkeits*bereich Geltung verschaffen kann.

[295] Vorstehend b).

liktische Hauptgruppe (1) des § 823 Abs. 1 mit deren *erfolgsbezogenen* Rechtswidrigkeitsbegriff und mit deren *absolut* geschützten Rechtsgütern und Rechten spricht dagegen.

Absolut geschützt bedeutet nämlich:

- erstens, daß diese Rechtsgüter und Rechte gegen *jedermann* und gegen jede Verletzung *auch* außerhalb von schuldrechtlichen Beziehungen zwischen Schädiger und Geschädigtem geschützt sind;

- darüberhinaus bedeutet „absolut geschützt", daß ein *überpositiver* Charakter des zivilrechtlichen Güterschutzes *als solchem*[296] anzunehmen ist. Dieser erfordert den erfolgsbezogenen, von normgeberischen Rechtswidrigkeitsgestaltungen gerade *unabhängigen*[297] Rechtswidrigkeitsbegriff, welcher den stringenten *Befehl*[298] der *Wiedergutmachung aller* adäquater Verletzungen dieser überpositiven Rechtsgüter im Sinne des § 823 Abs. 1 BGB allein an die Tatsache dieser Verletzung knüpft[299].

(3) *Begründet* wird dieser grundsätzlich überpositive Charakter des zivilrechtlichen Güterschutzes mit folgender Erwägung.

(a) Die zivilrechtlichen Rechtsgüter „Körper", „Gesundheit", „*Freiheit*", „Eigentum", „ Besitz", „das allgemeine Persönlichkeitsrecht", der „eingerichtete und ausgeübter Gewerbebetrieb" sowie einige andere absolute Rechte *entsprechen* in ihrer Funktion genau den grundgesetzlich geschützten Rechtsgütern der Artikel 2 und 14 GG. Diese *Funktion* besteht darin, die grundsätzliche Autonomie der menschlichen Person zu sichern und der Verbürgung ihrer rechtlichen Freiheit zu dienen. *Lediglich* der *Bezugspunkt* dieser Funktion ist verschieden, nämlich einmal ist es der spezifisch bürgerlichen Bereich in Form der Beziehungen der Bürger untereinander *und* zum andern ist es der spezifisch *staatsrechtliche* Bereich, nämlich die Beziehung Staat/Individuum betreffend.

Die *grundgesetzlich* geschützten Rechtsgüter haben nun unbestrittenermaßen einen *überpositiven* Charakter (Art. 1 Abs. 2 und 3 GG).

---

[296] Nicht in allen seinen Einzelheiten, vgl. sogleich (3).

[297] Siehe hierzu im einzelnen sogleich e), (3) (c).

[298] Es geht in der vorliegenden Erörterung *nur* um *Rechtswidrigkeitshaftungen*, Teil A, V, 1 a) Anm. 180.

[299] Zu diesem überpositiven Charakter ausführlich *Weitnauer*, NJW 1962, 1190 ff. (1191) m.w.N.; *Staudinger-Medicus*, 11. Aufl., § 249, Vorb. 4 f.

(b) Es liegt dann aber auf der Hand, daß man diejenige überpositive Auffassung, welche der begründungstheoretischen Qualifikation des Normensystems der *Grundrechte* zugrunde liegt, auch für all die Regeln des einfachen Rechts gelten lassen muß, welche demselben Prinzip der menschlichen Autonomie entspringen und demselben Zweck der Verbürgung rechtlicher Freiheit dienen. Denn in der Tat kann man, um nun die unterschiedlichen *Bezugspunkte* der vorliegend verglichene Normensysteme ins Blickfeld zu ziehen, nicht einerseits im staatsrechtlichen Verhältnis Bürger/Staat die hier maßgebenden Normen der *Grundrechte* absolut und *überpositiv* auffassen und andererseits entsprechendes im *bürgerlich-rechtlichen* Verhältnis der Staatsbürger untereinander nicht tun. In Bezug auf die hier maßgebenden Bestimmungen des zivilrechtlichen Persönlichkeits- und Güterschutzes kann man dem Postulat einer überpositiven Geltung keine geringere Bedeutung beimessen. Autonomie muß sich auch und gerade hier bewähren. Sie muß auch und gerade gegen Angriffe seitens Dritter *absolut*, und zwar im Sinne der oben angeführten Definition absolut in der Bedeutung von *überpositiv*, geschützt sein.

(c) Andernfalls könnte nämlich der Staat bzw. die ihn tragenden Kräfte durch Verlagerung ihrer Aktivitäten in Formen privatrechtlichen Charakters den grundgesetzlichen Schutz leicht unterlaufen. Sie könnten dies tun, indem sie die von ihnen *erwünschten* Aktivitäten[300] mit der Folge von Rechtsgutsverletzungen für Dritte im *Bereich* der Beziehungen Bürger/Bürger als *rechtmäßig* zu statuieren suchten und auch *statuierten*. Praktisch wäre dies dann eine *sanktionslose* Rechtsgutsbeeinträchtigung[301] grundgesetzlich geschützter Rechtsgüter, und zwar auf Veranlassung bzw. auf der Grundlage von *Zulassungen* und *Rechtsmäßigkeitsstatuierungen* des Staates[302].

(c) Diese Argumentation ist keine Folge des umstrittenen Gedankens einer Drittwirkung der Grundrechte. Die Grundrechte und ihre Wirkung läßt man in keiner Weise in den deliktsrechtlichen Bereich einfließen. Dieser ist abschlie-

---

300 Diese sind für bestimmte Kreise erwünschte, aber für Dritte gefahrvolle Tätigkeiten; Ein bekanntes *Beispiele* ist der moderne Straßenverkehr mit seinen vielfachen, genau vorhersehbaren Drittverletzungen (vgl. hierzu *Olivet*, Die Verwaltung, 1991, S. 211 ff.; hierher gehört ferner die industrielle *noch* personalverwendende Massenproduktion, die sehr unfallträchtig ist (oben Teil A, III, 4 a) Anm. 70 und 73).

301 *Beispiel* aus der jüngeren deutschen Geschichte: Die Erlasse der nationalsozialistischen Parteiführung in Bezug auf die Zulassung von Aktivitäten der SA gegenüber bestimmten bürgerlichen Kreisen führten zu massiven Rechtsgutsverletzungen *verfassungsrechtlich* geschützter Rechte. Sie erfolgten in einigen Fällen in Form von „Führerbefehlen" (Gesetzeskraft). Gegenüber Nichtjuden erfolgten diese Maßnahmen bis zum 30.6.1934); vgl. *Reinhardt Höhn*, Die Machtergreifung des Nationalsozialismus, 1983, S. 43 ff.

302 Siehe zur *rechtstechnischen Form* solche Vorgänge sogleich (d).

ßend durch die zivilrechtlichen Schadensersatzvorschriften geregelt. Er hat keinen Raum für eine direkt*normative* Wirkung der Grundrechte.

Es ist diese Argumentation vielmehr eine Folge des Prinzips der *Einheit* der *Rechtsordnung*. Dieses Prinzip erfordert, daß Wertungen in Bezug auf prinzipiell gleiche rechtliche Regelungen mit prinzipiell gleichen rechtlichen Funktionen, wenn auch auf verschiedene empirische Bereiche bezogen, rechtlich *gleich* vorgenommen werden müssen.

Andernfalls entstünden Brüche und Widersprüche in der Rechtsordnung, welche auf die je verschieden vorgenommenen *Einzelwertungen*[303] wegen Nichtberücksichtigung des Gesamtkontextes zurückschlagen würden[304]. Sie würden diese teilweise oder ganz in ihrer Wirkung wieder zunichte machen.

(d) Dieser prinzipiell überpositive Charakter des zivilrechtlichen Persönlichkeits- und Güterschutzes würde *aufgelöst* durch den verbotsorientierten Rechtswidrigkeitsbegrif. Denn wenn die Frage der Rechtswidrigkeit und damit der Wiedergutmachungspflicht einer Rechtsgutsverletzung von der Frage der *Gebotswidrigkeit* ihres Zustandekommens abhängig gemacht wird, so ist *diese* Rechtswidrigkeit und damit der deliktische Schutz gegen sie abhängig gemacht worden von

- *normgeberischen* Gestaltungen dessen, was gebotskonform bzw. gebotswidrig bedeuten soll
- bzw. im Bereich des § 823 Abs. I BGB besonders interessierend von *verkehrsanschauungsmäßigen* Gestaltungen dessen, was als maßgebende Verhaltensstandards in Bezug auf die Vorhersehbarkeit / Vermeidbarkeit von Rechtsgutsschä den anzusehen ist.

Die Folge hiervon ist, daß der verbotsorientierte Rechtswidrigkeitsbegriff nicht für das zivilrechtliche Deliktsrecht in seiner Hauptgruppe (1) in Frage kommt.

---

303 Vorliegend die Einzelbewertung der Grundrechte einerseits und die des *deliktischen* Güterschutzes und Persönlichkeitsschutzes (als *überpositiv* bzw. als auch *nicht überpositiv*) andererseits.

304 Vgl. die Beispiele oben (b).

f) Der erfolgsbezogene Rechtswidrigkeitsbegriff zur Abwehr des handlungsbezogenen Rechtswidrigkeitsbegriffs

(1) Der herrschende, adäquat-*erfolgsbezogene* Rechtswidrigkeitsbegriff (Teil A, IV, 2) kann nun zur *Abwehr* des verbotsorientierten Rechtswidrigkeitsauffassung, welche wie erwähnt im Vordringen befindlich ist, nicht herangezogen werden. Dieser Rechtswidrigkeitsbegriff ist im wesentlichen *rein* erfolgsbezogen wegen der Auffassung des BGH in Bezug auf das Adäquanzprinzip, welche als *ambivalent* zu bezeichnen ist und welche keine prägnante, eindeutige verantwortungsbereichsbezogene und haftungseinschränkende Wirkung ermöglicht[305]. Er ist zu *weit*[306] und tatsächlich nicht einmal in der Lage, eine eindeutige *Handlungsqualität* für die ihm zugrundeliegenden Kausalprozesse: gewillkürtes menschliches Tun / Rechtsgutverletzung zu vindizieren[307]. Letzteres aber ist heute unbestrittenermaßen die Mindestvoraussetzung für einen sinnvollen Rechtswidrigkeitsbegriff.

(2) Der *erfolgsbezogene* Rechtswidrigkeitsbegriff ist also zu angreifbar, als daß er eine geeignete Waffe gegen den verbotsorientierten Rechtswidrigkeitsbegriff abgeben könnte.

g) Der verantwortungsbezogene Rechtswidrigkeitsbegriff

Damit kommt *nur* der verantwortungsbezogene Rechtswidrigkeitsbegriff in Frage, welcher

(1) zunächst *erfolgsorientiert* ist, d.h. prinzipiell alle von menschlichem Tun gewillkürt ausgehende *Erfolge* rechtsgutsverletzender Art als *rechtswidrig* qualifiziert. Er tut dies wie der *herrschende* erfolgsbezogene Rechtswidrigkeitsbegriff durch den gleichen Verletzungs-Erfolgsbezug wie dieser und zwar in *überpositiver* Weise [e) (2), (3) und (4)] *ohne* die Notwendigkeit von Rechtswidrigkeitsnormierungen *und ohne* die Möglichkeit des *Ausschlusses* der Rechtswidrigkeit durch *Rechtmäßigkeitsnormierungen* vermittels der *Zulassung* rechtsgutsverletzenden Tuns[308]:

---

[305] Hierzu ausführlich Teil A, IV, 2 mit den Rechtsprechungsnachweisen.

[306] Siehe die *vorige* Anmerkung sowie die Ausführungen zum enteignungsgleichen Eingriff [Teil B, I, 2 c)].

[307] Siehe ausführlich hierzu Teil A III, 4 b) und c).

[308] Und zwar durch die prinzipiell *erfolgsbezogenen* aber *adäquanzeingeschränkten* und *schutzzweckorientiert-eingeschränkten Haftungsbemessungen* (*Rechtswidrigkeitsbemessungen*) oben V, 1 b) (1) und (2).

(2) Dennoch besitzt er vermittels den Verantwortungsgedanken des rechtlich *festgelegten*[309] Verantwortungsbereichs der Schutzzwecklehre den als *richtig* zu bezeichnenden Haftungsumfang *sowie* in Form der generellen Willensdeterminiertheit [Teil A, V, 3 e) und f)] die Fähigkeit, Rechtswidrigkeitsergebnisse der vorstehend (1) genannten Art als *Handlung* zu qualifizieren.

Er ist damit unangreifbar von seiten der neuen handlungsbezogenen Rechtswidrigkeitslehre *auch* und gerade unter dem Gesichtspunkt deren spezifischen *Handlungspostulats* für den Rechtswidrigkeitsbegriff.

2. Die Auswirkungen des verantwortungsbezogenen Rechtswidrigkeitsbegriffs auf die deliktische Zurechnungsrechtsprechung des BGH

a) Allgemeiner Überblick

Legt man bei der Bestimmung des Rechtswidrigkeitsbereichs im zivilrechtlichen Schadensersatzrecht den herrschenden *erfolgsbezogenen* Rechtswidrigkeitsbegriff zugrunde, so kommt man zu folgender Erkenntnis:

Der auf dieser Basis zustande gebrachte Rechtswidrigkeitsbereich[310] ist zu *weit*. Dies gilt insbesondere in Fällen *ungewöhnlicher*, *seltener* und *atypischer* Kausalverläufe[311].

Zwar umfaßt der heutige zivilrechtliche *Haftungsumfang viel*[312], jedoch nicht alles, was an Fällen dieser Art zu beobachten ist. Instruktive *Beispiele* in welchen sich Probleme bei der Frage der Identität von Rechtswidrigkeitsbereich und Haftungsbereich ergeben sind der „Grünstreifenfall" und der „Verfolgungsfall".

(1) *Grünstreifenfall*:

Kraftfahrzeugfahrer (K) verursachte auf einer Autobahn einen Unfall, welcher zur Blockierung der gesamten Richtungsfahrbahn führte. Die nachfolgenden PKW's warteten vorschriftsgemäß. Um die Autobahn zu räumen, leitete die Polizei den nachfolgenden Verkehr an der Unfallstelle links vorbei. K,

---

309 Durch die Subformeln der umfangreichen Kasuistik, s. Teil A IV, 5 a) (3) und (6).

310 Im hier interessierenden Zusammenhang prinzipiell [siehe aber im folgenden (3) sowie die folgenden 3 Absätze im Text] gleichbedeutend mit dem *Haftungsbereich*, siehe Teil A, V, 1 a) sowie V, 3 b).

311 Vgl. zu diesen und zu ihrer Behandlung im moralischen *Vorfeld* von stringenten *Rechtswidrigkeits*urteilen Teil A, IV, 3 (*soziale* Handlungslehre).

312 Hierzu Teil A, V, 3, d).

wie alle normalen Kraftfahrer, *kannte* eine solche Verhaltensweise der Polizei. Infolge der Umleitung wurde der Grünstreifen beschädigt sowie die Leitplanke durch einen LKW eingebeult.

Hier ist fraglich, ob der Kraftfahrer für diese an sich von ganz anderen Personen verursachten Schäden haftet.

(2) *Verfolgungsfall*:

A flüchtete nachts nach einem mißglückten Einbruch in einem Juweliergeschäft. Der Juweliersladenbesitzer verfolgte ihn über ein Neubaugelände. Dieses befand sich auf einem alten geräumten Trümmergrundstück, welches A genau *kannte*. Der verfolgende Juwelier stürzte in einen Fundamentierungsgraben, in welchem sich eine alte Bauholzsäge befand, und verletzte sich.

Fraglich ist wiederum, ob A für *diesen* Schaden haftet.

(3) Die Frage lautet nunmehr rechtstechnisch formuliert, in diesen Fällen stets, ob der *Verursacher* eines atypischen jedoch noch adäquaten *Rechtsguts*schadens für diesen *tatsächlich* haftet. Diese Haftungsfrage bezieht sich auf die *Rechtswidrigkeitsebene*[313]. *Subjektive Verschuldensgesichtspunkte* spielen für die hier interessierenden Schadensersatzgrenzfälle einer *objektiven* Haftungswürdigkeits*wertung* in Bezug auf einen allen Beteiligten voll *bekannten* Sachverhalts *keine* Rolle[314].

Bereits an dieser Stelle wird erkennbar, daß nach der herrschenden Rechtswidrigkeitsauffassung der *Rechtswidrigkeitsumfang nicht* immer gleichbedeutend ist mit dem *Haftungsumfang* im hier interessierenden *Rechtswidrigkeitsbereich*. Denn „*Rechtswidrigkeit*" liegt nach herrschender Meinung - zunächst betrachtet[315] - in Form der adäquaten Verursachung des herbeigeführten *Rechtsguts*schadens vor. Die objektive Haftung des Schädigers ist dennoch *fraglich* wegen des atypischen Kausalverlaufs in diesen Fällen. Keineswegs immer liegt hier ein objektiv-haftungswürdiger Kausalverlauf vor und keineswegs immer wäre es angemessen, den Täter für *diesen* Schaden objektiv verantwortlich zu machen und haften zu lassen.

---

[313] Nur diese Fälle interessieren in dieser Erörterung, siehe hierzu bereits oben Teil A, Anm. 180 sowie vorstehend Anm. 310. Einzelheiten speziell für den Bereich der „Zurechnungsrechtsprechung" im folgenden.

[314] Zur Begründung sogleich b).

[315] Siehe aber die Ausweitung/*Einschränkung* des Rechtswidrigkeitsbereichs durch die Zurechnungsrechtsprechung des BGH (sogleich e).

b) Rolle des Verschuldens in der Zurechnungsrechtsprechung des BGH

Verschuldensgesichtspunkte in bezug auf den Verursacher spielen bei diesen Erwägungen, um nunmehr auf den an sich überraschenden *Rechtswidrigkeitscharakter* dieser Haftung (Deliktshaftung!) näher einzugehen *keine* Rolle. Denn der Täter kennt in den Entscheidungsfällen der sog. *Zurechnungsrechtsprechung* des BGH[316] die gesamte Tatsituation, aus welcher der Schaden folgt[317]. Andernfalls befände man sich überhaupt nicht auf der Ebene der Revisionsinstanz (BGH). Das Oberlandesgericht hätte in Fällen, in welchen der Täter irgendwelche Tatumstände haftungsrelevanter Art tatsächlich *nicht* gekannt hätte und auch nicht hätte kennen müssen, das *Verschulden* ausgeschlossen und die Frage der Rechtswidrigkeit dahinstehen lassen. Es hätte die Klage abgewiesen.

Die Frage lautet in den genannten Revisionsfällen vielmehr stets nur, ob die dem Verursacher *bekannten objektiven* Umstände *objektiv* tatsächlich haftungswürdig[318] sind[319]. Für diese Frage kommt aber *nur* der *„Rechtswidrig-*

---

[316] Zur Bezeichnung sowie dem Anwendungsgebiet dieser Rechtsprechung sogleich d).

[317] Der Täter kennt, wie sogleich gezeigt wird (f), in den Fällen der „Zurechnungsrechtsprechung" des BGH stets in den wesentlichen Grundzügen die Art und Weise der Schadensverursachung, seines Tatbeitrages, die Tatsituation sowie die schadensverursachenden Möglichkeiten für Dritte, welche daraus entspringen.

[318] Daher prüft der BGH in Fällen diser Art (Beispiele aus der Rechtsprechung sogleich f) stets, ob billigerweise nach *objektiven* Zurechnungsgesichtspunkten gehaftet wird. Er führt anschließend aus, daß diese Gesichtspunkte *auch* für die Beurteilung des Verschuldens maßgeblich sind. Bei Rückverweisung des Revisionsfalls an das Oberlandesgericht sind sie von diesem nach ausdrücklicher Weisung des BGH zu berücksichtigen (ein bekanntes *Beispiel* dieser Art ist BGH, VersR 1981, 161 f., weitere Beispiele bei *Staudinger-Schäfer*, Kommentar zum BGB 12. Aufl. § 823 Vorb. 83 f. Kap. XI).

[319] *Beispiel*: An einer Zollkontrollstelle hatte K mit seinem Pkw ein geparktes Kraftfahrzeug beschädigt und sich in Kenntnis sämtlicher Umstände anschließend eilends entfernt. Ein Zollbeamter nahm mit seinem Dienstfahrzeug die Verfolgung auf. Wegen Glatteis, das dem K auch aufgefallen war, verunglückte der Beamte bei der Verfolgung. Sein Wagen wurde beschädigt.

Das Oberlandesgericht hatte die Klage abgewiesen, da ein eigener Entschluß des Beamten vorgelegen habe und zum Unfall geführt habe.

Der BGH hob das Urteil auf und führte aus, daß bei objektiv-wertender Zurechnung [s. hierzu e)] eine objektive Haftung anzunehmen sei; K habe nämlich *rechtswidrig* gehandelt, § 230, 246 StGB, und der Beamte habe sich *herausgefordert* fühlen dürfen, den Kraftfahrzeugführer K zu verfolgen. Dies gelte auch in Fällen besonders ungünstiger Straßenverhältnisse zum Beispiel bei Glatteis *und* dies könne nach der allgemeinen Lebenserfahrung zu einem Unfall führen. Der BGH fuhr fort:

„Es kann kaum ein Zweifel bestehen, daß K jedenfalls dem Grunde nach den Schaden des B *zurechenbar* und schuldhaft verursacht hat" (aaO BGH VersR 1981, S. 161). Die *Schuldfeststellung* ist automatische Folge der Rechtswidrigkeitsfeststellung (Zurechenbarkeitsfeststellung):

Denn A kannte alle Ereignisse, Umstände (Glatteis) und die daraus folgenden objektiven Möglichkeiten und Bewertungen.

keitsbereich" als Prüfungsebene in Betracht[320]. Hier nun setzen die Schwierigkeiten ein.

c) Haftungsbemessung auf der Rechtswidrigkeitsebene

Es liegt zunächst nahe, nach Maßgabe des *Rechtswidrigkeitsbegriffs* festzulegen, wie weit die Haftung geht. Die Frage lautet also zunächst, ob bei Zugrundelegung des derzeitigen Rechtswidrigkeits*begriffs* die genannten *objektiven* (atypischen) Umstände zu einer Haftung führen.

Diese Frage ist jedoch deshalb nicht sinnvoll, weil, wie erwähnt, der derzeitig herrschende, erfolgsbezogene Rechtswidrigkeitsbegriff zu einem so weiten Haftungsergebnis führt, daß für Fragen einer differenzierten, insbesondere dem Verantwortungsbereichsgedanken Rechnung tragende Bestimmung der Haftungswürdigkeit von atypischen schadensstiftenden Kausalverläufen kein Raum ist. Das Merkmal der Adäquanz ist keine Einschränkung dieser Aussage[321].

Immer, wenn es zu einer haftungsrechtlich entscheidenden Rechtswidrigkeitssituation kommt, verfällt der BGH in Reminiszenz zum früheren Rechtswidrigkeitsbegriff in die Auffassung eines von diesem *rein erfolgsbezogenen* Rechtswidrigkeitsbegriffs gar nicht so sehr weit entfernten Begriff[322].

d) Haftungsbemessung nach dem Prinzip des Schutzzwecks der Norm

(1) Wenn der adäquat-erfolgsbezogene Rechtswidrigkeitsbegriff als solcher für eine Bestimmung der objektiven Haftungswürdigkeit der genannten Umstände also *nicht* in Frage kommt, so liegt ein Ausweichen auf den Gedanken des Schutzzwecks der Norm als *Ergänzung*[323] des Adäquanzprinzips und damit des adäquaterfolgsbezogenen Rechtswidrigkeitsbegriffs nahe. Dieser Schutzzweckgedanke ist, wie ausgeführt[324], *das* ergänzende begriffliche Instrument für eine pragmatisch-verantwortungsbereichsbezogene Bemessung des Rechts-

---

[320] Die theoretische *Begründung* ist oben Teil A, V, 3 b) und c) dargelegt: *Alle* schädigenden Umstände, welche den Sanktionsbefehl der Wiedergutmachung auslösen, begründen den Begriff der *Rechtswidrigkeit* und den Begriff des *Rechtswidrigkeitsumfangs* (= Haftungsumfang).

[321] Hierzu ausführlich Teil A, IV, 2 sowie vorstehend III, 1 f).

[322] Vgl. die Ausführungen Teil A, IV, 5 a) (2).

[323] Siehe Teil A, IV, 5 a) (2).

[324] Vgl. die Ausführungen Teil A, IV, 5 a) (2).

widrigkeitsbereichs. Ein solches Vorgehen liegt auch besonders deshalb nahe, da das Schutzzweckprinzip völlig unbestrittenermaßen im *Folgeschädenbereich* für die Bemessung der Rechtswidrigkeitsorientierten Haftungsreichweite *ergänzend* verwendet wird[325]. Dieser Gedanke müßte dann auch im hier interessierenden haftungsbegründenden Bereich (Bereich der rechtswidrigen *Handlung* und damit der *Rechtswidrigkeit*) die Rechtswidrigkeitsorientierte Haftungsreichweite bestimmen[326]. Er müßte dies in der Weise tun, daß das Schutzzweckprinzip adäquanz*ergänzend* in den *Rechtswidrigkeitsbegriff* selbst hereingezogen würde.

Jedoch zieht der BGH den Schutzzweckgedanken *nicht* in den Rechtswidrigkeitsbegriff. Wohl verwendet er diesen Gesichtspunkt *neben* anderen wertenden verantwortungsfestlegenden Gesichtspunkten bei der im folgenden zu erörternden „Zurechnungsrechtsprechung", nämlich im Rahmen der Frage, ob ein als adäquat *rechtswidrig* anzusehender Schadenseintritt tatsächlich dem Verursacher zuzurechnen ist und tatsächlich als *haftungswüdrig* zu bezeichnen ist.

Dies ist aber eben nur eine *ergänzende* Verwendung des Schutzzweckgedankens im Sinne dessen Gebrauchs als lediglich

- *eines* von mehreren wertenden Zurechnungsgesichtspunkten[327]
- *und* vor allem lediglich im Rahmen einer verantwortungsbereichsbezogenen *Zusatzwertung*[328], *nachdem* das *begriffliche Rechtswidrigkeitsurteil* gemäß dem herrschenden Rechtswidrigkeitsbegriff längst gefällt ist.

Der Grund für diese Vorgehensweise des BGH ist erneut der Umstand, daß in jeder haftungsrechtlich relevanten Situation ein dem rein erfolgsbezogenen, formalen Rechtswidrigkeitsbegriff sehr ähnlicher Begriff zugrunde gelegt wird, und zwar dies deshalb, um ein *klares* Rechtswidrigkeitsurteil fällen zu können. Die Schutzzwecklehre ist heute nach vielfach vertretener Ansicht eine rein *pragmatische* und fast *willkürliche*, an einer „Auslegung" von Haftungs-

---

325 Teil A, IV, 5 a) (Folgeschädenbereich).

326 Theoretisch wird denn auch der Schutzzweckgedanke nicht nur im haftungsausfüllenden Bereich, sondern *auch* im *haftungsbegründenden* Bereich angewendet; h.M. vgl. *Palandt-Heinrichs*, § 249 4 B c siehe aber sogleich Anm. 328. Zur rechtshistorischen Entwicklung dieser Übernahme des Schutzzwecksprinzips in den haftungsbegründenden (Handlungsbereich) vgl. Teil A, V, 1 b) Anm. 185 3. Absatz sowie Anm. 190.

327 Siehe sogleich f) (1); zur Rolle des Schutzzwecksprinzips *neben anderen verantwortungsfestlegenden* Wertungsgesichtspunkten im Rechtswidrigkeitsbereich, siehe schon Teil A, V, 1 b) (2) Anm. 191.

328 Hierzu sogleich e).

normen *ohne* wirkliche Normauslegungsinhalte (insbes. § 823 Abs. 1 BGB) orientierte Haftungsbemessung[329]. Eine solche Auffassung der Schutzzwecklehre wäre tatsächlich nicht geeignet, dieses Haftungsfestlegungsprinzip in den Rechtswidrigkeitsbegriff selbst einzubeziehen. Man würde damit die begriffliche Kontur dieses Rechtswidrigkeitsbegriffs aufgeben.

Daß die Schutzzwecklehre tatsächlich nach richtiger Auffassung einen klar umrissenen Verantwortungsbereich zustande bringt, ist erstmals vorliegend[330] nachgewiesen. Die oben skizzierte Ansicht des BGH in Bezug auf die Verwendung des Schutzzweckprinzips wird denn auch *nicht* auf Dauer zu halten sein.

(2) Nichtsdestoweniger ist zunächst von der *Nichteinbeziehung* des *Schutzzweckprinzips* in den *adäquat*-erfolgsbezogenen Rechtswidrigkeitsbegriff auszugehen. Nach wie vor ist aber die Lokation des hier interessierenden *Haftungs*würdigkeitsurteils in die *Rechtswidrigkeitsebene* [vorstehend a) und b)] unumstößliche Tatsache. Es besteht hierfür sogar folgender Zusatzgrund:

Notwehr und Nothilfe (§ 227 BGB) sind sinnvollerweise nur zulässig, wenn der Täter rechtswidrig, nicht notwendig auch schuldhaft, *aber* in *verantwortlicher* d.h. *zurechenbarer* Weise angegriffen hat[331]. Sie sind sinnvollerweise dagegen nicht zulässig bei „Angriffen", die sich aus der Warte des „Angreifers" als *Grenzzufälle* oder ganz *unbeherrschbare* Kausalverläufe darstellen[332], also nicht bei Zugrundelegung des erfolgsbezogenen Rechtswidrigkeitsbegriffs. In dem Bereich des *Verschuldens* kann man bei diesem *Rechtswidrigkeitsbezogenen* Sanktionsurteil aber die auch hier fälligen (Teil A, II, 2) verantwortungsbereichsorientierten Sanktionsbemessungen und *Sanktionseinschränkungen* - bei Belassung des weiten erfolgsbezogenen Rechtswidrigkeitsbegriffs - nicht verlegen. Sie *muß* im Bereich der Rechtswidrigkeit erfolgen.

---

[329] Hierzu Teil A, IV, 5 a) (7) Anm. 176 (*Ossenbühl*, JuS 1988, S. 193 f.). Man muß hier sogar noch darauf hinweisen, daß das Schutzzweckprinzip sogar in seiner grundsätzlichen Anwendbarkeit noch *streitig* ist. Vielfach hält man das Adäquanzsprinzip -in seiner alten, von *Kries*'schen Form - für ausreichend, eine *angemessene Haftungsreichweite* auf der Rechtswidrigkeitsebene zu erreichen (Teil A, IV, 5 a) (4), (d) Anm. 168 m.w.N.).

[330] Teil A, IV, 5 a) (3) folgende, insbes. (6).

[331] Siehe hierzu sogleich IV, 1 (defensiver Güterschutz), sowie schon oben Teil A, II, 2 a) (3).

[332] Bekanntes *Beispiel* ist der Kirschbaumfall (Teil A, II, 2, a) sowie weitere Beispiele sogleich IV).

e) Die schadensersatzrechtliche Zurechnungsrechtsprechung des BGH

(1) Als Folge der vorstehenden Erörterungen läßt sich dreierlei feststellen:

- Der BGH nimmt die in den vorliegenden Fällen atypischer Schadenskausalverläufe erforderliche pragmatisch-verantwortungsbezogene Schadenszurechnung auf der *Rechtswidrigkeitsebene* vor.
- Dies tut er nicht im Rahmen des *Rechtswidrigkeitsbegriffs*, sondern in Form einer eigenen, besonders etikettierten[333] Schadenszurechnung. Sie erfolgt im Rahmen der sog. „schadensersatzrechtliche Zurechnungsrechtsprechung".
- Diese Zurechnungsrechtsprechung verwendet nicht nur den Gedanken des Schutzzwecks der Norm, sondern eine ganze Reihe anderer Zurechnungsgesichtspunkten, welche je nach der Eigenart des Entscheidungsfalles auf diesen zugeschnitten formuliert werden[334]. Sie stellen im wesentlichen eine *Ergänzung* des Schutzzweckprinzips dar[335].

(2) Der *Ausgangspunkt* dieser pragmatisch-verantwortungsbezogenen *Schadenszurechnung* ist der herrschende, adäquanzbezogene *Rechtswidrigkeits*begriff, obwohl er wegen seiner heutigen extensiven Auffassung in diesem Zusammenhang an sich wenig besagt[336]. Er genügt für ein abschließendes Rechtswidrigkeitsurteil denn auch nicht.

Zusätzlich wird gefordert, daß die von gewillkürtem menschlichem Tun ausgegangenen Vorgänge, die in adäquater Weise zu einem Rechtsgutsschaden geführt haben ,einer objektiv-wertenden Betrachtungsweise zu unterwer-

---

[333] Hierzu sogleich (2) und (3).

[334] Hierzu ausführlich *Raiser*, JZ 1962, 462 ff.; *E. Wolf*, Der Normzweck, S. 8 f.; *Esser*, Schuldrecht I, 4. Aufl., S. 304. Einzelheiten zu der heutigen Form der genannten Zurechnungsgesichtspunkten sogleich (2) und (3).

[335] Anzumerken ist, daß die genannten Zurechnungserwägungen sämtlich die Zurechnung von Kausalverläufen und deren Schäden im *haftungsbegründenden* Bereich (= Bereich der rechtswidrigen Handlung und Rechtswidrigkeit) betreffen, siehe bereits vorstehend a) (3). Für den *haftungsausfüllenden* Bereich gilt unstreitig sowohl nach der Rechtsprechungsansicht als auch nach den in der Literatur vertretenen Ansichten das *Adäquanzprinzip* und vor allem ergänzend das *Schutzzweckprinzip* (Teil A, IV, 5 a) für die Haftungsbemessung.

[336] Vgl. BGHZ 79, 261 f. (263). Diese Entscheidung stellt ausdrücklich klar, daß das Adäquanzprinzip *nicht* preisgegeben wird, obwohl dieses nach der Grundsatzentscheidung BGHZ 3, 261, 267 so weit gefaßt ist, daß es als Prinzip einer Verantwortungsbereichsbemessung nicht mehr ohne weiteres in Frage kommt (siehe Teil A, IV, 2). Der Gedanke der genannten Entscheidung BGHZ 79, 261 ist aber der, daß der Rückgriff auf den alten, v.*Kries*'schen Adäquanzbegriff (Teil A, III, 4 (6)) *offengehalten* werden soll als zusammenfassender Oberbegriff für die sogleich (3) zu erörternden Wertungsgesichtspunkte.

fen sind. Diese erst kann entscheiden, ob der Schaden *zugerechnet* werden muß oder nicht.

(3) Folgende *Wertungsfragen* werden in diesem Kontext von der Rechtsprechung heute verwendet:

- (a) Lassen sich fallimmanente *Schranken* der Schadenszurechnung feststellen, welche aus einer spezifischen Betrachtung des jeweils vorliegenden Schadensverlaufs folgen[337]?
- (b) Besteht ein *Rechtswidrigkeitszusammenhang* innerhalb des Kausalverlaufs vom gewillkürten menschlichen Tun hin zum eingetretenen Schaden? Dies wird auch in der Weise ausgedrückt, daß nach einem „*inneren Zusammenhang*" zwischen Tun des Schädigers und atypischen Schaden gefragt wird[338].
- (c) Ist nach einer normativen Betrachtungsweise der Schaden Ausdruck des vom Täter geschaffenen Deliktsrisiko, oder ist der Schaden als eine Folge des allgemeinen Lebensrisikos anzusehen ist[339]?
- (d) Erfordert eine *normative* Betrachtung, welche über die gängigen Adäquanzformeln[340] hinausgeht, die Zurechnung eines in atypischer, wenn auch immer noch in adäquater Weise *verursachten* Schadens? Dies führt zur rechts*folgen*seitenorientierten Bezeichnung „normativer Schadensbegriff"[341].
- (e) Sind Einschränkungen des weiten, erfolgsbezogenen Rechtswidrigkeitsbegriffs, welche man seit langem schon durch den Gesichtspunkt der *Adäquanz* vorzunehmen sucht[342], durch die Feststellung eines allgemeinschadensersatzrechtlich *relevanten Zurechnungszusammenhangs* geboten[343]?
- (f) Fällt der Schaden in den *Schutzbereich* des Gesetzes, aus welchem der Kläger seinen Ersatzanspruch herleitet? Dieser Gesichtspunkt dürfte als

---

337 BGH VersR 1978, 183, 184.

338 BGH VersR 1976, 639.

339 BGHZ 27, 137; BGH NJW 1968, 2287; OLG Karlsruhe, VersR, 1966, 741. Zu diesem in der „Zurechnungsrechtsprechung" des BGH wichtigen Gesichtspunkt s. sogleich e) (4).

340 Siehe zu den verschiedenen Formeln Teil A, III, 4 c) einerseits sowie IV, 2 andererseits.

341 Beispiele hierzu bei *Staudinger-Schäfer*, Vorb. 107 vor § 823.

342 Siehe vorst. (2) Anm. 335 und BGHZ 79, 261.

343 BGHZ 74, 221 f. (225); *Staudinger-Schäfer*, Vorb. 86 vor § 823.

der derzeit zusammenfassende Wertungsgesichtspunkt bezeichnet werden[344].

- (g) Zusätzlich wird gelegentlich die Erwägung angestellt, ob der Schadenskausalzusammenhang durch einen eigenständigen Entschluß eines Dritten bzw. durch ein als *eigenständig* zu bewertendes kausalfremdes Ereignis unterbrochen worden ist, oder ob von einem einheitlichen Kausalzusammenhang auszugehen ist. Im letzteren Falle lediglich ist eine objektive Zurechnung des Schadens möglich[345].

- (h) Selten findet sich auch die Erwägung, ob ein *gesteigerter Gefahrenzustand* durch den schadensstiftenden Kausalverlauf für den Geschädigten geschaffen worden ist oder nicht. Nur bei Bejahung der Frage ist eine Zurechnung angebracht. Dieser Gesichtspunkt ist dem unter (c) genannten ähnlich. Er ist jedoch nicht, wie dort, auf die deliktische *Tatbestandsvoraussetzung*, sondern auf die deliktische Folgenseite (Schaden/Gefährdung)[346] zugeschnitten.

f) Kasuistik[347]

Was diese Zurechnungsgesichtspunkte tatsächlich bedeuten und wie es in den hier interessierenden Fällen zur effektiven Haftungsentscheidung kommt, zeigt in nachvollziehbarer Weise lediglich die Kasuistik der Rechtsprechung.

(1) Der erste hier zu nennende Fall ist der in abgewandelter Form schon erwähnte sog. „Unfallstaufall“[348]: Ein Kraftfahrer hatte auf einer Bundesstraße einen Unfall verschuldet. Hierdurch wurde die gesamte Fahrbahn blockiert. Es entstand ein kilometerlanger Stau. Die blockierten Fahrzeuge warteten nicht, bis die Unfallstelle geräumt war, sondern umfuhren rechts die Unfallstelle und beschädigten dabei den Seitengrünstreifen sowie private Zäune und Vorgärten.

---

344 BGHZ 12, 213; BGHZ 27, 137; BGHZ 57, 245 f. (254 m.w.N.); BGH NJW 1986, 2287; BGH NJW 1983, 232; weitere Beispiele bei *Staudinger-Schäfer*, Vorb. 86, 2. Absatz, vor § 823, sowie Vorb. 88.

345 BGHZ 58, 162, 164; OLG Düsseldorf, NJW 1955, 1031.

346 Ähnlich also auch dem Gesichtspunkt (d). Überhaupt ist festzustellen, daß alle gen. Wertungsgesichtspunkte im Grundsatz *ähnlich* sind und, wie erwähnt, eine Ergänzung des Schutzzweckprinzips darstellen.

347 Die im folgenden dargestellten Fälle sind nur zum Teil identisch mit den vorst. e) (3) zitierten Entscheidungsfällen, in welchen die *Zurechnungsfragen* u. *Zurechnungsgesichtspunkte* besonders deutlich formuliert sind. Nicht unbedingt sind die hier zugrundeliegenden *Sachverhalte* geeignete Beispielsfälle zur *Veranschaulichung* dieser Wertungsgesichtspunkte.

348 In der Variante der BGH-Entscheidung BGHZ 58, 162 (= NJW 1972, 904).

Eine adäquate *Kausalität* zwischen dem Verhalten der blockierten Kraftfahrzeugfahrer und den entstandenen Schäden wurde vom BGH, von seinem Standpunkt aus *zutreffenderweise*, bejaht. Es stellte sich sodann die Frage, ob diese von fremder Hand verursachten Schäden nun tatsächlich dem Erstverursacher[349] zuzurechnen seien. Die Frage lautete, ob der *Kausalzusammenhang*, welcher vom Erstverursacher ausgegangen war, durch das eigenständige und rechtswidrige Verhalten der nachfolgenden Kraftfahrzeugfahrer *unterbrochen* worden war. Der BGH verneinte dies mit der Argumentation, daß nach der allgemeinen Lebenserfahrung mit einem derartigen Verhalten von Kraftfahrzeugfahrer heute zu rechnen sei. Ein atypischer, völlig ungewöhnlicher Zusatzkausalverlauf sei *nicht* anzunehmen (BGH aaO S. 164). Sodann prüfte der BGH die Frage der Zurechnung unter dem Gesichtspunkt des *Schutzzwecks der Norm*. Die Frage lautete unter diesem Gesichtspunkt, ob gemäß dem Schutzzweckprinzip (des § 823 Abs. I BGB) sowie der allgemeinen Deliktsgrundsätze[350] hier eine Haftungseinschränkung zugunsten des Erstverursachers deswegen vorgenommen werden müsse, weil ein *rechtswidriges* Verhalten der blockierten Kraftfahrzeugfahrer vorlag. Dieses Verhalten hatte als erneut und *eigenständig rechtswidriges* mit dem Verhalten des Erstverursachers und der auf dessen Verhalten anzuwendenden Ersatznorm und Grundsätze nichts zu tun. Der BGH verneinte eine Haftungseinschränkung auch aus diesem Gesichtspunkt jedoch und zwar mit der Erwägung, daß alle *erfahrungsgemäß* und mit großer Wahrscheinlichkeit eintretenden *weiteren* Schäden auch noch im Schutzzweck der auf den Erstverursacher anzuwendenden Deliktsnorm (§ 823 I BGB) liegen (aaO S. 162, 163).

Jedoch fügte der BGH eine normativ-wertende Betrachtungsweise hinzu, welche zur *Verneinung* der Zurechnung der Schäden zur Haftung des Erstverursacherers führte. Der BGH bezeichnete den Unfall lediglich als *Anlaß* der öffentlichen und privaten Schäden; eigentliche *Ursache* der Schäden sei der Entschluß der nachfolgenden Kraftfahrzeugfahrer. Bei wertender Zurechnung seien *diese* zur Haftung heranzuziehen und nicht den Erstverursacher. Es gehöre nämlich zum *allgemeinen Lebensrisiko* (hier der Straßenanlieger), daß Verkehrsteilnehmer in derartigen Situationen rechtswidrige eigenmächtige

---

[349] Es wird von *diesem* und den folgenden Fällen [(2) bis (5)] nach dem Sachverhalt stets von einem Täter mit den üblichen Kenntnisen u. Fähigkeiten ausgegangen (BGH, aaO vorige Anm., S. 163). Dieser kennt insbesondere die gesamte *Tatsituation* und die Möglichkeiten schädigender Folgen für Dritte, welche aus dieser entspringen. Es geht daher *nur* um eine *objektive* Haftungswürdigkeitsprüfung (s. oben b).

[350] Vgl. Teil A, IV, 5 a) (5) und (6).

Entschlüsse vornehmen und sich schadensverursachend in bezug auf fremdes Eigentum verhalten [Wertungsgesichtspunkt (c)].

(2) Ähnlich verfuhr der BGH im sog. „Glatteisverfolgungsfall"[351]. Kraftfahrzeugfahrer K verursachte bei ersichtlichem Glatteis einen Unfall. Er versuchte, sich den strafrechtlichen Folgen zu entziehen und flüchtete mit seinem fast unbeschädigten Wagen. Ein völlig unbeteiligter Kraftfahrzeugfahrer (V) beobachte dies. Er verfolgte den K. Dabei verunglückte der V und verletzte sich. Die nun maßgebliche Frage war, ob A für diesen atypischen Kausalverlauf haftete und ob ihm der Schaden des V. zuzurechnen sei. Der BGH legte folgende Wertungsmaßstäbe an:

Zunächst bejahte er die adäquate *Verursachung* seitens des Kraftfahrzeugfahrers. Er kam sodann zu der Erwägung, daß erfahrungsgemäß in zunehmendem Maße auch völlig unbeteiligte Kraftfahrer „Polizei spielen" und für sich das *Recht* einer vorläufigen Festnahme gemäß § 127 Abs. 1 StPO in Anspruch nehmen. Dabei handele es sich aber immerhin um ein formal *jedermann* zustehendes *Recht*. Ein relevanter innerer *Zurechnungszusammenhang* liege wegen dieses Umstandes vor [Wertungsgesichtspunkt (e)]. Eine *Unterbrechung* des *Kausalverlaufs* sei trotz eigenständigen Entschlußes des D hingegen nicht anzunehmen. Grund für diese Wertung sei die *Berechtigung* des Verfolgers zu seinem Verfolgungs- und Festnahmeverhalten [Wertungsgesichtspunkt (g)]. Weiterhin führte der BGH aus, es hänge vom Verhältnis der Höhe des von K angerichteten und vom Verfolger erkennbaren Erstunfallschadens zur Höhe des erkennbaren Risikos für den Verfolger V ab (Glatteis!), ob noch behauptet werden könne, daß gerade K das objektive Risiko für die Unfallverletzung des Verfolgers gesetzt habe oder nicht (aaO S. 1363)[352].

(3) Im tatsächlichen Sachverhalt *ähnlich* liegt der „Polizeiverfolgungsfall"[353], bei dessen Entscheidung jedoch andere *Wertungs*aspekte verwendet worden sind. Kraftfahrer K fuhr nachts auf einer belebten Straße mit seinem PKW ohne ordnungsgemäße Rückbeleuchtung. Eine Kfz-Polizeistreife bemerkte dies und gab dem K das Zeichen zum Anhalten. K flüchtete. Das Streifenfahrzeug verfolgte ihn und schloß dicht auf. Um das Polizeifahrzeug abzuschütteln, bog K mit einer Geschwindigkeit von 80 bis 100 kmh in eine scharfe Linkskurve ein. Das Polizeifahrzeug durchfuhr in Fortsetzung der

---

[351] BGH NJW 1964, 1363.

[352] Dies ist der oben e), (3), (a) genannte Wertungsgesichtspunkt einer Festlegung der *Schranken* einer angemessenen Schadenszurechnung.

[353] BGH JZ 1967, 639.

Verfolgung mit derselben Geschwindigkeit diese Linkskurve und verunglückte dabei. Beide Polizeibeamte wurden verletzt.

Der BGH bejahte zunächst die adäquate *Verursachung* der Verletzungen der Polizeibeamten. Dies genügte ihm jedoch *nicht*. Der BGH fuhr vielmehr fort, daß der Kraftfahrer K nach dem Haltegebot der Polizei zum Anhalten *verpflichtet* war (§ 36 StVO) und daß seine Flucht *rechtswidrig* gewesen war. Dies war es auch deshalb, weil der Verstoß gegen § 17 StVO nach wie vor fortbestand (Kfz-Nichtbeleuchtung). Nach der Lebenserfahrung war daher unbedingt mit einer Verfolgung durch das Polizeistreifenfahrzeug zu rechnen. Aus diesem Grund lag nach Ansicht des BGH *keine Unterbrechung* des *Kausalverlaufs*, d.h. keine Ingangsetzung eines neuen Kausalverlaufs durch das Aufnehmen der Verfolgung seitens der Polizeibeamten vor. Die Verfolgung war eine selbstverständliche Folge des rechtswidrigen Verhaltens des K und eben *kein* eigenständiger, kausalfremder Entschluß der Beamten [Wertungsgesichtspunkte (g)]. Das Verhalten des K war *kausal* im *Rechtssinn* für Verfolgung und Schaden.

Diesem Wertungsgesichtspunkt fügte der BGH *zusammenfassend* den Gedanken hinzu, daß der Unfallschaden der Polizei im *Schutzbereich* des § 36 StVO (i.V.m. § 823 BGB) liege. Der maßgebende Gedanke ist folgender: Wenn ein Haltegebot der Polizei nicht befolgt wird und als selbstverständliche Folge hiervon eine polizeiliche Zwangsmaßnahme wie z.B. eine Verfolgung, vorgenommen wird, so ist diese und sämtliche hieraus folgenden eventuellen Schäden für die verfolgenden Polizeibeamten als im Regelungsbereich des Schadensersatzrechts unter dem Gesichtspunkt des § 36 StVO liegend anzusehen [Wertungsgesichtspunkte (f)].

Aus beiden genannten Gesichtspunkten wurde der Schaden zugerechnet und eine Haftung des K bejaht.

(4) Von besonderer Art ist das Verhältnis von atypischem Schadenssachverhalt einerseits und entscheidungserheblichen Wertungen andererseits im „Schwarzfahrerverfolgungsfall“[354]: Ein Bundesbahnbeamter entdeckte Schwarzfahrer S (§ 265a StGB) und verlangte dessen Ausweispapiere sowie das Fahrgeld einschließlich der Strafgebühr. Daraufhin flüchtete der Schwarzfahrer und lief eine steile Bahnhofstreppe hinunter. Der Beamte verfolgte ihn sofort und bald in sehr dichtem Abstand. Ohne ersichtlichen Grund fiel S auf der Treppe hin. Der Beamte stürzte über ihn, fiel weiter die Treppe hinunter

[354] BGHZ 57, 25.

und zog sich einen Oberschenkelhalsbruch zu. Diesen *Kausalverlauf* wertete der BGH in der Weise, daß zunächst rein routinemäßig die adäquate *Verursachung* bejaht wurde (aaO S. 28) und daß sodann festgestellt wurde, daß das Schadensereignis *unabhängig* vom Gesichtspunkt der Adäquanz *auch zuzurechnen* und *auch* im *Rechtssinne* kausal sei. Dies folge aus *normativen* Gesichtspunkten. Maßgeblich sei das rechtswidrige Verhalten des S sowie das öffentliche Interesse an einer ordnungsgemäßen Befolgung der Vorschriften über die Abwicklung des Eisenbahnverkehrs[355] [Wertungsgesichtspunkt (d)]. Der BGH fügte den weiteren Gedanken hinzu, daß ein *gesteigerter Gefahrenzustand* [Wertungsgesichtspunkt (h)] für den Beamten geschaffen worden sei, welcher über die normale Gefahr einer Verfolgung eines Schwarzfahrers hinausging. Damit liege der Schaden auch *innerhalb* eines vom Schädiger S zu verantwortenden *Kausalprozesses* und falle aus diesem *nicht* als völlig ungewöhnlich und kausalfremd heraus[356].

(5) Ähnlich wie Fall (4) liegt im Tatsächlichen der sog. „Herausforderungsfall“[357], welcher jedoch im Wertungsbereich vom BGH wiederum völlig anders behandelt wurde: Ein Polizeibeamter wollte den Jugendlichen J zwecks Vollstreckung eines Jugendzuchtmittels in dessen elterlichen Haus festnehmen. J ging zunächst mit Erlaubnis des Beamten zur Toilette. Er sprang dort sofort aus dem Toilettenfenster, um sich der Festnahme und dem Jugendzuchtmittel zu entziehen. Der Beamte hörte, was geschah, brach in die Toilette ein und sprang hinter J her. Dabei verletzte er sich. Die Wertung des BGH sah hier folgendermaßen aus. Der Schaden des Beamten war von J *verursacht* und der Schaden lag (noch) *innerhalb* einer vom Schädiger J zu *verantwortenden Kausalkette*: Der Beamte durfte sich nach Ansicht des BGH (aaO. S. 192) zur Verfolgung des Jugendlichen *herausgefordert* fühlen, denn dessen Verhalten war offenbar rechtswidrig. J war mit einem Jugendarrest belegt worden. Er *mußte* daher zum Zwecke dessen Verbüßung dem Polizeibeamten folgen. Dieser nahm eine rechtmäßige Festnahmehandlung im Rahmen des nun laufenden Vollstreckungsvorganges gemäß § 457 StPO vor. Diesen rechtmäßigen Vorgang vereitelte J.

---

[355] Verordnung über das Eisenbahnwesen (Eisenbahnverkehrsordnung (EVO) vom 8.9.1938 (BGBl. III, 934-1).

[356] In diesem Zusammenhang nannte der BGH die Beschaffenheit der steilen Treppe sowie das offenbar ungeschickte Verhalten des S (gesteigerter Gefahrenzustand), welches überhaupt erst zu dem Unfall des Beamten geführt hat [wie erwähnt Wertungsgesichtspunkt (h)].

[357] BGHZ 63, 189.

Hierbei entstand in einer für die allgemeine *Lebenserfahrung vorhersehbaren* Weise der Schaden des Beamten. Ein *innerer Zusammenhang* zwischen dem rechtswidrigen Verhalten des J und dem Schaden des Beamten wurde vom BGH daher bejaht (aaO S. 195f.) und es wurde infolgedessen der Schaden in den Bereich einer von J zu verantwortenden Kausalkette verwiesen [Wertungsgesichtspunkt g)]. Der Schaden wurde dem Jugendlichen aus diesem im Verhältnis zu den vorgenannten Fällen sehr einfachen Gesichtspunkt zugerechnet.

g) Zusammenfassung und Bewertung

(1) Es fällt auf, daß im Tatsächlichen völlig gleich gelagerte Fälle stets nach ganz verschiedene Wertungsgesichtspunkten[358] beurteilt werden, und zwar dies zum Zweck der Feststellung der *wertend ermittelten Zurechenbarkeit*[359] der vom Täter *verursachten* Schäden. Dies ist dann gleichzeitig die Festlegung dessen effektiven Haftungsbereichs (= *Rechtswidrigkeitsbereich*). Sie folgt nicht dem *Rechtswidrigkeitsbegriff*, sondern je nach Sachverhalt ganz verschiedenen *Rechtswidrigkeitszusatzwertungen* [e (3)].

(2) Rechtstechnisch gesehen hat *dieses* gesonderte Zurechnungsverfahren nun *nicht* die Qualität einer besonderen Tatbestandsebene der deliktischen Grundnorm des § 823 Abs. 1 BGB[360], obwohl auf den ersten Blick der abgeschlossene Katalog der *Zurechnungswertungsgesichtspunkte* [e (3)] wie auch die Kasuistik hierzu (f) durchaus so aussehen. Man hat den Eindruck, als ob ein besonderes *Tatbestandsmerkmal* der „Zurechenbarkeit" geschaffen worden wäre und als ob der Tatbestand der deliktischen Grundnorm nunmehr die folgende Gestalt hatte:

- *Handlung* des Schadensverursachers[361]
- *Rechtswidrigkeit* dieser Handlung[362]

---

358 Und zwar ausschließlich aus der Auswahl solcher Wertungszurechnungsgesichtspunkte aus dem Katalog oben e) (3).

359 Dieser Ausdruck taucht immer wieder auf vgl. hierzu vorst. f) sowie sogleich (2).

360 Es gehört zwar in den *Rechtswidrigkeitsbereich* jedoch nicht in den Rechtswidrigkeits*begriff* selbst als dessen Bestandteil, vgl. vorstehend d).

361 Gleichbedeutung mit *Kausalität* im adäquaten Sinne, siehe oben Teil A, IV, 2.

362 Nach h.M. (Teil A, III, 1) erfolgsbezogen verstanden, d.h. ebenfalls auf eine adäquate Verursachung des Schadens hinauslaufend, jedoch nunmehr nach erfolgter Feststellung, daß kein Rechtfertigungsgrund vorliegt.

- *objektive Zurechenbarkeit* des Schadens[363]
- *Verschulden* des Verursachers.

Dies entspricht offensichtlich nicht der Vorschrift des § 823 Abs. 1 BGB.

Als Tatbestandsebene für die begriffliche Lokalisierung der Prüfung einer *Zurechenbarkeit* aller vom Täter *verursachten* aber atypischen Schäden (f) kommt, da der *Rechtswidrigkeitsbegriff* vom BGH in dogmatisierter Form festgehalten wird *und* da der Verschuldensbegriff in den vorliegenden Fällen keine Rolle spielt[364] - nur die *unterste* Ebene des Tatbestandsaufbaus des § 823 Abs. I BGB, d.h. die *Handlungsebene* in Betracht. Diese besteht nämlich aus der adäquat *kausalen* Herbeiführung des Schadenserfolgs, einer, wie erwähnt[365], sehr dehnbaren Begriffsbildung, die offenbar auch die hier anstehenden Wertungsfragen noch unterbringen kann.

Die Zurechnungsfrage kann rechtstechnisch gesehen damit offenbar und *zunächst betrachtet nur* in Form von *Kausalitätserwägungen* gestellt werden.

Tatsächlich[366] lautet denn auch die Frage des BGH ausdrücklich oder der Sache nach in den Beispielsfällen (f) stets, ob die *Verursachungs*kette so beschaffen war, daß ihr rechtsgutsrelevantes Ende (Schaden) tatsächlich vom Verursacher zu verantworten ist oder ob es aus dieser Kette als zu ungewöhnlich und atypisch herausfällt[367]. Diese Frage wird beantwortet nach objektiv wertenden Gesichtspunkten einer pragmatisch verantwortungsbereichsbezogenen Betrachtungsweise.

Dies ist ersichtlich die Einbeziehung von *Wertungsgesichtspunkten* in den Bereich von *Kausalitätserwägungen* und es ist damit eine Vermischung von „imputatio facti“ und „imputatio iuris“[368]. Dies ist, wie dargelegt[369] ein dogmatischer *Fehler*.

---

[363] Dies entspricht genau der Situation beim „enteignungsgleichen Eingriff“, welcher eine besondere „Schadenszurechnung“ nach Feststellung der *rechtswidrigen* Schadens*verursachung* gemäß dem Begriff der „Unmittelbarkeit“ vorsieht: Vgl. oben I, 2 c) und d).

[364] Vorstehend a) und b).

[365] Vgl. als genaue Parallele die Situation beim Rechtsinstitut des enteignungsgleichen Eingriffs oben I, 2 g) und h).

[366] Vgl. die Kasuistik f) insbesondere Fall (2) und (3).

[367] Die Situation entspricht wiederum der beim Rechtsinstitut des „enteignungsgleichen Eingriffs“, (siehe I, 2 d) folgende.

[368] Oben I, 2 g) und h).

[369] I, 2 g) (1) und (2).

h) Die Konsequenzen

Die Konsequenz dieses Fehlers ist die, daß vordergründig die Kausalität des schädigenden Tuns für den in atypischer Weise eingetretenen Schaden geprüft wird, welche als solche ohnehin keinem Zweifel unterliegen kann, um in diesem Rahmen sodann an mehr oder weniger zufälliger Stelle und in fast zufallsgelenkter Weise die genannten Zurechnungswertungen (e) vorzunehmen. Diese sind damit zwar *nicht* verdeckt im Sinne der obigen Ausführungen (I, 2) zum Rechtsinstitut des „enteignungsgleichen Eingriffs", jedoch werden sie in rechtstechnisch falschem Rahmen angestellt.

Diese Vorgehensweise führt notwendig zu begrifflich *unklaren* Wertungen sowie als Folge hiervon zu einer unklaren Linie in der Kasuistik. Bei deren vorstehender Darstellung (f) ist dies zum Ausdruck gekommen.

Die Entscheidungs*ergebnisse* sind zwar in der Regel angemessen, jedoch auch dies nicht immer[370]. Hinzukommt, daß als Folge der wertungsbegrifflich uneinheitlichen Kasuistik des BGH für die Landgerichte und Oberlandesgerichte Schwierigkeiten bestehen, den jeweils „richtigen" Wertungsgesichtspunkt für den jeweils zu beurteilenden Kausalverlauf auszuwählen. Infolgedessen sind in diesem Bereich revisionssichere Urteile kaum zustande zu bringen.

Ferner ist es für den *Rechtsverkehr* schwierig, in Fällen atypischer Kausalverläufe vorauszusehen, ob von der Rechtsprechung, insbesondere von der Revisionsinstanz [oben b)] gerade *dieser* atypische Schaden noch als im Verantwortungsbereich des Verursachers liegend und als *kausal* im Rechtssinne angesehen wird oder nicht.

---

[370] Z.B. nicht im sog. „Sprungfall", BGH NJW 1976, 568:

Ein Jugendlicher sollte zwecks Verbüßung eines Jugendarrestes von dem Polizeibeamten B festgenommen werden. Der Jugendliche floh, sprang aus einem Fenster, welches sich 4 Meter über dem Boden befand, blieb unverletzt und flüchtete. Der Beamte sprang hinterher und verletzte sich dabei.

Nach der Zurechnungswertung des BGH brauchte der Jugendliche nicht damit zu rechnen, daß der Polizeibeamte unter den gegebenen Umständen ebenfalls aus einem 4 Meter über dem Boden befindlichen Fenster sprang, um einen flüchtigen *Jugendlichen* zum Zwecke der Verbüßung eines *Jugendarrestes* festzunehmen [vgl. Wertungsgesichtspunkt (d) oben e)]. Es liege kein von J geschaffener Deliktsrisikobereich bei normativer Betrachtungsweise vor, sondern es handele sich um einen eigenständigen, allein dem Beamten wegen des für ihn unabsehbaren Risikos zurechenbaren Entschluß.

Diese Wertung ist als unrichtig zu bezeichnen: Der Beamte *mußte* den Jugendlichen festnehmen (§ 457 StPO) um die Vollstreckung einzuleiten. Zudem war der Beamte lediglich 31 Jahre alt und trainiert, sodaß ein derartiger Sprung (Fallschirmspringer üben aus der gleichen Höhe) keineswegs ungewöhnlich und unverantwortlich war. Der Beamte durfte sich die Verfolgung also zutrauen und der Jugendliche mußte wegen seines rechtswidrigen Handelns mit einer Verfolgung rechnen. Die Entscheidung des BGH ist deshalb auch durchweg auf Kritik gestoßen (ausführlich hierzu *Händel,* NJW 1976, 1204).

i) Konsequenzen für den verantwortungsbezogenen Rechtswidrigkeitsbegriff

Damit ist wiederum[371] folgender Gedanke der einzige Ausweg. *Alles*, was objektiv[372] eine stringente Wiedergutmachungspflicht begründet, ist *rechtswidrig*[373]. Speziell ist alles das, was in *verantwortlicher* Weise rechtsgutsschädigend verursacht worden ist, *rechtswidrig*[374]. Damit sind sämtliche *objektiven Wertungsgesichtspunkte* [vorstehend e)], welche die Verantwortlichkeit eines Verursachers für seinen Schaden festlegen, in den Bereich des *Rechtswidrigkeitsbegriffs* verlagert. Dies aber ist der „verantwortungsbezogene Rechtswidrigkeitsbegriff".

j) Die Rolle des verantwortungsbezogenen Rechtswidrigkeitsbegriffs

Damit übernimmt der verantwortungsbezogene Rechtswidrigkeitsbegriff mit seiner *spezifisch* verantwortungsbereichsbezogenen Leistungsfähigkeit[375] die wertende Haftungszurechnung auch und gerade in Fällen atypischerweise verursachter Schäden. Die bisher nach den Wertungsgesichtspunkten des Zurechnungskatalogs oben e) (3) vorgenommene schadensrechtliche Sonderzurechnung ist *überflüssig*.

Die Folge ist, daß eine klar umrissene *Verantwortungsbereichsbestimung*[376] gewährleistet ist und daß diese *klare* Haftungsentscheidungen ermöglicht.

---

[371] Siehe die Parallelsituation beim Rechtsinstitut des „enteignungsgleichen Eingriff", I, 2 h).

[372] Ohne Verschuldensgesichtspunkte, siehe vorstehend a) und b).

[373] Dogmatisch begründet in Teil A, V, 3 b) c).

[374] Zu dieser speziellen Variante vgl. Teil A, V, 3 d) (4), (b).

[375] Teil A, V, 3 d) und e).

[376] Vgl. den Katalog der Gesichtspunkte, welcher den Verantwortungsbereich nach der Schutzzweckprinzip genau festlegt, oben Teil A,IV, 5 a). Diese Gesichtspunkte sind stichwortartig aufgezählt:
- Wertungen der Rechtsordnung;
- Wertungen des grundgesetzlichen Wertsystems;
- spezielle Wertungen der den Streitfall betreffenden Gesetze;
- die Verkehrsanschauung der jeweils maßgeblichen Verkehrskreise;
- normative Gesichtspunkte welche den Bereich des allgemeinen Lebensrisikos von dem des vom Schädiger geschaffenen Individualrisikos bzw. Deliktsrisikos abgrenzen.

IV. Der verantwortungsbezogene Rechtswidrigkeitsbegriff im zivilrechtlichen Defensivgüterschutzrecht

1. Überblick über die Problematik

a) Allgemeines

Die defensivgüterschutzrechtlichen Vorschriften des § 227 Abs. 1, erste Alternative (Notwehr) sowie des § 227 Abs. 2 zweite Alternative (Nothilfe) setzen die „*Rechtswidrigkeit*" eines Angriffs auf *Rechtsgüter* oder *absolut geschützte Rechte* i.S. des *§ 823 Abs. 1* BGB voraus. Dabei bewegt man sich im Bereich eines „Rechtswidrigkeits"begriffs, welcher *nicht* tatbestandlich *vorprogrammiert* ist auf eine bestimmte Rechtswidrigkeitsauffassung, insbesondere die normwidrigkeitsorientierte[377]. Man befindet sich damit ersichtlich im ingenuine Bereich des Rechtswidrigkeitsstreits.

Die Vorschrift des § 229 BGB setzt *Rechtswidrigkeit* einer drohenden Vereitelung oder Erschwerung der Durchsetzung eines Rechtsanspruchs voraus. Dieser besteht in der Praxis meistens[378] in Form eines *Schadensersatzanspruches* nach vorausgegangener rechtswidrigen *Deliktshandlung* (§ 823 Abs. 1)[379].

Schadensersatzansprüche aus *Vertragsverletzungen* spielen *keine* erhebliche Rolle im Rahmen des § 229. In Fällen dieser Art ist fast immer die Möglichkeit rechtzeitiger obrigkeitlicher Hilfe in Form einer einstweiligen Verfügung oder eines Arrestes gegeben[380].

Denn nach Vertragsschluß eingetretene Zahlungsschwierigkeiten oder Beweisschwierigkeiten begründen keine Selbsthilfebefugnis nach § 229 BGB[381].

---

[377] Siehe oben Teil A, II, 2 a), hier auch die Aufzählung der Bereiche eines *vorprogrammierten* (normwidrigkeitsorientierten) Rechtswidrigkeitsbegriffs.

[378] Siehe aber sogleich (2).

[379] *Beispiel*: A nimmt dem Eigentümer (E) eine Kiste mit Weinflaschen weg. E will seinen Anspruch auf Rückgabe geltend machen. A erfährt dies und schickt sich an, die Flaschen mit seinen Kameraden umgehend auszutrinken. E hat ein Selbsthilferecht, da eine einstweilige Verfügung keinen Erfolg mehr verspräche.

[380] Ganz selten ist dies nicht der Fall, *Beispiel*: ein Schuldner hat in einem Arrestverfahren glaubhaft gemacht, daß er an seinem Wohnort bleibt und sich um Erfüllung der Vertragspflichten bemüht. In der nächsten Nacht versucht er mit seinem gesamten, nicht sehr großen, Vermögen zu verschwinden. Hier ist eine rechtswidrige Vereitelung eines *Vertrags*anspruchs, welche ein Selbsthilferecht auslöst, gegeben.

[381] *Palandt-Heinrichs*, Kommentar zum BGB, 50. Aufl. 1991, § 229 Anm. 2.

Fluchtversuche des Schuldners sowie Versuche, sein Vermögen beiseite zu schaffen und so die Erfüllung eines Vertragsanspruchs zu verhindern, begründen ebenfalls kein Selbsthilferecht nach § 229 BGB; in diesen Fällen ist stets die Möglichkeit eines persönlichen oder dinglichen Arrestes gegeben (§§ 917, 918 ZPO)[382].

Dieser Ausschluß von *vertraglichen* Ersatzansprüchen aus dem Bereich des Defensivrechts des § 229 ist deshalb von Bedeutung, weil bei diesen tatbestandlich vorprogrammiert der normwidrigkeitsorientierte Rechtswidrigkeitsbegriff (siehe oben III, 2 b) eingreift. Der Rechtswidrigkeitsstreit ist hier also ohne Bedeutung.

Damit läßt sich feststellen, daß das Defensivschutzrecht gem. § 227, 229 BGB ein prädestinierter Normbereich für den Rechtswidrigkeitsstreit ist.

b) Der Unterlassungsanspruch gemäß § 1004 BGB

Die Vorschrift des § 1004 BGB setzt die *Rechtswidrigkeit* einer Eigentumsbeeinträchtigung oder einer drohenden Eigentumsbeeinträchtigung voraus[383]. Dasselbe gilt für Beeinträchtigungen von Grunddienstbarkeiten (§ 1027 BGB), Nießbräuchen (§ 1065 BGB) sowie von anderen absolut geschützten Rechten.

Zwar gewährt § 1004 BGB keine eigentliche, direkte Selbsthilfebefugnis oder Verteidigungsbefugnis. Jedoch wird der Unterlassungsanspruch gem. § 1004 in aller Regel in Verbindung mit einer einstweiligen Verfügung gem. § 935 ZPO geltend gemacht. Dies führt sodann in Fällen glaubhaft gemachter Ansprüche zu einer *sofortigen* Beseitigung der rechtswidrigen Rechtsgutbeeinträchtigung[384], und dies rechtfertigt die Gleichstellung mit den Befugnissen, welche sich aus §§ 227 und 229 BGB ergeben.

---

[382] Siehe zu den seltenen Ausnahmen Anm. 379.

[383] H. M. *Palandt-Bassenge*, § 1004, Anm. 2 a), ee); BGH, NJW 1976, 416 m.w.N.

[384] In der Praxis meistens sogar durch Vollziehung seitens des Antragstellers der einstweiligen Verfügung selbst unter lediglich formeller Assistenz des Gerichtsvollziehers; *Beispiel*: Ein Baukolonnenführer läßt einen Stapel Stahlbaumatten der Einfachheit halber auf dem Nachbargrundstück, welches direkt an das Baugrundstück angrenzt, lagern. Aufgrund einer ordnungsgemäß beantragten einstweiligen Verfügung beim Landgericht können diese Matten innerhalb eines Tages entfernt werden und zwar mit einem vom Antragsteller engagierten Bauunternehmer mit lediglich formeller Assistenz des Gerichtsvollziehers.

2. Der erfolgsbezogene Rechtswidrigkeitsbegriff im Defensivgüterschutzrecht

Der Begriff der *Rechtswidrigkeit* wird in den genannten Vorschriften im Sinne der Lehre vom Erfolgsunrecht aufgefaßt[385]. Dies bedeutet, daß der *Erfolg* „rechtswidrig" sein muß, d.h. Güterzuweisungsvorschriften (insbes. § 903 BGB[386]) widersprechen muß[387]. Die Handlung, welche zur Rechtsgutsbeeinträchtigung geführt hat, muß *nicht* normwidrig gewesen sein.

3. Die dogmatische Begründung des erfolgsbezogenen Rechtswidrigkeitsbegriffs im Defensivgüterschutzrecht

a) Begründungen seitens des Normgebers (Bürgerliches Gesetzbuch)

Daß der *erfolgsbezogene* Rechtswidrigkeitsbegriff im defensiven Güterschutzrecht des BGB zur Anwendung kommt, ist nicht zufällig. Diese Auffassung liegt dem Güterschutzkonzept, auch dem Defensivgüterschutzrecht des BGB zugrunde:

- In Fällen bereits *eingetretener* adäquater[388] Rechtsgutsverletzungen ist nach dem System des BGB eine *erfolgsbezogen* aufgefaßte *Rechtswidrigkeit* Voraussetzung in Bezug auf jeden repressiven Rechtsschutz in Form von Ersatzansprüchen gemäß § 823 Abs. 1 BGB; *nur* der beeinträchtigende Erfolg muß in diesen Fällen mißbilligenswert gewesen sein, also den Regelungsgehalten der §§ 903 (1018, 1060 etc. = *ausschließlich Güterzuweisung*) widersprochen haben. *Nicht* muß die Handlung normwidrig gewesen sein[389].

- Bei adäquaten, aber erst *drohenden* Rechtsgutsverletzungen greift nach Auffassung des BGB dann eindeutig ebenfalls der erfolgsbezogene Rechtswidrigkeitsbegriff als Voraussetzung eines nunmehr *präventiven* Güterschutzes in Form von Defensivbefugnissen ein[390]:

---

385 Ganz herrschende Meinung, für den Bereich des § 1004 BGB ausdrücklich festgestellt durch die Entscheidung BGH, NJW 1976, 416, sowie BGH, WPM 71, 278.
Hierzu *Baur*, AcP 160, 465.

386 Vgl. aber auch die den anderen absoluten Rechten des § 823 Abs. 1 entsprechende Güterzuweisungsvorschriften, z.B. § 1018 BGB (Grunddienstbarkeit), § 1030 BGB (Nießbrauch), § 4 Urheberrechtsschutzgesetz.

387 Hierzu Einzelheiten schon in Teil A, II, 2 b) (1) (Folgenbeseitigungsanspruch).

388 Vgl. Teil A, IV, 2.

389 Ausführlich hierzu oben III, 1 b) sowie die Motive zum BGB, Band I, Seite 726 ff.

390 Motive zum BGB Band I Seite 349, 350.

Die Defensivgüterschutzbefugnisse sind lediglich der zeitlich und schadenskausalverlauforientiert gesehen *vorverlagerte* Sanktionsbefehl des *Nichtgeschehendürfens* von Rechtsgutsverletzungen der genannten Art unter *Voraussetzung desselben* Prinzips der adäquaten Erfolgsbezogenheit dieser Sanktionsvorschrift wie im repressiven Güterschutzrecht.

Daß der vorverlagerte Sanktionsbefehl eine eigenmächtige Defensivbefugnis verleiht und der repressive Sanktionsbefehl lediglich einen gerichtlich durchzusetzenden Ersatzanspruch verschafft, bedeutet keinen Unterschied in der Auffassung der *Rechtswidrigkeits*voraussetzung beider Sanktionsbereiche[391].

b) Praktische Begründung des erfolgsbezogenen Rechtswidrigkeitsbegriffs

Daß seitens des Bürgerlichen Gesetzbuchs der *erfolgsbezogene* Rechtswidrigkeitsbegriff im Defensivgüterschutzrecht zugrunde gelegt wird, ist besonders einleuchtend für Fälle von *Notwehr* und *Nothilfe*. Das hier geltende Prinzip ist folgendes. Ein Defensivschutz besteht gegen alle „rechtswidrigen" Angriffe auf die Integrität von *Rechts*gütern (= ausschließlich Güterzuweisungen, oben a), und zwar in Form von *eigenmächtigen Abwehrbefugnissen* gegen den Angreifer, und dies prinzipiell ohne jegliche[392] Güterabwägung. *Alles* zur Abwehr erforderliche ist statthaft. Der *Schutz* der Integrität bestehender, nicht gerade für Angriffe eingesetzter *Rechtsgüter* (= ausschließlich Güterzuweisungen, oben a) geht vor, und zwar gleichgültig, ob der Angreifer normwidrig gehandelt hat oder nicht.

Denn auch wenn der Angreifer *nicht* normwidrig handelt, hat er im Augenblick des Verteidigungsakts spätestens Kenntnis[393] davon, daß er in fremde Rechtsgüter einzugreifen im Begriff ist[394]. Sein Handeln *wird* damit norm-

---

[391] Ganz herrschende Meinung; sogar Autoren, welche im Bereich des repressiven Güterschutzes das Prinzip des Handlungsunrechts zugrunde legen, fordern im Bereich des *§ 227* BGB den erfolgsbezogenen Rechtswidrigkeitsbegriffs wegen des absoluten Vorrangs der Integrität bestehender Rechtsgüter. Dieser Vorrang verlangt, daß bei jedem drohenden, beeinträchtigenden (Güterzuweisungsvorschriften widersprechenden) *Erfolg*, welcher ohne Rechtfertigungsgrund adäquat von Menschenhand ausgeht, eine Abwehrbefugnis gegeben sein muß („das Recht muß dem Unrecht nicht weichen").

Diese Argumentation findet sich insbesondere bei *Deutsch* (Fahrlässigkeit und erforderliche Sorgfalt. Eine privatrechtliche Untersuchung, Köln, 1963, S. 90, und 258).

[392] Zu den ganz seltenen Ausnahmen vgl. *Palandt-Heinrichs*, § 227 Anm. 3 c) bb)

[393] Oder muß diese doch haben, vgl. *Palandt-Heinrichs* § 227 Anm. 3 b).

[394] *Beispiel*: Nagelfall, Teil A Anm. 70, 73: der Handwerker bemerkt *rechtzeitig*, daß er ohne Gebotsverstoß (ohne Verstoß gegen die für ihn maßgeblichen Verhaltensstandards) mit dem Hammer nicht ordnungsgemäß zu treffen im Begriff ist und die Täfelung zu beschädigen droht. In *diesem*

widrig. Denn der drohende Schaden ist nunmehr für ihn voraussehbar und vermeidbar[395]. Damit liegt im entscheidenden Moment ein Verstoß gegen verkehrsanschauungsmäßige Verhaltensstandards vor.

Ex ante betrachtet bedeutet dies aber, daß *auch zunächst* betrachtet *nicht gebotswidrige* d.h. *noch* nicht als normwidrig beurteilbare Angriffshandlungen befugnisauslösend im Sinne des § 227 BGB sein müssen.

Dies bedeutet an sich schon an dieser Stelle der Argumentation, daß der *normwidrigkeitsbezogene* verhaltensstandardsbezogene Rechtswidrigkeitsbegriff für den Bereich des defensiven Güterschutzrechts nicht geeignet ist.

c) Der erfolgsbezogene und der verantwortungsbezogene Rechtswidrigkeitsbegriff

Damit, so sollte man meinen, kommt nur noch die Alternative: zwischen erfolgsbezogener Rechtswidrigkeitsbegriff einerseits und verantwortungsbezogener Rechtswidrigkeitsbegriff mit dessen Erfolgsbezogenheit unter Einbeziehung des Verantwortungsbereichsgedankens[396] andererseits in Frage. Diese ausschließliche Alternative zwischen erfolgsbezogenen Rechtswidrigkeitsbegriff und verantwortungsbereichsbezogene Rechtswidrigkeitsbegriff besteht tatsächlich jedoch *nicht*.

4. Die Rolle des handlungsbezogenen Rechtswidrigkeitsbegriffs im Defensivgüterschutzrecht

Der handlungsbezogene Rechtswidrigkeitsbegriff drängt sich trotz der soeben dargelegten Argumentation in bezug auf seine Ungeeignetheit im Defensivgüterschutzrecht (3, b) in dieses, und zwar mit der Behauptung, nicht nur im repressiven Ersatzrecht der richtige Rechtswidrigkeitsbegriff zu sein[397], sondern auch in das Defensivgüterschutzrecht zu passen.

Moment liegt nunmehr eine *Normwidrigkeit* der Verhaltensweise des Handwerkers vor, wenn er nicht augenblicklich seine Tätigkeit beendet.

[395] Zu den sehr seltenen Ausnahmen, in welchem der „Angreifer" bei Beginn des Angriffs keine Kenntnis von einer drohenden Rechtsgutsverletzung in bezug auf Dritte hat oder haben muß, vgl. *Münzberg* (Verhalten und Erfolg als Grundlage von Rechtswidrigkeit und Haftung, 1966, S. 347/348). Diese Fälle können als praktisch unbedeutend außer Betracht bleiben.

[396] Vgl. hierzu Teil B, III, 1 e).

[397] Teil A, II, 1 sowie III, 2 und 4.

a) Begründungsversuche der handlungsbezogenen Rechtswidrigkeitslehre

(1) Es werden von der handlungsbezogenen Unrechtslehre verschiedene Versuche angestellt, den normwidrigkeitsbezogenen Rechtswidrigkeitsbegriff so zu konturieren, daß im praktischen Ergebnis immer dann Abwehrbefugnisse bestehen, wenn dies nach der herrschenden erfolgsbezogenen Rechtswidrigkeitsauffassung auch der Fall ist.

Dies geschieht in folgender Weise:

Nicht wird der normwidrigkeitsbezogene Rechtswidrigkeitsbegriff im Defensivgüterschutzrecht als *verhaltensstandardsbezogen* verstanden, wie selbstverständlicherweise im Deliktsrecht[398], sondern es wird der Rechtswidrigkeitsbegriff, an sich völlig überraschenderweise, am Prinzip des sog. objektiven „*Könnens*“ orientiert[399].

Speziell für den normwidrigkeitsbezogene Rechtswidrigkeitsbegriff im Defensivgüterschutzrecht soll dies bedeuten[400]:

Der Pflichtenmaßstab im Rechtswidrigkeitsbegriff wird *nicht* nach der verkehrsüblichen Sorgfalt bemessen (Verhaltensstandards), sondern nach den absolut höchsten Maßstäben dessen, was an Vorhersehbarkeit und Vermeidbarkeit im Bezug auf angegriffene Rechtsgüter denkbar ist, festgelegt.

Es wird damit ein Angreifer mit einer *Pflichtenfähigkeit* vorausgesetzt, welcher *alles* im Angriffsvorgang maßgebliche erkennt oder erkennen kann, nämlich

- die Angriffshandlung, Angriffsrichtung, Angriffsintensität
- die Rechtsgüter des dritten, den Umfang dieser Rechtsgüter sowie deren Gefährdungsanfälligkeit,
- die Gefährdungstatsache im einzelnen und auf den Tatfall bezogen

---

[398] Siehe ausführlich Teil A, III, 4 a) (*Nagelfall*) sowie BGHZ 24, 21 (26); der BGH setzt selbstverständlicherweise Fahrlässigkeit und Rechtswidrigkeit gleich und zwar im Sinne jeweils von Verhaltensstandardsverletzungen (aaO S. 26/27).

[399] So vor allem von *Münzberg*, Verhalten und Erfolg als Grundlage von Rechtswidrigkeit und Haftung, 1966, S. 191 ff.: von *Münzberg* wird zunächst theoretisch das sog. „objektive Können“ in Anlehnung an den philosophischen Begriff der „objektiven Möglichkeit“ dargelegt, und zwar im Sinne jeden irgend möglichen „Könnens“, welches nur bei logischer Ausgeschlossenheit des betreffenden Vorgangs und Erfolgs *oder* bei dessen absoluter, praktischer Unbeherrschbarkeit verneint wird. Einzelheiten sogleich im Text.

[400] *Münzberg* (aaO Anm. 398) Seite 348 ff. (349).

- und schließlich den Übergang zur drohenden *Verletzung* im Grade ihrer Unmittelbarkeit.

Diese abstrakte „Pflichtenfähigkeit“ sei der maßgebliche *Pflichtenmaßstab* (Verhaltensstandard) im Defensivgüterschutzrecht in Bezug auf den *hier* vorauszusetzende Rechtswidrigkeitsbegriff.

(2) Jeder Verstoß gegen *diesen* Pflichtenmaßstab („objektive Pflichtwidrigkeit“) sei rechtswidrig; praktisch ist damit eine Angriffshandlung nach dieser Ansicht *immer* rechtswidrig, außer, wenn sich der Angriff von der Warte des Angreifers gesehen als reiner *Zufall* oder als völlig *unbeherrschbarer Kausalverlauf* darstellt [Beispiele sogleich b) (3)].

b) Gegenargumente vom Standpunkt der herrschenden Lehre sowie des verantwortungsbezogenen Rechtswidrigkeitsbegriffs

(1) Dieser überdehnte „*Pflichtenfähigkeitsbegriff*“ und damit „*Pflichtwidrigkeitsbegriff*“ ist als unrealistisch zu bezeichnen. Er statuiert keinen Verhaltensstandard, welcher praktizierbar ist und dessen Verletzung nachgeprüft werden kann.

Er führt zudem zu einer weiteren, merkwürdigen Begriffsbildung, nämlich der des „*objektiv* richtigen Verhaltens“ eines „Angreifers“, welches im Defensivgüterschutzrecht erst eine Rechtswidrigkeit ausschließen soll und damit die Abwehrbefugnis des Angegriffenen eleminieren soll[401].

Verhaltensrichtigkeit kann aber nie objektiv und absolut bestimmt werden, sondern dieser Begriff kann stets nur sozialbezogen, und das heißt *verhaltensstandardsbezogen* festgelegt werden.

(2) Vor allem ist die Unterscheidung zwischen

- „objektiver Richtigkeit des Verhaltens“ im Defensivgüterschutzrecht als Rechtswidrigkeitsvoraussetzung einerseits und
- der verkehrsanschauungsmäßig festgelegten Verhaltensstandardsverletzung im *Deliktsrecht* als Rechtswidrigkeitsvoraussetzung andererseits

unvertretbar.

---

[401] So *Münzberg*, aaO, S. 350 mit Beispielen (S. 356).

Wie dargelegt (3, a) sind Notwehr, Nothilfe und der Unterlassungsanspruch gemäß § 1004 in Verbindung mit § 935 ZPO ein *vorverlegter* Sanktionsbefehl nämlich der Befehl des Nichtgeschehendürfens von Rechtsgutsverletzungen (§ 249 in Verbindung mit § 823 Abs. 1 BGB). In diesem güterschutzrechtlich einheitlich zu beurteilenden Prozeß von

- präventiven, eigenmächtigen Rechtsgüterschutz (§ 227 BGB),
- gerichtlichem, präventivem Rechtsgüterschutz (§ 1004 BGB, § 935 ZPO),
- repressivem Rechtsgüterschutz (§ 823 Abs. 1 BGB)

ist die Verwendung des *gleichen* Rechtswidrigkeitsbegriffs als Voraussetzung dieses gestaffelten Güterschutzes *zwingend*.

Die genannte Begriffsbildung eines gesonderten Rechtswidrigkeitsbegriffs im Defensivgüterschutzrecht des „Verstoßes gegen eine objektive Richtigkeit des Verhaltens" führt daher zu folgender *Begriffsvermischung*.

Das Prinzip des Verstoßes gegen das sog. „objektive Können"[402], d.h. das Prinzip des *Verstoßes* gegen das sog. „*objektiv richtige Verhalten*" (Rechtswidrigkeitsbegriff im Defensivgüterschutzrecht nach der neuen Lehre in der Auffassung von *Münzberg*) ist fast genau gleichbedeutend mit der adäquaterfolgsbezogener Rechtswidrigkeit der h.L.[403]:

Nur Zufälle und absolut unbeherrschbare Ereignisse schließen eine Adäquanz aus[404] und fallen aus dem Rechtswidrigkeitsbegriff heraus.

Damit ist *Münzberg* im Bereich des Defensivgüterschutzrechts im Ergebnis bei einem Rechtswidrigkeitsbegriff, welcher genau dem der herrschenden Lehre entspricht.

(3) *Münzberg* sieht diesen Umstand[405]. Er sucht sich aus der hieraus für ihn folgenden Unzuträglichkeit wie folgt zu lösen[406]: Der Begriff der „Rechtswi-

---

[402] Das ist die sog. „abstrakte Pflichtenfähigkeit", oben 4, a).

[403] BGHZ 3, 261, vgl. hierzu Teil A, IV, 2 und IV, 5 a).

[404] Siehe zur Adäquanzauffassung des BGH insbesondere oben Teil A, IV 2. Der einzige Unterschied zur *Münzberg*'schen Formel des *Verstoßes* gegen das „*objektiv richtige Verhalten*" ist der, daß bei *dessen* Zugrundelegeung *alle* „objektiv unbeherrschbaren Ereignisse", die sich äußerlich, von der Warte des „Angegriffenen" gesehen, als „Angriffe" darstellen, aus diesem Verstoßbegriff und damit der Defensivbefugnis eindeutig herausfallen (oben 3 a) am Ende), während ein solches Herausfallen aus dem Adäquanzbegriff bei der ambivalenten Auffassung dieses Prinzips durch die Rechtsprechung keineswegs ganz eindeutig ist (Teil A, IV, 2).

[405] Diese Argumentation *Münzberg*'s wird hier deshalb so ausführlich behandelt, weil *Münzberg* als der dogmatisch gründlichste Protagonist der handlungsbezogenen Rechtswidrigkeitslehre gilt.

drigkeit“ spielt nach der nunmehrigen Argumentation *Münzbergs* keine Rolle mehr (aaO S. 357). Maßgeblich ist nach dieser Argumentation vielmehr nur noch der Begriff des *„Angriffs“* als Voraussetzung einer Defensivbefugnis: „Angriff“ im Sinne des Defensivgüterschutzrechts ist nach *Münzberg* eine „zweckgerichtete Bewegung in der Richtung auf das Angegriffene“ (*Münzberg* aaO S. 355 letzter Absatz). Was dies bedeuten soll, ist zunächst nicht klar. Die folgenden Ausführungen (aaO S. 355 / 356) lassen völlig offen, was gemeint ist. Man kann das Gemeinte lediglich anhand folgenden *Beispiels* ermitteln[407].

Kraftfahrer K fährt ordnungsgemäß auf der rechten Seite der Autobahn mit mäßiger Geschwindigkeit. Auf der Gegenfahrbahn geraten zwei zufällig nebeneinander fahrende Wagen aneinander. Beim Zusammenprall löst sich ein Reifen und wird dem erstgenannten Fahrzeug in die Windschutzscheibe geschleudert. Der getroffene Fahrer verliert die Herrschaft über den Wagen und gerät ins Schleudern. Dadurch droht ein neben ihm fahrender PkW gerammt zu werden. Der getroffene Fahrer K hat nicht mehr die Hände am Steuer und keinerlei Gewalt mehr über das Fahrzeug.

Münzberg stellt die Frage, ob dies noch ein „Angriff“ seitens des K ist[408].

Dieses Beispiel zielt auf eine Fallkonstellation, in welcher der „Angreifer“ völlig „ahnungslos“ (*Münzberg*, aaO S. 357) im Bezug auf die Angriffsituation ist, in welcher er also nichts von den Umständen, die diese Situation ausmachen kennt oder kennen kann sowie nichts von sich aus in Bezug auf den „Angriffsablauf“ „beherrschen“ kann.

Diese Konstellation zielt damit genau auf eine *Ausnahme* vom Katalog [4 a) (1)] der sog. *„objektiven Pflichtenfähigkeit“*, also der Fähigkeit des von *Münzberg* vorausgesetzten objektivierten Angreifers, welcher

- *alles* in Bezug auf die Angriffshandlung, Angriffsrichtung, Angriffsintensität kennt oder kennen kann,
- *alles* in Bezug auf die Rechtsgüter des Dritten, insbes. deren Gefährdungsanfälligkeit kennt oder kennen kann,
- die Gefährdungstatsache im einzelnen kennt bzw. kennen kann und maßgeblich *beeinflussen* kann,

[406] *Münzberg*, aaO S. 355, 356 und 357.

[407] *Münzberg*, aaO S. 356/357; der Fall ist gebildet anhand einer tatsächlichen Begebenheit, welche seinerzeit in der Presse dargestellt wurde.

[408] Er verneint sie an späterer Stelle (aaO S. 357).

- und schließlich den *Übergang* zur bedrohenden Rechtsguts*verletzung* im Grade ihrer Unmittelbarkeit erkennt oder erkennen kann und maßgeblich *beeinflussen* kann.

Damit fällt also K's objektive Verhaltensmöglichkeit und damit sein objektives Verhalten in der konkreten *Beispiels*situation aus dem „objektiven Pflichtenfähigkeitsbereich" [4 a) (1)] heraus *und damit* aus dem Bereich der *„objektiven Pflichtwidrigkeit"* [4 a) (2)] und also auch aus dem des *Verstoßes* gegen das *objektiv richtige Verhalten* [4, b) (2)].

Es handelt sich um einen *Zufall*, bzw. einen völlig unbeherrschbarer Kausalverlauf im obigen Sinne [4 a) (2) und b)]. Dies ist nach der vorstehend (3) dargelegten Argumentation dann kein „Angriff" im Sinne des zivilrechtlichen Defensivgüterschutzrechtes mehr (*Münzberg* aaO S. 357/358).

Diese Argumentation wird von den Vertretern der neuen verbotsorientierten Rechtswidrigkeitslehre (insbes. *Münzberg* aaO S. 359) *auch* für den Bereich des § 229 in Bezug auf „Angriffe" auf bestehende Ansprüche aus § 823 Abs. 1 BGB i.V.m. § 249 BGB angewendet (oben 1, a).

(4) Das *Ergebnis* dieser Argumentation, daß nämlich in Fällen eines eindeutig als unbeherrschbar anzusehenden Kausalverlaufs *kein* „Angriff" mehr vorliegt und damit *keine* Befugnis gemäß § 227 mehr gegeben ist, folgt allerdings längst aus der Heraufschraubung des Rechtswidrigkeitsmaßstabs auf das Niveau des sog. *„objektiven Könnens"* (Katalog 4 a) (1)).

Diese komplizierte Argumentation über den Umweg des Begriffs des „Angriffs" im Rahmen des § 227 nach der *Münzberg*'schen Konzeption ist auch deshalb unnötig, weil im wesentlichen[409] dasselbe Ergebnis viel einfacher aus der bekannten Begriffsbildung einer adäquaten *Verursachung* als Voraussetzung eines *rechtswidrigen Angriffs* im Sinne des § 227 BGB gefolgert werden kann.

Denn wenn ein *Zufall* bzw. ein *völlig unbeherrschbarer Kausalverlauf* vorliegt, welcher sich nur äußerlich betrachtet als „Angriff" auf das Rechtsgut eines Dritten darstellt, so ist dies keine adäquatkausale, *rechtswidrige* Angriffshandlung mehr. Es ist allerdings die Einschränkung zu beachten, daß dieses Ergebnis bei der ambivalenten Adäquanzauffassung durch die Rechtsprechung in Bezug auf *unbeherrschbare Kausalverläufe* nicht ganz eindeutig ist.

---

[409] Siehe oben 4 b) (2) Anm. 403 sowie hier auch zu den Abweichungen der Adäquanzargumentation von der *Münzberg*'schen Argumentation.

c) Weitere Begründungsversuche der handlungsbezogenen Rechtswidrigkeitslehre

Angesichts der dargelegten Argumentationsweise seitens des dogmatischen Hauptvertreters der handlungsbezogenen Rechtswidrigkeitslehre sind die Versuche des stärker praxisbezogenen *v. Caemmerers* in bezug auf eine Entlassung des normwidrigkeitsbezogenen Rechtswidrigkeitsbegriffs in das zivilrechtliche Defensivgüterschutzrecht als folgerichtiger zu bezeichnen.

(1) *V. Caemmerer* geht davon aus, daß ein realistischer normwidrigkeitsorientierter *Rechtswidrigkeitsbegriff* genau wie im Deliktsrecht stets eine verkehrsanschauungsmäßig zu beurteilende *Verhaltensstandardspflichtverletzung* voraussetzt.

Liegt eine solche nicht vor, so scheidet eine *Rechtswidrigkeit* nach der normwidrigkeitsorientierten Rechtswidrigkeitslehre aus. Eine Rechtswidrigkeit scheidet also immer schon dann aus, wenn die verkehrsüblichen Verhaltensstandards (=verkehrserforderliche Sorgfalt) bei einem Angriffsvorgang eingehalten worden sind[410] und nicht erst dann, wenn das extensiv heraufgeschraubte Standardniveau des sog. objektiv richtigen Verhaltens, nach *Münzberg* des sog. „objektiven Könnens" [vorstehend a) (1)] bei einem Angriffsvorgang nicht mehr verletzt worden ist.

In den sehr häufigen, erstgenannten Fällen nun einer Einhaltung der heute relativ *gering* und *niedrig* (vgl. Teil A, Anm 70, 73) angesetzten verkehrsüblichen *Verhaltensstandards* scheidet *mit* der *Rechtswidrigkeit* stets auch eine *Notwehrbefugnis* gemäß § 227 BGB aus[411]. Dies ist nicht im Sinne des Gesetzgebers und entspricht *nicht* dem Zweck des Defensivgüterschutzrechts [oben 3 a) und b)].

V. Caemmerer zieht daher die *Rechtswidrigkeitslose* Vorschrift des § 228 BGB heran, um doch noch ein angemessenes Ergebnis in Fällen *nicht gebotsverstoßender* Angriffe zu erreichen. Mit dieser Vorschrift ist nämlich *auch* eine Abwehrbefugnis des Angegriffenen zu begründen. Jedoch greift sie erst nach Vornahme einer Güterabwägung, deren Ergebnis nicht zu ungunsten des gewaltsam Verteidigenden ausfallen darf und welche zudem verbunden ist mit einer eventuellen Ersatzpflicht (§ 228 Satz 2) des Verteidigenden.

---

[410] *V. Caemmerer*, FS zum 100jährigen Bestehen des DJT S. 127 f.

[411] *Beispiele* vgl. bei *v. Caemmerer* aaO Anm. 409, S. 53 ff.; als praktisches Beispiel ist ferner der oben genannte Handwerkerfall zu nennen (III, 4 a) Anm. 70, 73).

Diese Konstruktion ist wegen der gesetzlichen Zugrundelegung des erfolgsbezogenen Rechtswidrigkeitsbegriffs für die defensivgüterschutzrechtliche Vorschrift des § 227 BGB (vorstehend 2 und 3) und damit die absichtlich weite Fassung dieses Abwehrbereichs *ohne* jede Güterabwägung und *ohne* jede Schadensersatzpflicht abzulehnen.

(2) Schließlich nimmt *V. Caemmerer* eine ganz ähnliche Argumentation für den Bereich des § 1004 BGB vor, um diese Vorschrift mit der normwidrigkeitsorientierten Rechtswidrigkeitslehre zu vereinbaren[412]. Auch diese Argumentation ist abzulehnen.

5. Konsequenzen

a) Der Bereich der Defensivgüterschutzvorschriften der §§ 227 und 229 BGB

Wenn damit der normwidrigkeitsbezogene Rechtswidrigkeitsbegriff für die defensivgüterschutzrechtlichen Vorschriften nach bestehender Gesetzeslage nicht akzeptiert werden kann, so fragt sich, ob der adäquat-erfolgsbezogene Rechtswidrigkeitsbegriff in diesem Bereich wirklich der richtige ist. Dies ist deshalb zweifelhaft, weil nach der weiten und *dehnbaren* Fassung des Adäquanzbegriffs durch den BGH[413] nicht auszuschließen ist, daß objektiv völlig unbeherrschbare Kausalverläufe[414] doch in den Anwendungsbereich des Adäquanzbegriffs und damit des Defensivgüterschutzbereichs hereingezogen werden. Es ist aber unstreitig, daß dies angesichts der rigorosen, güterabwägungsunabhängigen *und* schadensersatzlosen *gewaltsamen* Defensivbefugnis der §§ 227 und 229 BGB *nicht* vertretbar wäre.

Es ist daher sicherer, den verantwortungsbezogenen Rechtswidrigkeitsbegriff im Defensivgüterschutzrecht zu verwenden.

Man erreicht damit

- daß in *jedem* Fall Zufälle *und* objektiv völlig *unbeherrschbare* Kausalverläufe, welche sich äußerlich als Angriffe gegen individuelle Rechtsgüter darstellen, aus dem Abwehrbefugnisbereich der §§ 227, 229 BGB ausscheiden,

---

412 AaO Anm. 409 S. 130 f.

413 Teil A, IV, 2 sowie auch IV, 5 a) (2).

414 *Beispiel*: vgl. den obigen „Kirschenfall“, Teil A, II, 2 a) (2) Anm. 42 sowie das *Beispiel* oben 4 b).

- sowie daß damit der Bereich der Defensivgüterschutzbefugnisse entsprechend der Verantwortungsbereichskomponente[415] des verantwortungsbezogenen Rechtswidrigkeitsbegriffs auch in den hier erörterten schwierigen Fällen genau festgelegt ist.

b) Der Bereich der defensivgüterschutzrechtlichen Bestimmung des § 1004 BGB

Die Vorschrift des § 1004 BGB ist nach ganz einhelliger Meinung ein *kupierter* Ersatzanspruch (§§ 823 BGB i.V.m. 249 BGB). Er setzt nämlich eine rechtswidrige Rechtsguts(eigentums)beeinträchtigung voraus, enthält jedoch *kein Verschuldenserfordernis.* Dafür verschafft er auch keinen Ersatzanspruch (Totalreparation), sondern nur einen Unterlassungsanspruch sowie, für die Praxis besonders wichtig[416], einen *Beseitigungsanspruch* bei bereits eingetretenen und fortwirkenden Beeinträchtigungen. Dieser ist auf Wiederherstellung des sog. status quo ante gerichtet.

Prinzipiell bewegt man sich damit von der hier maßgebenden Rechtsvoraussetzungsseite her betrachtet[417] im Bereich der schadensersatzrechltichen Generalvorschrift (§ 823 Abs. 1);

nach den Ausführungen über die schadensersatzrechtliche Rechtsprechung des BGH zu der Vorschrift des § 823 Abs. 1[418] ist nun aber von einem zu *weiten* Umfang des herrschenden adäquat-erfolgsbezogene Rechtswidrigkeitsbegriff auszugehen. Dies gilt auch angesichts der Tatsache, daß der BGH eben wegen dieses zu weiten Rechtswidrigkeitsumfangs eine wertend-zurechnungsorientierte *Haftungseinschränkung* vornimmt[419].

Der *verantwortungsbezogene Rechtswidrigkeitsbegriff* allein garantiert die richtige Haftungsreichweite sowohl im Bereich des § 823 Abs. 1[420] als *auch* im Bereich des *§ 1004 BGB.*

---

415 Vgl. zu diesem *genau* umrissenen Bereich die obigen Darlegungen Teil A, IV, 5 a) (5).

416 Siehe das *Beispiel* vorstehend 1 Anm. 383.

417 Der *Rechtswidrigkeitsbegriff* ist Tatbestandsmerkmal (= Anspruchsvoraussetzung) sowohl im Bereich des § 823 Abs. 1 BGB sowie in dem des § 1004 BGB.

418 Ausführlich III, 2 insbes. c) und d).

419 III, 2 e) und f).

420 III, 2 e) und j).

Schrifttumsverzeichnis

Aust/Jacobs: Die Enteignungsentschädigung, 2. Aufl. 1984.

Bachof, O.: Die verwaltungsgerichtliche Klage auf Vornahme einer Amtshandlung, 1. Aufl. 1951, 2. Aufl. 1968.

- Verfassungsrecht, Verwaltungsrecht, Verfahrensrecht in der Rechtsprechung des Bundesverwaltungsgerichts, Band I, 3.Aufl.1966, Band II 1967.

Bar, L. v.: Gesetz und Schuld im Strafrecht. Band 2: Die Schuld nach dem Strafgesetze. Berlin 1907.

Baumann, J.: Besprechung von Welzel, Fahrlässigkeit und Verkehrsdelikte (s.d.). JZ 1961, S. 429 f.

- Notwehr im Straßenverkehr? NJW 1961, S. 1745 ff.

- Die Rechtswidrigkeit der fahrlässigen Handlung (Bemerkungen zur Sozialadäquanz und zur Plenarentscheidung des BGH v. 4.3.1957). MDR 1957, S. 646 ff.

- Strafrecht, Allgemeiner Teil. Ein Lehrbuch. 2. Aufl., Bielefeld 1961.

Baur, F.: Lehrbuch des Sachenrechts. 2. Aufl. München/Berlin 1963.

Beling, E.: Die Lehre vom Verbrechen. Tübingen 1906.

Bender, B.: Staatshaftungsrecht, 2. Aufl. 1974, 3. Aufl. 1981.

Bettermann, K.A.: Anmerkung zum Beschluß des BGH GrZS v. 4.3.1957. NJW 1957, S. 986 f.

- Zur Lehre vom Folgenbeseitigungsanspruch, DÖV 1955, S. 528 f.

Binding, K.: Handbuch des Strafrechts. Band 1. Leipzig 1885.

- Die Normen und ihre Übertretung. Eine Untersuchung über die rechtmäßige Handlung und die Arten des Delikts. Band I: Normen und Strafgesetze. Leipzig 1872. Band II: Schuld und Vorsatz. Leipzig 1877.

Bode, F.: Zur Rechtswidrigkeit im Verkehrsrecht. DAR 1957, S. 173 ff.

Böhmer, E.: Die zivil- und strafrechtliche Rechtsprechung zum Verkehrsrecht. JZ 1960, S. 55 und JZ 1961, S. 739 f.

Boehmer, G.: Grundlagen der Bürgerlichen Rechtsordnung. Erstes Buch. Tübingen 1950.

Boennecke, W.: Schließt das verkehrsrichtige Verhalten des Verkehrsteilnehmers die Rechtswidrigkeit aus? NJW 1960, S. 1188 f.

Bötticher, E.: Zur Ausrichtung der Sanktion nach dem Schutzzweck der verletzten Privatrechtsnorm (Referat 1959), AcP 158 (1960), S. 385 ff.

Bondy, O.: Der Besitzrechtssatz. IhJ 77, S. 320 ff.

Bothe, J.: Enteignung, enteignungsgleicher Eingriff, Aufopferung, JuS 1976, S. 915 f.

Brauneck, A.E.: Der strafrechtliche Schuldbegriff. GA 1959, S. 261 ff.

Buri, H. v.: Über Causlität und deren Verantwortung. Leipzig 1873.

Caemmerer, E. v.: Bereicherung und unerlaubte Handlung. In: Festschrift für Ernst Rabel. Band I, Tübingen 1954, S. 333 ff.

- Das Problem des Kausalzusammenhangs im Privatrecht. Freiburger Universitätsreden. Freiburg im Breisgau 1956.

- Die absoluten Rechte in § 823 Abs. 1 BGB. Karlsruher Forum 1961, S. 19 ff. (Beiheft zu "Versicherungsrecht").

- Das deutsche Schuldrecht und die Rechtsvergleichung. Zum Tode von Ernst Rabel. NJW 1956, S. 569 ff.

- Wandlungen des Deliktsrechts. In: Hundert Jahre deutsches Rechtsleben. Festschrift zum hundertjährigen Bestehen des deutschen Juristentages. Band II, S. 45 ff. Karlsruhe 1960.

Claus, K.: Zur Bedeutung des § 7 StVG. NJW 1962, S. 1708 f.

- Zur Lehre vom sozialadäquaten Verhalten - Versuch einer Synthese - VersR 1963, S. 996 ff.

- Vom Rang der Normen, MDR 1961, S. 905 f.

Coing, H.: Bemerkungen zum Problem der sogenannten Willensfreiheit und ihrer rechtlichen Bedeutung im Lichte einiger neuerer philosophischer Lehren. In: Philosophie und Recht. Festschrift für Carl August Emge zum 70. Geburtstag, S. 3 ff. Wiesbaden 1960.

- Bemerkungen zum überkommenen Zivilrechtssystem. In: Festschrift für Hans Dölle ("Vom deutschen zum europäischen Recht"), S. 25 ff. Tübingen 1963.

- Das subjektive Recht und der Rechtsschutz der Persönlichkeit. Arbeiten zur Rechtsvergleichung. Band 5. S. 8 ff. = Zur Geschichte des Begriffs "subjektives Recht", in: Zur Geschichte des Privatrechtssystems, Frankfurt am Main 1962, S. 29 ff.

- Die obersten Grundsätze des Rechts. Ein Versuch zur Neubegründung des Naturrechts. Heidelberg 1947.

- Grundzüge der Rechtsphilosophie. Berlin 1950.

Deutsch, E.: Entwicklung und Entwicklungsfunktion der Deliktstatbestände. Ein Beitrag zur Abgrenzung der rechtsetzenden von der rechtsprechenden Gewalt im Zivilrecht. JZ 1963, S. 385 ff.

- Fahrlässigkeit und erforderliche Sorgfalt. Eine privatrechtliche Untersuchung. Köln 1963.

- Zurechnungsfähigkeit und Verschulden. Ein Beitrag zum Anwendungsbereich des § 829 BGB.

- Haftpflichtrecht, Band I, Allgemeine Lehren, 1976.

Drews/Wacke: Gefahrenabwehr, 9. Aufl. 1986.

Dunz, W.: Das verkehrsrichtige Verhalten - Bilanz eines Plenarbeschlusses -. NJW 1960, S. 507 ff.

- Abwägungskriterien bei der Schadensausgleichung. NJW 1964, S. 2133 ff.

Ehrenzweig, A.: System des österreichischen allgemeinen Privatrechts. Band II, Erste Hälfte: Das Recht der Schuldverhältnisse. 2. Aufl., Wien 1928.

Engisch, K.: Einführung in das juristische Denken. 8. Aufl. 1983.

- Die Einheit der Rechtsordnung. Heidelberg 1935 (Heidelberger rechtswissenschaftliche Abhandlungen. 20.).

- Die Idee der Konkretisierung in Recht und Rechtswissenschaft unserer Zeit. Heidelberg 1953.

- Die Kausalität als Merkmal der strafrechtlichen Tatbestände. Tübingen 1931.

- Der rechtsfreie Raum. Z.f.ges. Staatswissenschaften 108 (1952), S. 385 ff.

- Die normativen Tatbestandselemente im Strafrecht. In: Festschrift für Edmund Mezger, S. 127 ff. München/Berlin 1954.

- Der Unrechtstatbestand im Strafrecht. Eine kritische Betrachtung zum heutigen Stand der Lehre von der Rechtswidrigkeit im Strafrecht. In: Hundert Jahre deutsches Rechtsleben. Festschrift zum hundertjährigen Bestehen des deutschen Juristentages. Band I, S. 401 ff. Karlsruhe 1960.

Enneccerus-Lehmann: Recht der Schuldverhältnisse. Ein Lehrbuch von Ludwig Enneccerus. 15. Bearbeitung von Heinrich Lehmann, Tübingen 1958.

Enneccerus-Nipperdey: Allgemeiner Teil des Bürgerlichen Rechts. Ein Lehrbuch von Ludwig Enneccerus. 15., neubearbeitete Aufl. von Hans Carl Nipperdey. Zweiter Halbband: Entstehung, Untergang und Veränderung der Rechte. Ansprüche und Einreden. Ausübung und Sicherung der Rechte. Tübingen 1960.

Esser, J.: Die Eingriffshaftung als Eindringling im Haftpflichtrecht. Karlsruher Forum (Beiheft zu VersR) 1959, S. 39 ff.

- Die Entlastungsgründe. Karlsruher Forum (Beiheft zu VersR) 1959, S. 28 ff.

- Grundfragen der Reform des Schadenersatzrechts. AcP 148 (1943), S. 121 ff.

- Grundlagen und Entwicklung der Gefährdungshaftung. Beiträge zur Reform des Haftpflichtrechts und zu seiner Wiedereinordnung in den Gedanken des allgemeinen Privatrecht. München und Berlin 1941.

- Grundsatz und Norm in der richterlichen Fortbildung des Privatrechts. Tübingen 1956 (zweite, unveränderte Aufl. 1964).

- Handlung, Tatbestandsmäßigkeit, Rechtswidrigkeit, Verschulden. Karlsruher Forum (Beiheft zu VersR) 1959, S. 15 ff.

- Kausalitätsbegriff und Rechtswidrigkeitszusammenhang. Karlsruher Forum (Beiheft zu VersR) 1959, S. 20 ff.

- Schuldrecht, Allgemeiner und besonderer Teil. Ein Lehrbuch. 2. vollkommen neubearbeitete Aufl. 1960. Karlsruhe 1960.

- Die Zweispurigkeit unseres Haftpflichtrechts. JZ 1953, S. 129 ff.

Fikentscher, W.: Das Schuldrecht. Berlin 1965.

Flume, W.: Zur Problematik des verlängerten Eigentumsvorbehalts. NJW 1959, S. 913 ff.

- Rechtsgeschäft und Privatautonomie. In. Hundert Jahre Deutsches Rechtsleben. Festschrift zum hundertjährigen Bestehen des deutschen Juristentages. Band I, S. 135 ff. Karlsruhe 1960.

Forsthoff, E.: Lehrbuch des Verwaltungsrechts, 10. Aufl. 1975.

Frank, R.: Das Strafgesetzbuch für das Deutsche Reich nebst dem Einführungsgesetz, herausgegeben und erläutert von Reinhard Frank. 18. Aufl. Tübingen 1931.

Fukuda, T.: Vorsatz und Fahrlässigkeit als Unrechtselemente. Eine Studie zum personalen Unrecht. ZStW 71 (1959), S. 38 ff.

Gaertner, M.: Der gerichtliche Schutz gegen Besitzverlust nach römischem und neuerem deutschen Recht. Breslau 1901.

Gallas, W.: Pflichtenkollision als Schuldausschließungsgrund. In: Festschrift für Edmund Mezger, S. 311 ff. München/Berlin 1954.

- Zum gegenwärtigen Stand der Lehre vom Verbrechen. ZStW 67 (1955), S. 1 ff.

Geilen, G.: Einwilligung und ärztliche Aufklärungspflicht, Bielefeld 1963.

- Strafrechtliches Verschulden im Zivilrecht? JZ 1964, S. 6 ff.

Gierke, J. v.: Grundfragen der Reform des Schadensersatzrechts. Zeitschrift für das gesamte Handelsrecht und Konkursrecht. Band 108, Heft 2, S. 140 ff. (1941).

Goetz: Allgemeines Polizei- und Ordnungsrecht, 10. Aufl. 1991.

Goldschmidt, J.: Empfiehlt es sich, im Zusammenhang mit der kommenden Strafrechtsreform die Vorschriften des bürgerlichen Rechtes über Schuldfähigkeit, Schuld und Ausschluß der Rechtswidrigkeit zu ändern? Gutachten in: Verhandlungen des 34. deutschen Juristentages. Band II, S. 426 ff. Berlin/Leipzig 1926.

- Normativer Schuldbegriff. In: Festgabe für Reinhard Frank. Band I, S. 428 ff. Tübingen 1930.

Haase, W.: Anmerkung zum Beschluß des BGH GrZS v. 4.3.1957. NJW 1957, S. 1315.

Hafferburg, A.: Der Begriff der Fahrlässigkeit im Zivilrecht. NJW 1959, S. 1398.

Händel, K.: 2. Deutscher Verkehrsgerichtstag 1964. NJW 1964, S. 584 ff.

Hannak, K.: Die Verteilung der Schäden aus gefährlicher Kraft, Tübingen 1960.

Hardwig, W.: Die Gesinnungsmerkmale im Strafrecht. ZStW 68 (1956), S. 14 ff.

- Sachverhaltsirrtum und Pflichtirrtum. GA 1956, S. 369 ff.

- Studien zum Vollrauschtatbestand. In: Festschrift für Eberhard Schmidt zum 70. Geburtstag, S. 459 ff. Göttingen 1961.

- Personales Unrecht und Schuld. MonSchrKrim 44 (1961), S. 194 ff.

- Der Versuch bei untauglichem Subjekt. GA 1957, S. 170 ff.

- Die Zurechnung. Ein Zentralproblem des Strafrechts. Hamburg 1957.

Haueisen, F.: Folgenbeseitigung und Amtshaftung, DVBl, 1973 S. 739.

Hegel, G.W.F.: Grundlinien der Philosophie des Rechts, 1845, Neudruck im Suhrkamp Verlag 1970.

Heidenhain, L.: Amtshaftung und Entschädigung aus enteignungsgleichem Eingriff, 1965.

Heinitz, E.: Zur Entwicklung der Lehre von der materiellen Rechtswidrigkeit. In: Festschrift für Eberhard Schmidt zum 70. Geburtstag, S. 266 ff. Göttingen 1961.

Helle, E.: Die Rechtswidrigkeit der ehrenrührigen Behauptung. NJW 1961, S. 1896 ff.

Hirsch, H.J.: Die Lehre von den negativen Tatbestandsmerkmalen. Der Irrtum über einen Rechtfertigungsgrund. Bonn 1960.

Honig, R.: Kausalität und objektive Zurechnung. In: Festgabe für Reinhard Frank, Band I, S. 174 ff. Tübingen 1930.

Horn, H.R.: Untersuchungen zur Struktur der Rechtswidrigkeit. Berlin 1962.

Horn, N.: Der Ersatzpflichtige im zivilrechtlichen Notstand. JZ 1960, S. 350 ff.

Ihering, R. v.: Der Kampf ums Recht. Unveränderter fotomechanischer Nachdruck der 4. Aufl., Wien 1874. Wissenschaftliche Buchgesellschaft, Darmstadt 1963.

- Zweck im Recht. 5. Aufl. Leipzig 1916. (Zitiert nach den dort angegebenen Seitenzahlen der 3. Aufl.)

Jellinek, G.: System der subjektiven, öffentlichen Rechte, 1919.

- Allgemeine Staatslehre 3. Aufl.

Jescheck, H.H.: Der strafrechtliche Handlungsbegriff in dogmengeschichtlicher Entwicklung. In: Festschrift für Eberhard Schmidt zum 70. Geburtstag, S. 139 ff. Göttingen 1961.

Josef, E.: Erläuterungen zu den Besitzklagen des Bürgerlichen Gesetzbuches aus dem Preußischen Recht und der Preußischen Rechtsprechung. ArchBürgR 15 (1899), S. 265 ff.

Kadecka, F.: Willensstrafrecht und Verbrechensbegriff. ZStW 59 (1940), S. 1 ff.

Kaufmann, Armin: Die Dogmatik der Unterlassungsdelikte. Göttingen 1959.

- Lebendiges und Totes in Bindings Normentheorie. Göttingen 1954.

- Methodische Probleme der Gleichstellung des Unterlassens mit der Begehung. JuS 1961, S. 173 ff.

Kaufmann, Arthur: Tatbestand, Rechtfertigungsgründe und Irrtum. JZ 1956, S. 353 ff. und 393 ff.

- Das Unrechtsbewußtsein in der Schuldlehre des Strafrechts. Zugleich ein Leitfaden durch die moderne Schuldlehre. Mainz 1949.

Kaufmann, F.: Logik und Rechtswissenschaft. Grundriß eines Systems der reinen Rechtslehre. Tübingen 1922.

Kelsen, H.: Hauptprobleme der Staatsrechtslehre. Tübingen 1911.

Kern, E.: Grade der Rechtswidrigkeit. ZStW 64 (1952), S. 255 ff.

Keßler, R.: Die Einwilligung des Verletzten in ihrer strafrechtlichen Bedeutung. Berlin 1884.

Kessler, K.: Der enteignungsgleiche Eingriff in der Rechtsprechung des BGH, DRiZ 1967, 374.

Knemeyer, F.: Folgenbeseitigungsanspruch oder Anspruch auf polizeiliches Einschreiten, JuS 1988, S. 696 f.

Köckerbauer, H.: Rechtsgrundlagen und Haftungsumfang des Folgenbeseitigungsanspruch, JuS 1988, S. 782 f.

Köckerbauer/Büllesbach: Der Öffentlich-rechtliche Unterlassungsanspruch, JuS 1991, S. 373 f.

Kohlrausch-Lange: Strafgesetzbuch mit Erläuterungen und Nebengesetzen. 43. Aufl., bearbeitet von Richard Lange. Berlin 1961.

Kralik, W.: Besitz und Besitzschutz heute. Gutachten. Verhandlungen des zweiten Österreichischen Juristentages Bd. I Teil 1. Wien 1964.

Kraushaar, R.: Das Gewissen im Strafrecht und die Konsequenzen für die Begriffe der Rechtsnorm und der Rechtswidrigkeit sowie die Regelung des Verbotsirrtums. GA 1959, S. 325 ff.

- Die Rechtswidrigkeit in teleologischer Sicht. GA 1965, S. 1 ff.

Krauß, D.: Erfolgsunwert und Handlungsunwert im Unrecht. ZStW 76 (1964), S. 19 ff.

Kreft, F.: Aufopferung und Enteignung, 1968.

- System öffentlich-rechtlicher Ersatzleistungen, in: RGRK, 12. Aufl., Vorb. vor § 839.

Kries, v.: Über den Begriff der objectiven Möglichkeit und einige Anwendungen desselben. Vierteljahresschrift für wissenschaftliche Philosophie 12 (1888), S. 179 ff.

Krohn, H.: Enteignung und Enteignungsentschädigung - unter besonderer Berücksichtigung der Rechtsprechung des BGH, 1980.

Krohn/Löwisch: Eigentumsgarantie, Enteignung, Entschädigung, 3. Aufl. 1984.

Krüger-Nieland, S.: Das Problem der Rechtswidrigkeit bei Beeinträchtigungen der Persönlichkeit. Karlsruher Forum (Beiheft zu VersR) 1961, S. 15 ff.

Lange, H.: Zum Problem der überholenden Kausalität. AcP 152 (1952/53), S. 153 ff.

- Empfiehlt es sich, die Haftung für schuldhaft verursachte Schäden zu begrenzen? Kann für den Umfang der Schadensersatzpflicht auf die Schwere des Verschuldens und die Tragweite der verletzten Norm abgestellt werden? In: Verhandlungen des 43. Deutschen Juristentages, Band I, 1. München 1960.

Lange, R.: Der Strafgesetzgeber und die Schuldlehre. Zugleich ein Beitrag z. Unrechtsbegriff bei den Zuwiderhandlungen. JZ 1956, S. 73 ff.

Lang-Hinrichsen, D.: Zur Problematik der Lehre von Tatbestands und Verbotsirrtum. JR 1952, S. 184 ff., 303 ff., 356 ff.

Larenz, K.: Anmerkung zum Urteil des OLG München v. 21.3.1956. NJW 1956, S. 1719 f.

- Hegels Zurechnungslehre und der Begriff der objektiven Zurechnung. Ein Beitrag zur Rechtsphilosophie des kritischen Idealismus und zur Lehre von der "juristischen Kausalität". Leipzig 1927.

- Lehrbuch des Schuldrechts. I. Band. Allgemeiner Teil. 4. Aufl. München und Berlin 1987. II. Band. Besonderer Teil. 12. Aufl. München/Berlin 1981.

- Möglichkeiten einer Begrenzung der Haftung über Kausalität, Rechtswidrigkeit, Verschulden. Karlsruher Forum (Beiheft zu VersR) 1959, S. 10 ff.

- Rechtswidrigkeit und Handlungsbegriff im Zivilrecht. In: Vom deutschen und europäischen Recht. Festschrift für Hans Dölle, S. 169 ff. Tübingen 1963.

- Methodenlehre der Rechtswissenschaft. Berlin/Göttingen/Heidelberg 1960.

- Tatzurechnung und "Unterbrechung des Kausalzusammenhanges". NJW 1955, S. 1009 ff.

Lehmann, H.: Begrenzung der Rechtswidrigkeit unter vergleichender Berücksichtigung des schweizerischen Rechts. In: Recht und Wirtschaft. Festschrift für Justus Wilhelm Hedemann. Berlin 1958.

- s. Enneccerus-Lehmann.

- Die Unterlassungspflicht im Bürgerlichen Recht. München 1906.

Lent-Schwab: Sachenrecht. Ein Studienbuch von Friedrich Lent. Fortgeführt von Karl Heinz Schwab. 10. verb. Aufl. München/Berlin 1964.

Leonhard, F.: Fahrlässigkeit und Unfähigkeit. In: Festgaben für Ludwig Enneccerus, Marburg 1913.

Liermann, H.: Recht und Sittlichkeit. AöR 68 (1938), S. 178 ff.

Lindenmaier, F.: Adäquate Ursache und nächste Ursache. ZHR 113 (1950), S. 207 ff.

Lobe, A.: Der Einfluß des bürgerlichen Rechts auf das Strafrecht. In: Festgabe für Reinhard Frank, Band I. Tübingen 1930.

Löffler, A.: Unrecht und Notwehr. ZStW 21 (1901), S. 537 f.

Lorenz, W.: Rechtsvergleichendes zur Haftung des Warenherstellers und Lieferanten gegenüber Dritten. In: Festschrift zum 75. Geburtstag von Hermann Nottarp, S. 59 ff. Karlsruhe 1961.

- Fortschritte der Schuldrechtsdogmatik. Gedanken zum Erscheinen der 2. Aufl. von Josef Essers "Schuldrecht". JZ 1961, S. 431 ff.

Maihofer, W.: Der Handlungsbegriff im Verbrechenssystem. Tübingen 1953.

- Der soziale Handlungsbegriff. In: Festschrift für Eberhard Schmidt zum 70. Geburtstag, S. 156 ff. Göttingen 1961.

- Der Unrechtsvorwurf. Gedanken zu einer personalen Unrechtslehre. In: Festschrift für Theodor Rittler, S. 14 ff. Aalen 1957.

Martens, W.: Negatorischer Rechtsschutz im Öffentlichen Recht, 1973.

- Öffentlich-rechtliche Probleme des negatorischen Rechtsschutzes gegen Immissionen, in: Festschrift für Schack, 1966, S. 85 f.

Maunz/Dürig/Herzog: Kommentar zum GG, Band I, Art. 1, bearb.v. Dürig. Stand Januar 1976.

Maurach, R.: Adäquanz der Verursachung oder der Fahrlässigkeit? Gedanken zum Urteil des BGH vom 3.7.1959. GA 1960, S. 97 ff.

Maurer, E.: Allgemeines Verwaltungsrecht, 7. Aufl. 1990.

May, E.: Das verkehrsrichtige Verhalten als Rechtfertigungsgrund. NJW 1958, S. 1262 ff.

Meinig, G.: Der Begriff der Rechtswidrigkeit in der zivilrechtlichen Rechtsprechung des Reichsgerichts. Diss. Frankfurt am Main 1952/53.

Mergenthaler, F.: Das "verkehrsrichtige Verhalten". (Bemerkungen zu der Schrift von R. Wiethölter, Der Rechtfertigungsgrund des verkehrsrichtigen Verhaltens, 1960). JZ 1962, S. 53 ff.

Merkel, A.: Zur Lehre von den Grundeinteilungen des Unrechts und seiner Rechtsfolgen. Kriminalistische Abhandlungen. Band I. Gießen 1867.

Merkel, R.: Die Kollision rechtmäßiger Interessen und die Schadensersatzpflicht bei rechtmäßigen Handlungen. Straßburg 1895.

Mezger, E.: Anmerkung zum Beschluß des BGH vom 25.9.1957. JZ 1958, S. 280 ff.

- Die Handlung im Strafrecht. In: Festschrift für Theodor Rittler, S. 119 ff. Aalen 1957.

- Strafrecht. Ein Lehrbuch. 3. unveränderte Auflage mit einer Einleitung nach dem neuesten Stand. Berlin und München 1949. (1. Aufl.: München und Leipzig 1931).

- Strafrecht I. Allgemeiner Teil. Ein Studienbuch. 9., neubearbeitete Aufl. München und Berlin 1960.

- Die subjektiven Unrechtselemente. GS 89 (1924), S. 207 ff.

Michaelis, K.: Beiträge zur Gliederung und Weiterbildung des Schadensrechts. In: Festschrift für Heinrich Siber, Bd. II S. 319 ff. Leipzig 1943.

Motive zum BGB: Motive zu dem Entwurfe eines Bürgerlichen Gesetzbuches für das Deutsche Reich. Amtliche Ausgabe. 2. unveränderte Aufl. Berlin und Leipzig 1896.

Müller, M.L.: Die Bedeutung des Kausalzusammenhanges im Straf- und Schadenersatzrecht. Tübingen 1912.

Müller-Erzbach, R.: Gefährdungshaftung und Gefahrtragung. AcP 106 (1910), S. 309 ff.

Nagler, J.: Anhang im LK, 8. Aufl. 1957, S. 19 ff.

- Der Begriff der Rechtswidrigkeit. In: Festgabe für Reinhard Frank, Band I, S. 339 ff. Tübingen 1930.

- Der heutige Stand der Lehre von der Rechtswidrigkeit. In: Festschrift für Karl Binding, Band II, S. 273 ff. Leipzig 1911.

Nawiasky, H.: Allgemeine Rechtslehre als System der rechtlichen Grundbegriffe, 2. Aufl. Köln 1948.

Niese, W.: Finalität, Vorsatz und Fahrlässigkeit. In: Recht und Staat. Heft 156/157, S. 59 ff. Tübingen 1951.

Nipperdey, H.C.: s. Enneccerus-Nipperdey.

- Rechtswidrigkeit, Sozialadäquanz, Fahrlässigkeit, Schuld im Zivilrecht. NJW 1957, S. 1777 ff.

- Rechtswidrigkeit und Schuld im Zivilrecht. Karlsruher Forum (Beiheft zu VersR) 1959, S. 3 ff.

Nowakowski, F.: Freiheit, Schuld, Vergeltung. In: Festschrift für Theodor Rittler, S. 55 ff. Aalen 1957.

- Zur Lehre von der Rechtswidrigkeit. ZStW 63 (1951), S. 287 ff.

- Zu Welzels Lehre von der Fahrlässigkeit. JZ 1958, S. 335 ff. und 388 ff.

Obermayer, R.: Zur Rechtsstellung des Nachbarn im Baurecht und zum Folgenbeseitigungsanspruch, JuS 1963, S. 110 f.

Oehler, D.: Die erlaubte Gefahrsetzung und die Fährlässigkeit. In: Festschrift für Eberhard Schmidt zum 70. Geburtstag, S. 232 ff. Göttingen 1961.

- Der materielle Gehalt der strafrechtlichen Rechts und Pflichtnormen. In: Festschrift für Wilhelm Sauer, S. 262 ff. Berlin 1949.

- Der rechtswidrige Vorsatz. JR 1951, S. 65 ff.

- Das objektive Zweckmoment in der rechtswidrigen Handlung. Berlin 1959.

Oertmann, P.: Verschuldensfähigkeit. LZ 1924, Sp. 241 ff.

- Interesse und Begriff in der Rechtswissenschaft. Leipzig 1931.

Offtermatt, G.: Dinglicher Beseitigungsanspruch und Duldungsanspruch. Stuttgart 1937.

Olivet, P.: Die Haftungszurechnung beim Rechtsinstitut des enteignungsgleichen Eingriff, NVwZ 1986, 431 f.

- Straßenverkehrsrecht und Straßenverkehrsverhältnisse, Die Verwaltung, 1991, 211 f.

Ossenbühl, F.: Staatshaftungsrecht. 4. Aufl. 1991.

- Enteignungsgleicher Eingriff im Wandel, JuS 1988, 193.

- Der Anspruch wegen rechtswidriger Eigentumsverletzung, in: Festschrift für W. Geiger, 1989, S. 475.

- Die Struktur des Aufopferungsanspruchs. JuS 1970, S. 276 f.

Palandt, O.: Bürgerliches Gesetzbuch mit Gleichberechtigungsgesetz, Einführungsgesetz usw. bearbeitet von P. Bassenge, U. Diederichsen, W. Edenhofer, H. Heinrichs, A. Heldrich, H. Putzo, H. Thomas. 50. Aufl. München/Berlin 1991.

Papier, J.: Der enteignungsgleiche und enteignende Eingriff, Jura 1981, 65 f.

- Grundfälle zu Eigentum, Enteignung und enteignungsgleicher Eingriff, JuS 1989, 475 f.

- Öffentlich-rechtlicher Folgenbeseitigungsanspruch bei Nichterfüllung, DÖV 1972, S. 845 f. in: Münchner Kommentar zum BGB, 2. Aufl. 1986.

Peter, K.: Zur neueren Enteignungsrechtsprechung des BGH, JZ 1969, 549 f.

Pleyer, K.: Die Haftung des Eigentümers für Störungen aus seinem Eigentum. AcP 156 (1957), S. 291 ff.

Quade, H.: Der Rechtfertigungsgrund des verkehrsrichtigen Verhaltens. DRiZ 1957, S. 139 f.

Raape, L.: Anm. zum Urt. des RG vom 12.12.1927. JZ 1928, S. 497 f.

Rabel, E.: Das Recht des Warenkaufs. Eine rechtsvergleichende Darstellung. Band I. Berlin 1935 (unveränderter Neudruck 1957).

Radbruch, G.: Erfolgshaftung. In: Vergleichende Darstellung des deutschen und ausländischen Strafrechts. Vorarbeiten zur deutschen Strafrechtsreform. Berlin 1908 (Allgemeinr Teil, Band II, S. 227ff.).

- Der Handlungsbegriff in seiner Bedeutung für das Strafrechtssystem. Berlin 1903.

Rehberg, J.: Zur Lehre vom "Erlaubten Risiko". Zürcher Beiträge zur Rechtswissenschaft. Zürich 1962.

Reinecke, H.: Objektive Verantwortung im zivilen Deliktsrecht. Düsseldorf 1960.

Reinhardt, R.: Beiträge zum Neubau des Schadensersatzrechts. AcP 148 (1943), S. 147 ff.

- Das subjektive Recht in § 823 I BGB. JZ 1961, S. 713 ff.

- Die subjektiven Rechte in § 823 Abs. 1 BGB. Karlsruher Forum (Beiheft zu VersR) 1961, S. 3 ff.

RGRK BGB: Das Bürgerliche Gesetzbuch mit besonderer Berücksichtigung der Rechtsprechung des Reichsgerichts und des Bundesgerichtshofes. Kommentar, herausgegeben von Reichsgerichtsräten und Bundesrichtern. 12. Aufl. Berlin 1976, I. Band 2. Teil §§ 241-432 bearb.v. R.Alff und v.Ballhaus sowie R.Weber und II. Band 2. Teil §§ 812-831, bearb.v. W.Dunz, K. Nüßgens, G. Heimann-Trosien, und E. Steffen, Berlin 1989).

Richter, H.: Schuld im Zivilrecht. NJW 1958, S. 1171 f.

Rinck, G.: Gefährdungsahftung. Göttingen 1959.

Rother, W.: Haftungsbeschränkung im Schadensrecht. München/Berlin 1965.

Roxin, C.: Pflichtwidrigkeit und Erfolg bei fahrlässigen Delikten. ZStW 74 (1962), S. 411 ff.

- Für Kritik der finalen Handlungslehre, ZStW Bd. 74, S. 515 f.

Rüfner, M.: in: Erichsen/Mertens, Allg. Verwaltungsrecht, 8. Aufl. 1988, 9. Aufl. 1992.

Sauer, W.: Grundlagen des Strafrechts nebst Umriß einer Rechts- und Sozialphilosophie. Berlin/Leipzig 1921.

- Allgemeine Strafrechtslehre. Eine lehrbuchmäßige Darstellung. 3., völlig neue Aufl. der "Grundlagen". Berlin 1955.

- Kausalität und Rechtswidrigkeit der Unterlassung. In: Festgabe für Reinhard Frank, Band I, S. 202 ff. Tübingen 1930.

- Tatbestand, Unrecht, Irrtum und Beweis. ZStW 69 (1957), S. 1 ff.

- Die beiden Tatbestandsbegriffe. Zur Lehre von den äußeren Strafbarkeitsvoraussetzungen. In: Festschrift für Edmund Mezger, S. 117 ff. München/Berlin 1954.

Schack, F.: Der enteignungsgleiche Eingriff, JZ 1960, S. 625 f.

Schäfer-Bonk: Staatshaftungsgesetz, Kommentar, 1982.

Schaffstein, F.: Das Verbrechen als Pflichtverletzung (Grundfragen der neuen Rechtswissenschaft). Berlin 1935.

Scherzberg, R.: Die Subsidiarität des enteignungsgleichen Eingriffs, DVBl. 1991, S. 84 f.

Schmidhäuser, Eb.: Gesinnungsmerkmale im Strafrecht. Tübingen 1958.

Schmidt, Reiner: Der Folgeschaden - Überlegungen zu Schadensersatz und Versicherungsschutz. Karlsruher Forum (VersR) 1960, S. 13 ff.

Schmidt, Rudolf: Praktisch wichtige Auswirkungen der neuen Schuldtheorie im Zivilrecht. NJW 1958, S. 488 f.

- Der negatorische Beseitigungsanspruch. Stuttgart 1924.

Schmitt-Kammler, S.: Enteignungsentschädigung und staatliche Unrechtshaftung, in: Festschrift für E. Wolf 1985, S. 595.

Schoch, A.: Die Haftungsinstitute des enteignungsgleichen Eingriff und enteignenden Eingriffs. System des Staatshaftungsrecht, Jura 1989, S. 529 f.

Schollmeyer, F.: Das Recht der Notwehr nach dem Bürgerlichen Gesetzbuch für das Deutsche Reich. Festrede. Würzburg 1899.

Schrey, R.: Der Gegenstand der Einwilligung des Verletzten. Strafrechtliche Abhandlungen. Heft 248. Breslau 1928.

Schröder, H.: Aufbau und Grenzen des Vorsatzbegriffs. In: Festschrift für Wilhelm Sauer, S. 207 ff. Berlin 1949.

Schulz, F.: System der Rechte auf den Eingriffserwerb. AcP 105 (1909), S. 1 ff.

Sommerfeld, B.: Ist Notwehr zur Verteidigung sämtlicher Rechtsgüter zulässig? Diss. Kiel 1934.

Spendel, G.: Conditio-sine-qua-non-Gedanke und Fahrlässigkeitsdelikt (BGHSt 11,1). JuS 1964, S. 14 ff.

- Die Kausalitätsformel der Bedingungstheorie für die Handlungsdelikte - Eine kritische Untersuchung der Conditio-sine-qua-non-Formel im Strafrecht. Diss. Heidelberg. Herborn 1948.

- Zur Notwendigkeit des Objektivismus im Strafrecht. ZStW 65 (1953), S. 519 ff.

- Zur Unterscheidung von Tun und Unterlassen. In: Festschrift für Eberhard Schmidt zum 70. Geburtstag, S. 183 ff. Göttingen 1961.

Staudinger, J.: Staudingers Kommentar zum Bürgerlichen Gesetzbuch mit Einführungsgesetz und Nebengesetzen. 12. neubearbeitete Aufl. Berlin 1979 ff.

Staudinger-Löwisch: 12. Aufl. München, Berlin und Leipzig 1979: Band II, 1 Schuldrecht, Allg. Teil.

Staudinger-Schäfer: 12. Aufl. 1986: Band II, 2. Schuldrecht, Besonderer Teil.

Steinberg, R: Aufopferung, Enteignung, Staatshaftung, 1991.

Stern/Sachs: Das Staatsrecht der Bundesrepublik Deutschland Band III/1, 1988.

Stoedter, R.: Die öffentlich-rechtliche Entschädigung, 1933.

Stoll, H.: Das Handeln auf eigene Gefahr. Eine rechtsvergleichende Untersuchung. Berlin/Tübingen 1961.

- Zum Rechtfertigungsgrund des verkehrsrichtigen Verhaltens. JZ 1958, S. 137 ff.

- Unrechtstypen bei Verletzung absoluter Rechte. AcP 162 (1963), S. 203 ff.

Stratenwerth, G.: Prinzipien der Rechtfertigung. ZStW 68 (1956), S. 41 ff.

Stuth, S.: Staatshaftung oder Entschädigung? 1990.

Thon, A.: Der Normenadressat. Eine Untersuchung zur allgemeinen Rechtslehre. IhJ 50 (1960), S. 1 ff.

- Rechtsnorm und subjektives Recht. Untersuchungen zur allgemeinen Rechtslehre. Weimar 1878.

Traeger, L.: Der Kausalbegriff im Straf- und Zivilrecht. Zugleich ein Beitrag zur Auslegung des BGB. Marburg 1904 (2. Aufl.: 1929).

- Das Problem der Unterlassungsdelikte im Straf- und Zivilrecht. In: Festgaben für Ludwig Enneccerus S. 1 ff. Marburg 1913.

Wahl, D.: Das Verschuldensprinzip im künftigen Schadensersatzrecht. In: Grundfragen der Reform des Schadensersatzrechts, S. 17 ff.

Weimar, R.: Der "Rechtfertigungsgrund" des verkehrsrichtigen Verhaltens - BGHZ 24, 21. JuS 1962, S. 133 ff.

Weitnauer, H.: Anmerkung zum Urteil des OLG Koblenz vom 27.3.1962. NJW 1962, S. 1515 f.

- Fahrlässigkeit und Rechtswidrigkeit im Zivilrecht - Eine Besprechung von Deutsch: Fahrlässigkeit und erforderliche Sorgfalt - VersR 1963, S. 992 ff.

- Gedanken zu Problemen der Rechtswidrigkeit und des Verschuldens. VersR 1961, S. 1057 f.

- Zum Schutz der absoluten Rechte. Karlsruher Forum (Beiheft zu VersR) 1961, S. 28 ff.

- Verkehrsrichtiges Verhalten? Betrachtungen zu dem Laternengaragen-Urteil des BGH (NJW 1962, S. 484). NJW 1962, S. 1190 f.

Welzel, H.: Das neue Bild des Strafrechtssystem. 4. erweiterte Aufl. Göttingen 1961.

- Fahrlässigkeit und Verkehrsdelikte. Zur Problematik der fahrlässigen Delikte. Karlsruhe 1961.

- Das deutsche Strafrecht. Eine systematische Darstellung. 8. Aufl. Berlin 1960.

- Studien zum System des Strafrechts. ZStW 58 (1939), S.491 ff.

Westermann, H.: Der Anspruch auf Rücknahme ehrenkränkender, in Wahrung berechtigter Interessen aufgestellter Behauptungen. JZ 1960, S. 692 ff.

- Sachenrecht. Ein Lehrbuch. 4. Aufl. Karlsruhe 1960.

Weyreuther, F.: Empfiehlt es sich, die Folgen hoheitlichen, rechtswidrigen Verwaltungshandelns gesetzlich zu regeln? Gutachten B zum 47. DJT, 1968.

Wieacker, F.: Rechtswidrigkeit und Fahrlässigkeit im Bürgerlichen Recht. JZ 1957, S. 535 ff.

Wiethölter, R.: Der Rechtfertigungsgrund des verkehrsrichtigen Verhaltens. Eine Studie zum zivilrechtlichen Unrecht. Karlsruhe 1960.

- § 823 II BGB und die Schuldtheorie. Bemerkungen zum Urteil des BGH vom 26.2.1962 - II ZR 22/61. JZ 1963, S. 218 f.

Wimmer, A.: Die Fahrlässigkeit beim Verletzungsdelikt. ZStW 70 (1958), S. 196 ff.

Wolf, J.G.: Der Normzweck im Deliktsrecht. Göttingen 1962.

Wolff, E.A.: Der Handlungsbegriff in der Lehre vom Verbrechen. Heidelberg 1964.

Wolff, H.J. / *Bachof*, O.: Verwaltungsrecht, Band I, 9. Aufl. 1974.

Wolff/Bachof/Stober: Verwaltungsrecht, Band II, 5. Aufl. 1987.

Wolff/Bachof: Verwaltungsrecht, Band III, 4. Aufl. 1978.

Wolff, K.: Verbotenes Verhalten. Ein Beitrag zu den allgemeinen Lehren des Privat- und Strafrechts wie auch zur Rechtslogik. Wien/Leipzig 1923.

Wolter, L.: Die Krise der Rechtswidrigkeitslehre. ZStW 48 (1928), S. 32 ff.

Wussow, W.: Zur Lehre von der Sozialadäquanz. NJW 1958, S. 891 ff.

- Unfallrecht. 12. Auflage.

Zeuner, A.: Bemerkungen zum Problem der Rechtswidrigkeit aus zivilrechtlicher Sicht. JZ 1961, S. 41 ff.

- Gedanken zur Unterlassungs- und negativen Feststellungsklage. In: Festschrift für Hans Dölle, S. 295 ff. Tübingen 1963.

- Schadensbegriff und Ersatz von Vermögensschäden. AcP 163 (1964), S. 380 ff.

Zippelius, R.: Der Aufbau der modernen Unrechtslehre. Regensburg 1953.

- Erfolgsunrecht oder Handlungsunrecht? NJW 1957, S. 1707 f.

- Rechtswidrigkeit von Handlung und Erfolg. AcP 157 (1958/59), S. 390 ff.

- Das Unrecht bei der versuchten und der vollendeten Tat. NJW 1954, S. 1837.

Kolibri 360 GmbH
Ferdinand-Jühlke-Straße 7
99095 Erfurt, Deutschland
produktsicherheit@kolibri360.de

Druck:
CPI Druckdienstleistungen GmbH
im Auftrag der
Kolibri 360 GmbH
Ferdinand-Jühlke-Str. 7
99095 Erfurt